经管类硕士学位论文写作教程

杨利红 著

西北工业大学出版社

西 安

【内容简介】 本书共八章,涵盖了学位论文写作的全过程,从选题到开题报告,再到论文的撰写、答辩和实例分析,分别从经管类学术型硕士、专业型硕士、工商管理硕士三个方面讲述了学位论文写作的技巧、方法和写作误区,针对不同培养目标的经管类专业学生提出了差异性的写作策略。本书旨在帮助学生系统了解和掌握硕士学位论文写作的基本要点,提升学生的硕士论文写作技能。

本书可用作经管类学术型和专业型硕士研究生撰写学位论文的参考书。

图书在版编目(CIP)数据

经管类硕士学位论文写作教程 / 杨利红著. —西安：西北工业大学出版社,2024.3
ISBN 978-7-5612-9210-5

Ⅰ.①经… Ⅱ.①杨… Ⅲ.①经济管理-论文-写作-教材 Ⅳ.①F2

中国国家版本馆 CIP 数据核字(2024)第 026048 号

JINGGUANLEI SHUOSHI XUEWEI LUNWEN XIEZUO JIAOCHENG

经 管 类 硕 士 学 位 论 文 写 作 教 程

杨利红 著

责任编辑：李文乾		策划编辑：倪瑞娜	
责任校对：万灵芝		装帧设计：史聪格	

出版发行：西北工业大学出版社
通信地址：西安市友谊西路 127 号　　邮编：710072
电　　话：(029)88491757,88493844
网　　址：www.nwpup.com
印 刷 者：西安五星印刷有限公司
开　　本：787 mm×1 092 mm　　1/16
印　　张：14.625
字　　数：365 千字
版　　次：2024 年 3 月第 1 版　　2024 年 3 月第 1 次印刷
书　　号：ISBN 978-7-5612-9210-5
定　　价：69.00 元

如有印装问题请与出版社联系调换

前　　言

学位论文写作是学生运用在校学习的基本知识和基础理论,去分析、解决一两个实际问题的实践过程,也是学生在校学习期间学习成果的综合性总结,是整个教学活动中不可缺少的重要环节。撰写学位论文对于培养学生初步的科学研究能力、计算机应用能力、翻译写作能力,以及综合运用所学知识分析问题、解决问题的能力有着重要意义。

目前,很多经管类专业硕士研究生在选题、开题报告、学位论文写作环节存在较多问题,并且经管类学术论文的写作需要遵循一定的学术规范和标准,他们希望得到有针对性的指导和支持。因此,笔者基于十多年指导硕士研究生学位论文写作的经验编写了本书,旨在帮助学生系统理解和掌握经管类学术论文的写作流程与方法,以便更好地应对经管类学术论文写作过程中遇到的问题。

本书共分为八章:

第一章对学位论文写作进行了概述,介绍了学位论文的含义与特点、类型和组成,并引入了思考题和拓展阅读。

第二章详细介绍了文献检索与管理的方法和技巧。

第三章从经管类专业的角度出发,讨论了经管类硕士学位论文选题的概述、要求、基本思路和研究方法、选题的方向和注意事项。

第四章介绍了经管类硕士学位论文开题报告的概述、写作技巧及开题答辩相关内容。

第五~七章分别阐述了经管类学术型硕士学位论文、专业型硕士学位论文及工商管理硕士学位论文的撰写方法、技巧和误区。

第八章介绍了经管类硕士学位论文的答辩流程、准备工作、答辩技巧和评分标准。

在编写本书过程中,曾参阅了相关文献资料,在此,谨向其作者深表谢意。

西安科技大学管理学院的苏晓雪、周萌、郭佳新、李双双、郝凡凡、孙伟、刘庭妤、高少梅、齐鹏飞和郭虹娆等学生参与了本书的资料查询与核对工作,在此表示感谢。

由于笔者水平有限,书中难免有疏漏之处,恳请读者批评指正。

著　者
2024 年 1 月

目 录

第一章 绪论	1
第一节 学位论文写作概述	1
第二节 学位论文的类型和组成	4
思考题	12

第二章 文献检索与管理 ··· 13
   第一节 文献检索 ·· 14
   第二节 文献管理 ·· 32
   思考题 ··· 36

第三章 经管类硕士学位论文选题 ······································· 37
   第一节 经管类硕士学位论文选题概述 ··························· 38
   第二节 经管类硕士学位论文选题的要求 ························ 40
   第三节 经管类硕士学位论文选题的思路和方法 ·············· 43
   第四节 经管类硕士学位论文选题的方向 ························ 45
   第五节 经管类硕士学位论文选题存在的问题与解决的方法 ·· 48
   思考题 ··· 53
   讨论题 ··· 53

第四章 经管类硕士学位论文开题报告 ································ 54
   第一节 经管类硕士学位论文开题报告概述 ···················· 55
   第二节 经管类硕士学位论文开题报告的撰写 ················· 57
   第三节 经管类硕士学位论文开题报告写作技巧和误区 ····· 77
   第四节 经管类硕士学位论文开题答辩 ··························· 80
   思考题 ··· 83
   讨论题 ··· 83

第五章 经管类学术型硕士学位论文的撰写 ························· 84
   第一节 经管类学术型硕士学位论文概述 ························ 86

第二节　经管类学术型硕士学位论文写作方法 …………………………………… 90
第三节　经管类学术型硕士学位论文写作技巧与误区 ………………………… 96
思考题 ……………………………………………………………………………… 102
讨论题 ……………………………………………………………………………… 103

第六章　经管类专业型硕士学位论文的撰写 …………………………………… 104
第一节　经管类专业型硕士学位论文概述 ……………………………………… 105
第二节　经管类专业型硕士学位论文写作要求 ………………………………… 107
第三节　经管类专业型硕士学位论文写作技巧与误区 ………………………… 118
思考题 ……………………………………………………………………………… 125
讨论题 ……………………………………………………………………………… 125

第七章　经管类工商管理硕士学位论文的撰写 ………………………………… 126
第一节　经管类工商管理硕士学位论文概述 …………………………………… 127
第二节　经管类工商管理硕士学位论文写作要求 ……………………………… 129
第三节　经管类工商管理硕士学位论文写作技巧与误区 ……………………… 134
思考题 ……………………………………………………………………………… 139
讨论题 ……………………………………………………………………………… 139

第八章　经管类硕士学位论文答辩 ………………………………………………… 140
第一节　经管类硕士学位论文答辩的必要性 …………………………………… 140
第二节　经管类硕士学位论文答辩准备 ………………………………………… 141
第三节　经管类硕士学位论文答辩技巧及专家提问 …………………………… 147
第四节　经管类硕士学位论文正式答辩 ………………………………………… 150
第五节　经管类硕士学位论文答辩成绩终评标准和方法 ……………………… 152
思考题 ……………………………………………………………………………… 154
讨论题 ……………………………………………………………………………… 154

附　录 ………………………………………………………………………………… 155
附录一　西安科技大学关于研究生学位论文开题报告的规定 ………………… 155
附录二　西安科技大学硕士学位论文写作规范 ………………………………… 157
附录三　西安科技大学硕士学位论文的管理办法 ……………………………… 164
附录四　西安科技大学优秀硕士学位论文开题报告范例 ……………………… 171
附录五　西安科技大学优秀硕士学位论文范例 ………………………………… 194

参考文献 ……………………………………………………………………………… 228

第一章 绪 论

第一节 学位论文写作概述

一、学位论文的含义与特点

(一)学位论文的含义

学位论文是表明作者从事科学研究取得了创造性的结果,并以此结果为内容撰写的,作为提出申请并授予相应的学位时评审用的学术论文。通俗地讲,学位论文就是在导师的指导下,学生运用所学的基础理论、专业知识和基本技能,对本专业的某一课题进行独立研究后,为表述研究过程和研究成果而撰写的一种大型作业。它是提供给学位答辩委员会并以此获得相应学位的书面材料。撰写学位论文并进行论文答辩,是高等教育中必不可少的而且是非常重要的实践性教学环节。其目的是指导学生运用已有知识独立进行科学研究,学习并掌握分析和解决学术问题的方法,培养学生综合运用所学知识和技能解决实际问题的能力。它着眼于研究方法的学习和科研能力的培养,为今后的科学研究奠定基础。

本书主要介绍了经管类硕士学位论文的撰写。如无特别说明,本书所称的学位论文特指管理学尤其是经管类管理科学与工程、工商管理专业等主要以企业的管理活动为研究对象的学位论文。学位论文的撰写需要经过开题、论文撰写、论文上交评定、论文答辩以及论文评分五个过程。

(二)学位论文的特点

与一般的学术论文相比,学位论文具有以下特点:

1.作者的规定性

学术论文的作者可以是全体社会公民,只要有科学研究能力的人都可以撰写,不受任何限制。而学位论文的作者,在我国必须是攻读相应学位的学生。学生以外的人即使拥有某一学位的申请能力,因为没有攻读相应学位的资格,就不能撰写学位论文用以申请某一学位。

2.写作的指导性

学位论文都是在导师指导下完成的。虽然它也要求作者独立完成,但撰写学位论文是教学的一个重要环节,尤其对于撰写学位论文的作者来说是第一次,缺乏实践经验,因此离不开导师的指导。

3. 内容的创新性

学术研究的灵魂在于洞察新现象和探索新知识,学位论文应当体现创新性。学位论文的创新性主要体现在研究选题、研究视角、研究方法和研究结果中的任何一个方面或多个方面。创新可以是具有颠覆性的变革,也可以是局部的变化。对于任何有别于已有研究的论文,如果这种变革或变化是有意义的,就可以认为这篇学位论文具有一定的创新性。

就字面意思而言,创新性就是创造出新的东西。那么在学术研究中,创新主要指什么呢?一般认为,学术研究的创新有三种情况:一是没有探究过的,如果能够在这个空白领域有所推进,那么这种开创性和奠基性的工作自然就是一种创新;二是前人已经做过研究,但认为其结论需要进一步验证,因此通过研究将前人的结论进一步修正,这也是一种创新;三是前人的研究已经得到验证,但在其基础上,又增添了独到的、新的东西,这样的推进和发展也属于创新的范畴。学术研究归根结底是一项创造性活动,因此,学术研究的核心就在于其创新性。

4. 学术的训练性

学位论文要求具有独创性,而训练性更是它的一大特点。撰写学位论文的主要意义在于教会学生从事科学研究的基本方法,掌握学术研究的一般手段,了解科研工作的一般过程,从选择题目、查阅资料、设计问卷、分析研究到构思成文等都需要进行综合全面的训练,为以后独立从事科学研究打下扎实的基础。

5. 选题的指定性

学位论文研究的内容不能超过学生所学的专业范围,包括基础课、专业课和选修课,要求学生运用所学知识对确定性的问题作定向钻研和发掘,因此,论文的选题被限定在一定的范围之内。一般是导师提出若干参考题目,由学生自行选择,而大部分学生的论文题目由其指导教师根据研究方向指定,具有一定的指定性。

6. 目的的专一性

对作者而言,撰写学位论文的主要目的是申请学位,这与学术论文有很大的区别。数年寒窗苦读,最后的学习成果就体现在学位论文上,并通过学位论文取得学位证书。因此,它的目的具有很强的专一性。

7. 写作的程序性

学位论文的写作具有一定的程序。首先是在导师的指导下选择题目,之后收集资料、设计问卷、分析研究、撰写成文,在完成提交答辩委员会教师审阅的比较详细的成稿论文后,准备答辩内容,最后进行学位论文答辩。答辩若未通过,还需对论文进行补充、修改、加工与提高,甚至可能重新选题,另起炉灶。答辩通过后,取得学位证书,学位论文的写作过程才算结束。因此,学位论文具有一定的程序性。

二、学位论文的培养目标

学位论文是一项总结性的独立作业,是学生运用在校学习的基本知识和基础理论,去分析、解决几个实际问题的实践过程,也是学生在校学习期间学习成果的综合性总结。这一重要环节的培养目标有以下五个。

(一)训练学生各项综合能力

某学生各门功课成绩都较好,只能说明该学生的学习能力较强,并不能证明该学生综合运用所学知识、解决和研究问题的能力同样较强,就像一个人会烧制砖瓦而不一定会建造房屋一样。学位论文就是要训练学生用已有的砖瓦建造一座漂亮的房屋。只有很好地融会贯通各门基础理论和专业知识,经过严格的写作训练,才能写出质量较高的学位论文,从而掌握和了解科学研究工作的一般程序和方法。北京大学王力教授在《谈谈写论文》一文中说道:"我们现在要求研究生写论文,就是要他学会科学研究的方法,学会写论文的方法。掌握了方法,将来你写什么都可以。"这说明了学生撰写学位论文的意义。

对学生来说,掌握知识不是目的,目的是为将来从事创造性的劳动作准备。当代人才应具备开拓精神,既能独立工作,又能发挥无限创造力;既能解决实际问题,又敢于向人类未知领域大胆挑战。撰写学位论文就是从事科学研究的过程,也是训练学生独立从事科学研究的过程。诸如如何收集资料、如何归类整理、如何观察研究、如何检索文献、如何提出问题、如何分析问题、如何解决问题等等,这些都可以通过写作学位论文得到训练。

(二)提高撰写学术论文能力

撰写学位论文可以更好地培养学生的写作能力。学生毕业后若要从事科学研究工作,有了成果就要用文字表述出来,这就需要撰写学术报告。然而,一些人由于缺乏写作能力,不善于用文字表达,所以有了成果也不善于总结,这既不利于个人的成长也不利于其事业的发展。撰写学位论文可以培养学生的写作能力,通过这一过程,学生可以提高自己的文字表达能力,为以后从事科学研究工作打下坚实基础。

(三)培养认真严谨的工作态度

撰写学位论文不仅可以提高学生提出问题、分析问题、解决问题的能力,还有助于培养学生认真严谨的工作态度。在撰写学位论文的过程中,学生需要严格遵守学术规范,要求自己的研究成果具有实用性和创新性。这一过程使学生养成认真、细致、耐心和负责任的态度。首先,撰写学位论文需要学生具备严谨的学术态度。学生需要严格遵守学术规范,确保自己的研究结果是真实可靠的,这要求学生必须具备思考和分析能力。其次,撰写学位论文需要具备耐心和毅力。学生需要花费大量的时间和精力进行实验和数据分析,这一过程考验了学生的耐心和毅力,培养了学生持之以恒的精神。最后,撰写学位论文还需要具备负责任的态度。学生需要对自己的研究负责,确保结果真实可靠,并在论文中清晰地表达自己的思想和发现,这要求学生具备较高的自我管理能力和责任心。

因此,撰写学位论文不仅有助于提高学生的写作能力,更重要的是培养了各种良好品质,如严谨、细致、耐心和责任心等等。这些品质都是学生未来从事科学研究和相关工作所必备的素质,可以帮助学生更快地适应工作环境,更好地完成工作任务。

(四)提高查阅与利用文献的能力

撰写学位论文有助于提高学生查阅和利用文献资料的能力。在撰写论文的过程中,学生需要大量阅读相关领域的文献资料以支持自己的研究课题。这要求学生学会有效筛选和获取文献,理解并运用其中的理论、研究方法和实证分析,最终提高他们的文献综述和文献引用能力。学生也需要在指导教师的帮助下,独立进行调查研究、资料搜集、分析综合、推理论证和系统表述。通过深入学习和借鉴前人的研究成果,学生能够更全面地理解和把握研究领域的现状和前沿,进而形成自己的研究思路和方法。撰写学位论文培养了学生从文献、科学实验、生产实践和调查研究中获取知识的能力。通过阅读和引用相关文献,学生能够了解到前人在该领域的经验和成果,并从中受到启发,为自己的研究找到新的思路和解决问题的新途径。这有助于学生拓展视野,跨越学科边界,获得更广泛的知识和信息,提高独立思考和创新能力。

(五)增强文字写作及口头表达能力

撰写学位论文有助于增强学生的文字写作和口头表达能力。学生在撰写学位论文的过程中,需要通过书面材料来呈现自己的研究成果和思想,也需要在答辩环节向评审委员会进行口头陈述和辩论。这要求学生在写作方面具备一定的专业修养和技能。首先,撰写学位论文训练学生遣词造句的能力。学生需要准确、清晰地表达自己的观点和研究成果,使得读者或评审委员会能够理解和接受。通过反复斟酌语言和句子结构,学生能够提高自己的表达能力,使论文更具条理性和逻辑性。其次,学位论文写作要求学生具备良好的立意和谋篇能力。学生需要整合自己的研究成果并呈现出一个完整的论证框架,以此回答研究问题或实现研究目标。这要求学生具备整体把握问题的能力,能够从多个角度分析问题,并将其组织成一个具有逻辑性、连贯性的论文结构。最后,学位论文还对语法、修辞和逻辑思维能力提出了要求。学生需要注意语法错误和修辞不当对表达的影响,并运用恰当的逻辑思维进行推理和论证。这些技能的提升不仅有助于学生撰写学位论文,也能在日后的工作中帮助他们更好地进行文字报告和口头汇报。

第二节 学位论文的类型和组成

一、学位论文的类型

学位论文是学术论文的一种形式,为了进一步探讨和掌握学位论文的写作规律和特点,需要对学位论文进行分类。由于学位论文本身的内容和性质不同,研究领域、研究对象、研究方法、表现方式也不同,因此,学位论文就有不同的分类方法。

(一)按内容性质和研究方法分类

按内容性质和研究方法的不同,学位论文可以分为理论性论文、实验性论文、描述性论文和设计性论文。

理工科学生一般选择实验性论文、描述性论文和设计性论文这三种论文形式,这里不作介绍。文科学生一般选择理论性论文。理论性论文具体又可分成两种:一种是以纯粹的抽象理论为研究对象,研究方法是严密的理论推导和数学运算,有的也涉及实验与观测,用以验证论点的正确性;另一种是以对客观事物和现象的调查、考察所得观测资料以及有关文献资料数据为研究对象,研究方法是对有关资料进行分析、综合、概括、抽象,通过归纳、演绎、类比,提出某种新的理论和新的见解。

(二)按议论的性质分类

按议论的性质不同,学位论文可分为立论文和驳论文。立论性学位论文是指从正面阐述、论证自己的观点和主张。如果学位论文以立论为主,就属于立论性学位论文。立论文要求论点鲜明,论据充分,论证严密,以理和事实服人。驳论性学位论文是指通过反驳别人的论点来树立自己的论点和主张。如果学位论文以驳论为主,批驳某些错误的观点、见解、理论,就属于驳论性学位论文。驳论文除遵循立论文对论点、论据、论证的要求以外,还要求针锋相对,据理力争。

(三)按研究问题的大小分类

按研究问题的大小,学位论文可分为宏观论文和微观论文。凡研究具有全局性、普遍性,并对局部工作有一定指导意义的论文,称为宏观论文。它研究的面比较宽广,具有较大范围的影响。反之,研究局部性、具体问题的论文,是微观论文。它对具体工作有指导意义,影响面要窄一些。

(四)其他

另外还有一种综合型分类方法,即把学位论文分为专题型、论辩型、综述型和综合型四大类。

(1)专题型论文。这是在分析前人研究成果的基础上,以直接论述的形式发表见解,从正面提出某学科中某一学术问题的一种论文。

(2)论辩型论文。这是针对他人在某学科中某一学术问题的见解,凭借充分的论据,着重揭露其不足或错误之处,通过论辩形式来发表见解的一种论文。另外,针对几种不同意见或社会普遍流行的错误看法,以正面理由加以辩驳的论文,也属于论辩型论文。

(3)综述型论文。这是在归纳、总结前人或今人对某学科中某一学术问题已有研究成果的基础上,加以介绍或评论,从而发表自己见解的一种论文。

(4)综合型论文。这是一种将综述型和论辩型两种论文形式有机结合起来的一种论文。

二、学位论文的组成

学位论文是教学科研过程中的一个环节,也是学业成绩考核和评定的一种重要方式。撰写学位论文的目的在于总结学生在校期间的学习成果,培养学生综合性、创造性地运用所学的全部专业知识和技能去解决较为复杂问题的能力,并使他们得到科学研究的基本训练。

学位论文一般由以下九个部分组成。

(一)标题

标题是文章的眉目。各类文章的标题样式繁多,但无论是何种形式,都从全部或不同的侧面体现作者的写作意图、文章的主旨。学位论文的标题一般分为总标题、副标题和分标题。

设置分标题是为了清楚地显示文章的层次。有的用文字,一般都体现本层次的中心内容;也有的用数码,仅标明"一、二、三"等的顺序,起承上启下的作用。需要注意的是,无论采用哪种形式,都要紧扣所属层次的内容及上下文的相关性。

(二)目录

目录,是指正文前所载的目次,是揭示和报道图书的工具。一般说来,篇幅较长的学位论文,都设有分标题。设置分标题的论文,因其内容层次较多,整个理论体系较为复杂,故通常设置目录。

设置目录一是为了使读者能够在阅读该论文之前对全文的内容、结构有一个大致的了解,以便读者决定是读还是不读、是精读还是略读等;二是为读者选读论文中的某个分论点时提供方便。长篇论文,除中心论点外,还有许多分论点,当读者需要进一步了解某个分论点时,就可以通过查阅目录而节省时间。

目录一般放置在论文正文的前面,因而是论文的导读图。要使目录真正起到导读图的作用,必须注意三点:①准确,目录必须与全文的纲目相一致,也就是说,正文的标题、分标题与目录存在着一一对应的关系;②清楚无误,目录应逐一标注该行标题在正文中的页码,标注页码必须清楚无误;③完整,目录既然是论文的导读图,因而必然具有完整性,也就是要求论文的各项标题都应在目录中反映出来,不得遗漏。

(三)内容摘要

内容摘要是正文内容的缩影。在这里,学生以极精简的笔墨勾画出论文的整体面貌,具体包括提出主要论点、揭示论文的研究成果、简要叙述全文的框架结构。

内容摘要是正文的附属部分,一般放置在论文的篇首。撰写内容摘要的目的一方面在于使指导教师在未审阅论文全文时,先对论文的主要内容有个大体的了解,明确研究所取得的主要成果和研究的主要逻辑顺序;另一方面使其他读者通过阅读内容摘要,就能大略了解论文所研究的问题,假如产生共鸣,则再进一步阅读全文。在这里,内容摘要成了把论文推荐给众多读者的"广告"。

因此,内容摘要应体现论文的主要观点,便于读者快速了解论文的要点。

(四)关键词

关键词是标示论文关键内容,但未经规范处理的主题词。它是为了文献标引工作,从论文题目中选取出来,用以表示全文主要内容、信息、款目的单词或术语。

(五)正文

一般来说,学位论文主体内容应包括以下三个方面:①事实根据,即通过本人实际考察所得到的语言、文化、文学、教育、社会、思想等事例或现象,提出的事实根据要客观、真实,必要时要注明出处;②前人的相关论述,包括前人的考察方法、考察过程、所得结论等;③学生本人的分析、论述和结论等,做到使事实根据、前人的成果和本人的分析论述有机地结合,注意它们之间的逻辑关系。

(六)结论与展望

学位论文的结论应当体现学生更深层的认识,是从论文整体出发,经过推理、判断、归纳等逻辑分析过程而得到的新的学术总观念、总见解。结论可采用"结论"等字样,要求简洁、准确地阐述自己的创造性工作或新的见解及其意义,还可提出需要进一步讨论的问题和建议。结论应该准确、完整、明确、精练。

学位论文的展望一般写在结论之后,是基于学生对此论题的深入研究,以及所得出的研究结论,对该论题未来发展趋势、发展状况的预期。展望部分的论述应该恰当合理、有据可依。

(七)参考文献

在学术论文后一般应列出参考文献(表),一是为了反映出真实的科学依据,二是为了体现严肃的科学态度,三是为了对前人的科学成果表示尊重,同时也为了指明引用资料出处,便于检索。

(八)致谢

"致谢"可以放在正文后,体现对以下各方的感谢:国家科学基金,资助研究工作的奖学金基金,合同单位,资助和支持的企业、组织或个人;协助完成研究工作和提供便利条件的组织或个人;在研究工作中提出建议和提供帮助的人;给予转载和引用权的资料、图片、文献、研究思想和设想的所有者;其他应感谢的组织和个人。在学位论文的致谢里主要感谢导师,对论文撰写工作有直接贡献和帮助的个人和单位。

(九)附录

对于一些不宜放入正文但作为学位论文又是不可缺少的部分,或有重要参考价值的内容,可编入学位论文附录中,例如调查问卷原件、数据、图表及其说明等。

● 拓展阅读

经管类专业型硕士学位论文
《中国天楹跨国并购 U 公司的动因及绩效研究》目录

1 绪论
　1.1 研究背景与意义
　　1.1.1 研究背景
　　1.1.2 研究意义
　1.2 国内外研究现状
　　1.2.1 国外研究现状
　　1.2.2 国内研究现状
　　1.2.3 文献述评
　1.3 本文采用的研究方案及研究路径
　　1.3.1 研究内容
　　1.3.2 研究方法
　　1.3.3 研究路径
2 相关概念及理论基础
　2.1 相关概念
　　2.1.1 跨国并购
　　2.1.2 并购基金
　　2.1.3 并购绩效
　2.2 并购理论
　　2.2.1 信号传递理论
　　2.2.2 效率理论
　　2.2.3 市场势力理论
　2.3 并购绩效评价方法
　　2.3.1 事件研究法
　　2.3.2 财务指标法
　　2.3.3 非财务指标法
3 中国天楹跨国并购 U 公司的案例介绍
　3.1 中国天楹的基本情况
　　3.1.1 中国天楹的企业概况

    3.1.2 中国天楹的企业发展阶段
    3.1.3 中国天楹的主营业务与收入
  3.2 U公司的基本情况
    3.2.1 U公司的企业概况
    3.2.2 U公司的企业发展阶段
    3.2.3 U公司的主营业务与收入
  3.3 并购方案
    3.3.1 并购方式
    3.3.2 并购过程
  3.4 本章小结
4 中国天楹跨国并购U公司的动因分析
  4.1 为了刺激股票价格上涨
  4.2 为了增强财务经营能力
  4.3 为了提升市场竞争力
    4.3.1 为了扩大市场份额
    4.3.2 为了获取先进技术
  4.4 本章小结
5 中国天楹跨国并购U公司的绩效分析
  5.1 基于并购动因的绩效评价指标选择
    5.1.1 基于刺激股票价格上涨动因的绩效评价指标选择
    5.1.2 基于增强财务经营能力动因的绩效评价指标选择
    5.1.3 基于提升市场竞争力动因的绩效评价指标选择
  5.2 并购绩效评价
    5.2.1 股票价格指标分析
    5.2.2 财务指标分析
    5.2.3 非财务指标分析
  5.3 本章小结
6 建议、结论及展望
  6.1 建议
    6.1.1 对于中国天楹的建议
    6.1.2 对于其他跨国并购企业的建议
  6.2 研究结论
    6.2.1 并购动因方面
    6.2.2 并购绩效方面
  6.3 研究展望
致谢

参考文献
攻读硕士学位期间的成果

案例二

经管类学术型硕士学位论文
《管理层能力对企业债务融资成本的影响研究——基于调节效应的研究视角》目录

1　绪论
　　1.1　研究背景
　　1.2　研究意义
　　　　1.2.1　理论意义
　　　　1.2.2　现实意义
　　1.3　研究内容与基本框架
　　　　1.3.1　研究内容
　　　　1.3.2　基本框架
　　1.4　研究方法与创新点
　　　　1.4.1　研究方法
　　　　1.4.2　研究创新点
2　文献综述
　　2.1　管理层能力的相关文献综述
　　　　2.1.1　管理层能力概念的相关文献
　　　　2.1.2　管理层能力度量的相关文献
　　　　2.1.3　管理层能力影响企业债务融资活动的相关文献
　　2.2　管理层薪酬激励的相关文献综述
　　　　2.2.1　管理层薪酬激励概念的相关文献
　　　　2.2.2　管理层薪酬激励度量的相关文献
　　　　2.2.3　管理层薪酬激励影响企业债务融资活动的相关文献
　　2.3　分析师关注的相关文献综述
　　　　2.3.1　分析师关注概念的相关文献
　　　　2.3.2　分析师关注度量的相关文献
　　　　2.3.3　分析师关注影响企业债务融资活动的相关文献
　　2.4　债务融资成本的相关文献综述
　　　　2.4.1　债务融资成本概念的相关文献
　　　　2.4.2　债务融资成本度量的相关文献

2.4.3 债务融资成本影响因素的相关文献
2.5 文献述评
3 理论分析与研究假设
　3.1 理论分析
　　3.1.1 委托代理理论
　　3.1.2 信号传递理论
　　3.1.3 高阶梯队理论
　　3.1.4 期望理论
　　3.1.5 企业家声誉机制理论
　3.2 研究假设
　　3.2.1 管理层能力对企业债务融资成本的影响
　　3.2.2 管理层薪酬激励的调节作用
　　3.2.3 分析师关注的调节作用
　　3.2.4 进一步区分产权性质的分析
4 研究设计
　4.1 样本选择与数据来源
　4.2 变量界定
　　4.2.1 被解释变量
　　4.2.2 解释变量
　　4.2.3 调节变量
　　4.2.4 控制变量
　4.3 模型构建
5 实证分析与检验
　5.1 描述性统计分析
　5.2 相关性分析
　5.3 多重共线性检验
　5.4 回归分析
　　5.4.1 管理层能力对企业债务融资成本影响的回归分析
　　5.4.2 管理层薪酬激励调节作用的回归分析
　　5.4.3 分析师关注调节作用的回归分析
　　5.4.4 进一步区分产权性质的回归分析
　5.5 稳健性检验
　　5.5.1 更换解释变量的度量方式
　　5.5.2 滞后一期回归
　5.6 实证结果小结
6 结论、建议与展望

6.1 研究结论
6.2 对策建议
　　6.2.1 企业层面
　　6.2.2 政府层面
6.3 研究展望
致谢
参考文献
攻读硕士学位期间的成果

思 考 题

拓展阅读分别列举了经管类专业型硕士学位论文与经管类学术型硕士学位论文的目录,请依据所给案例简要说明一篇硕士学位论文的组成部分主要包括哪些?专业型硕士学位论文与学术型硕士学位论文的主要内容有哪些区别?有哪些共同点?

第二章 文献检索与管理

◉ 开篇案例

图 2.1 所示为文献检索时可用到的部分数据库。

序号	中文数据库	订购方式	序号	外文数据库	订购方式
1	中国知识资源总库（CNKI中国知网）	已购	1	SCI数据库	已购
2	万方数据知识服务平台	已购	2	Elsevier ScienceDirect数据库	已购
3	维普中文科技期刊数据库	已购	3	SpiScholar学术资源导航	已购
4	读秀中文学术搜索	已购	4	SpringerLink数据库	已购
5	超星汇雅电子图书数据库	已购	5	ACS（美国化学学会）数据库	已购
6	工具书馆(CNKI)	已购	6	优博外文电子图书数据库	已购
7	万方标准全文数据库	已购	7	优阅外文原版电子图书	已购
8	新东方多媒体学习库	已购	8	金图国际外文数字图书馆	已购
9	畅想之星电子书	已购	9	Britannica Academic大英百科学术版	已购
10	超星中文发现系统	已购	10	国道外文专题数据库	已购
11	人大复印报刊资料	已购	11	世界名校精品课数据库	已购
12	大为innojoy专利数据库	已购	12	美国探索教育视频库	已购
13	皮书数据库	已购	13	国外特种文献发现系统	已购
14	应急管理文献数据库	已购	14	新学术外文高影响力期刊整合服务平台	已购
15	煤炭科技文献数据库	已购	15	PQDT国外博硕士论文全文数据库	已购
16	华艺学术文献数据库	已购	16	中图在线	免费
17	书香西安科技大学	已购	17	欧洲专利局——专利检索	免费
18	云图有声数字图书馆	已购	18	美国专利商标局——专利检索	免费
19	云舟—知识空间服务系统	已购	19	The Free Dictionary	免费

图 2.1 数据库

第一节 文献检索

一、文献检索概述

(一)文献检索的定义与作用

1. 文献检索的定义

文献检索是指通过各种途径和手段,对已经发表的学术文献进行系统的搜索和筛选,以获取相关信息。它是一种信息检索的方法,通过利用各种检索工具和技术,将用户的信息需求转化为检索式,从而在大量的文献中找到相关的研究成果。

2. 文献检索的作用

(1)支持学术研究。研究人员可以通过检索已有的学术文献,了解前人的研究成果和观点,从而为自己的研究提供理论依据和实证数据。

(2)推动学科发展。通过对已有的学术文献进行检索,可以发现学科中的研究热点和前沿问题,为学科的发展提供指导和方向。

(3)提供决策支持。政府部门、企事业单位等需要进行决策的组织,可以通过文献检索获取相关的研究报告、政策文件等,从而为决策提供科学依据。

(4)促进知识传播与共享。通过检索已有的学术文献,可以将研究成果传播给更多的人,促进学术界的交流与合作。

(5)提高信息获取效率。利用各种文献检索工具和技术,可以快速、准确地找到所需的信息,提高信息获取的效率。

(6)筛选有效信息。在信息爆炸的时代,大量的信息可能存在质量参差不齐的问题。文献检索可以根据用户的需求和检索式,筛选出与用户需求相关的高质量信息。

(二)文献检索的途径、方法和步骤

1. 文献检索的途径

文献检索是一种利用文献的特征或标识来寻找相关文献的过程。在进行文献检索时,学生往往会根据研究目标和需求选择适当的途径来寻找所需的文献。以下是常见的文献检索途径:

(1)关键词检索。关键词检索是最常用的文献检索途径之一。学生通过选择与研究主题相关的关键词,并结合布尔运算符(如 AND、OR、NOT)来构建查询语句,其后在学术数据库或搜索引擎的搜索栏中输入关键词,实现文献检索。关键词检索能够较全面地覆盖文献的主题内容。

(2)标题和摘要检索。标题和摘要检索是将注意力放在文献的标题和摘要上进行检索。通常,文献的标题和摘要包含最重要的信息,并提供关于研究内容和结果的简要描述。通过关注标题和摘要,学生可以迅速获取相关文献的核心信息。

(3)作者检索。作者检索是通过研究者的姓名来查找其相关文献的。如果学生对某个领域的研究者感兴趣,或希望获取某位研究者的最新研究成果,可以通过在学术数据库或搜索引擎中输入研究者的姓名进行检索。

(4)引用文献检索。引用文献检索是通过查找已发表文献的参考文献,以找到与之相关的文献。学生通过追踪、分析和阅读引用关系,可以发现更多与研究主题相关的文献。这种方法可以帮助学生扩大检索范围,发现更多有价值的文献。

(5)主题词或控制词检索。某些学术数据库或文献索引数据库采用主题词或控制词对文献进行索引。学生可以使用这些事先确定的专用词汇来进行检索,以确保文献检索的一致性和准确性。主题词或控制词检索通常适用于特定学科领域的较专业研究。

2.文献检索的方法

不同的文献检索方法在使用上各有特点,为了达到较好的检索效果,可以根据检索需求和适用条件灵活选择适合的方法。一般有以下几种方法:

(1)浏览法。浏览法是学生获取信息的一种重要方法。通过使用检索工具搜索文献,可以在短时间内获取大量与课题相关的文献。但是,由于任何一种检索工具都只能收录有限的期刊和图书,并且与原始文献之间存在时间差,因此学生还需要使用其他方法来收集文献。浏览法是学生平时获取信息的重要途径。具体而言,学生按期浏览本专业或本学科的核心期刊,并阅读其内容。浏览法的优点是能够快速获取信息、直接阅读原文内容,同时基本上可以了解本学科的发展动态和水平。不过,浏览法的缺点是必须事先了解本学科的核心期刊,而且检索范围较窄,漏检率较高。因此,在开题或鉴定阶段,学生还需要进行系统检索。

(2)追溯法。追溯法,也称为回溯法,是一种传统的查找文献的方法。当查到一篇具有较大参考价值的新文献时,可以将该文献附带的参考文献作为线索来查找相关文献。这是一种扩大信息来源最简单的方法,在没有检索工具或检索工具不完整的情况下,可以借助追溯法获取相关文献。由于参考文献的局限性和相关文献的差异,可能会漏检。同时,通过从近到远的追溯法无法获取最新信息,但利用引文索引进行追溯查找可以弥补这一缺点。

(3)常规法。常规法,也称为检索工具法,是利用检索工具查找文献的方法。通过主题、分类、著作等途径,利用检索工具获取所需文献。常规法可以分为顺查法、倒查法和抽查法三种方法。

1)顺查法:即由远及近的查找法。如果已知某创造发明或研究成果最初产生的年代,并且现在需要全面了解其发展情况,可以从最初年代开始,按时间的先后顺序,逐年查找。使用这种方法可以获得较为系统和全面的文献,基本上可以反映某学科专业或某课题发展的整体情况,能够达到一定的查全率。在较长时间的检索过程中,可以不断完善检索策略,提高查准率。这种方法的缺点是耗时且工作量较大。一般在申请专利进行查新调查时和开始新课题时使用。

2)倒查法:即由近及远、由新到旧的查找法。这种方法多用于查找新课题或有新内容的老课题,在基本获取所需信息后可以终止检索。倒查法有时可以确保信息的新颖性,但容易漏检,影响查全率。

3)抽查法:即一种针对学科发展波浪式特点的文献查找方法。当一个学科在兴旺发展时,科技成果和发表的文献通常较多。因此,只需对发展高潮时的文献进行抽查,就能获取较多的文献资料。这种方法具有针对性强、节省时间的特点,但必须在熟悉学科发展阶段的基础上才能使用,有一定的局限性。

(4)综合法。综合法,也称为分段法、循环法或交替法,实际上是将常规法和追溯法结合的一种综合检索方法,或者是两种方法互相交替使用的检索方法。它可以分为两种形式:

1)复合交替法:先使用检索工具查找一批相关文献,然后将这些文献附带的参考文献作为线索进行追溯查找,扩大线索范围,从而获取更多相关文献。也就是先使用常规法,后使用追溯法的一种不断交替使用的方法。还可将已掌握的某篇文献附带的参考文献作为线索,然后使用相应的检索工具进行检索,扩大线索,跟踪追查,获取所需文献,也就是先使用追溯法,后使用常规法的一种不断交替使用的方法。

2)间隔交替法:先利用检索工具查找一批有用的文献,然后使用这些文献附带的参考文献进行追溯检索,扩大检索范围。由于引用文献有一定规律,即重要文献通常会在5年内被引用,因此可以跳过5年左右的时间,再次使用检索工具查找一批相关文献,循环进行追溯检索。通过这种循环的间隔交替使用,直到满足了论文检索要求为止。这种方法适用于需要长期检索的课题,可以节省时间,提高效率。

3.文献检索的步骤

文献检索是一项具备实践性和经验性的任务,在不同的项目中可能需要采用不同的检索方法和程序。根据检索的具体要求,可分为以下几个步骤:

(1)分析待查项目,明确主题概念。首先,需对待查项目的实质内容、涉及的学科范围以及它们之间的关系进行分析,明确所需查证的文献内容和性质。其次,根据需要查证的要点,提取主题概念,并确定哪些是主要概念、哪些是次要概念,初步确定逻辑组合方式。

(2)选择检索工具,制定检索策略。选择适当的检索工具是成功实施检索的关键。选择检索工具需根据待查项目的内容和性质来确定,要考虑该工具所涵盖的学科范围、涉及的语种以及所收录的文献类型等方面。在选择过程中,应优先选择专业性的检索工具,并辅之以综合性的检索工具。若某种检索工具既有机读数据库又有刊物形式,应以检索数据库为主,既能提高检索效率,又可提高准确性和全面性。为规避检索工具在编辑和出版中存在的滞后现象,必要时还应查找一些主要相关期刊的最新期刊号,以免遗漏。

(3)确定检索途径和检索标志。一般的检索工具提供多种检索途径,根据文献的内容特征和外部特征,除了使用主题途径外,还可充分利用分类途径、著者途径等多个方面进行补充检索,以防止单一途径造成的漏检问题。

(4)查找文献线索,获取原文。执行检索后,获得的检索结果即为文献线索。在整理文献线索时,需分析其与研究主题的相关程度。根据需要,可通过文献线索中提供的文献来源获取原始文献。

二、文献检索与利用

(一)英文文献检索数据库

1. SpringerLink 数据库

SpringerLink 全文电子期刊,由世界著名的德国施普林格(Springer)科技出版集团提供。该集团是世界上最大的科技出版社之一,有着 150 多年历史,以出版学术性出版物而闻名于世,也是最早将纸本期刊做成电子版发行的出版商。该数据库包含化学、计算机科学、经济、工程、环境科学、法律、生命科学、地球科学、数学、物理与天文学等学科的文献。Springer 的电子图书数据库包含了各种 Springer 图书产品,如专著、教科书、手册、参考工具书、丛书等。目前 SpringerLink 收录的期刊超过了 2 000 种,其中全文期刊达 500 种,内容覆盖 20 多个学科。以下为使用该数据库的步骤。

(1)探索主页。访问 link.springer.com,如图 2.2 所示。

图 2.2 SpringerLink 主界面

❶:注册或登录。
❷:选择语言。
❸:检索框:提供简单快捷的搜索功能。
❹:提供高级搜索选项和搜索帮助。
❺:按内容类型浏览。
❻:按主题领域或学科浏览。

(2)检索及结果。在 SpringerLink 平台上,用户能够快速、准确、方便地搜索所需内容,而利用高级检索功能,则可以进一步缩小检索范围,检索界面如图 2.3 所示。

图 2.3 SpringerLink 检索界面

在检索结果页面，用户可通过左侧导航栏的内容类型、学科、语言等条件进一步优化检索结果。订阅用户还可以下载前 1 000 个检索结果列表为 CSV 文件，该页面也提供期刊文章的全文 PDF 下载或在线浏览选项，界面如图 2.4 所示。

图 2.4 SpringerLink 检索结果界面

❶：RSS 订阅源。

❷：下载检索结果为 CSV 文件。

❸：内容类型。

❹：PDF 全文下载。

❺：如果您希望仅查看我校有访问权限的内容，请取消选中灰色勾选框。

❻：左侧导航栏显示以下过滤选项：内容类型、学科、分支学科、语言。
❼：按相关性或时间先后对检索结果排序。
❽：按具体年份检索内容。

（3）期刊页面。在期刊主页，用户可以浏览具体期刊的编委会成员、出版范围、期刊编辑、出版模式等介绍性信息，还可以获取影响因子、下载量、反馈和接收速度等期刊数据指标。除了可以阅读最新一期的文章，还可查阅所有卷次与期次论文、专题文章合集等内容。期刊主页如图 2.5 所示。

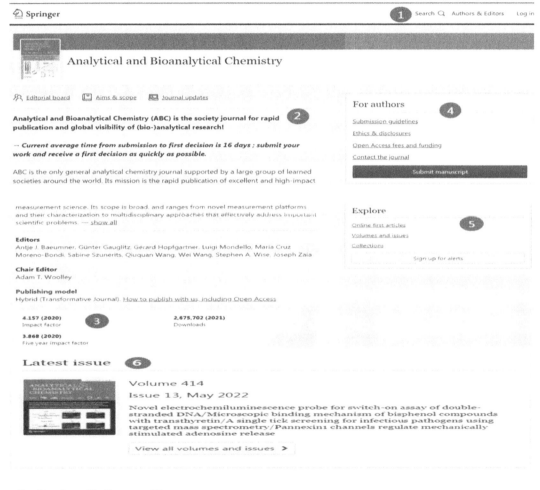

图 2.5　SpringerLink 期刊主页

❶:刊内检索。
❷:期刊介绍。
❸:期刊指标。
❹:作者投稿。
❺:期刊电邮订阅。
❻:最新卷期及往期浏览。
❼:最新文章列表。

期刊文章页面提供文章类型、发表日期、作者信息、所发表期刊的卷期和页码等介绍性内容,读者可以通过右侧导航快速浏览文章的各个部分。点击"Cite this article"即可拷贝格式规范的引文,直接引用该文章,或者以 ris 格式导出引文,再使用 Reference Manager 等引文管理工具打开。点击"Metrics"可查看文章下载/访问次数。此外,借助 Springer Nature SharedIt 工具,订阅用户还可以获取文章的分享链接,被分享者即可免费阅读文章全文。期刊文章页面如图 2.6 所示。

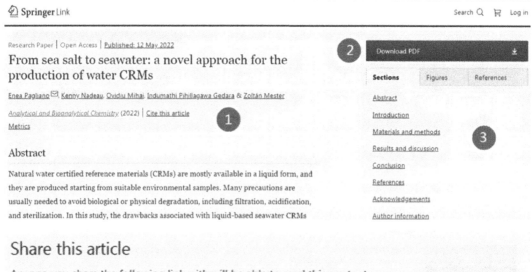

图 2.6　SpringerLink 期刊文章页面

❶:论文内容和作者信息。
❷:轻松下载 PDF。
❸:论文相关要素快速导航。
❹:文章的免费分享链接。

2.Elsevier ScienceDirect 数据库

Elsevier 公司出版的期刊是世界上公认的高品位学术刊物，Elsevier ScienceDirect 数据库（SDOS）收录千余种期刊、丛书、手册和参考书。覆盖的学科范围包括生命科学、材料科学、物理学、医学、工程技术及社会科学等，其中许多为 1998 年以来的核心期刊。以下为使用该数据库的步骤。

(1)探索主页。访问 www.sciencedirect.com，如图 2.7 所示。

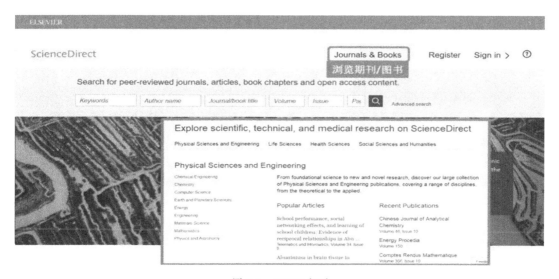

图 2.7　SDOS 主页

(2)期刊主页如图 2.8 所示。

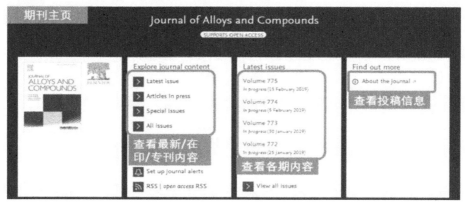

图 2.8　SDOS 期刊主页

(3)检索及结果。

1)简单检索界面如图 2.9 所示。

图 2.9　SDOS 简单检索界面

2)简单检索结果如图 2.10 所示。

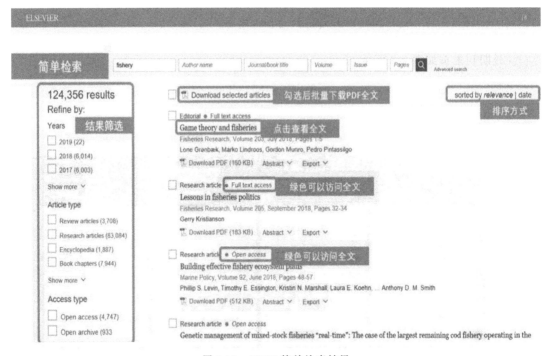

图 2.10　SDOS 简单检索结果

3) 高级检索界面如图 2.11 所示。

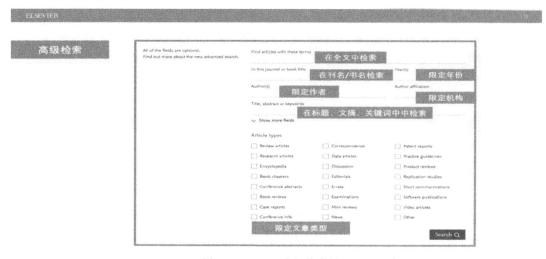

图 2.11　SDOS 高级检索界面

4) 高级检索结果如图 2.12 所示。

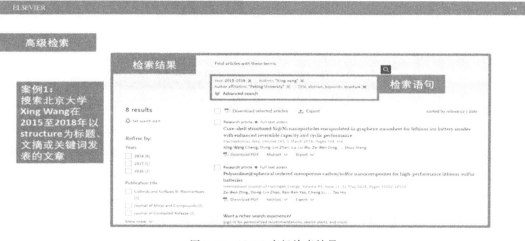

图 2.12　SDOS 高级检索结果

3. Web of Science 数据库

Web of Science 数据库是获取全球学术信息的重要数据库，收录了 21 800 多种世界权威的、高影响力的学术期刊，内容涵盖自然科学、工程技术、生物医学、社会科学、艺术与人文等领域，最早回溯至 1900 年。Web of Science 核心合集拥有严格的筛选机制，其依据文献计量学中的布拉德福定律，只收录各学科领域中的重要学术期刊，选择过程毫无偏见，且已历经半个多世纪的考验。Web of Science 数据库还收录了论文中所引用的参考文献，并按照被引作者、出处和出版年代编制成独特的引文索引，用户可以轻松回溯某一研究文献的起源与历史，或者追踪其最新进展，可以越查越广、越查越新、越查越深。以下为使用该数据库的步骤。

(1)打开 Web of Science 主页,如图 2.13 所示。

图 2.13　Web of Science 主界面

(2)检索和浏览如图 2.14 所示。

图 2.14　Web of Science 检索和浏览

(3)引文报告如图 2.15 所示。

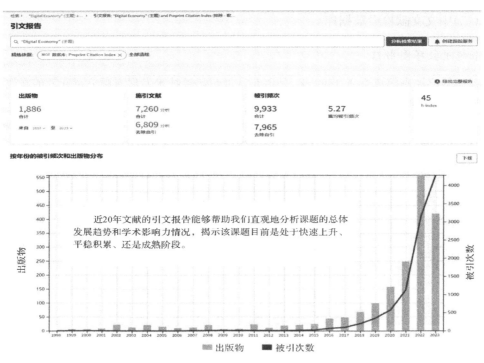

图 2.15　Web of Science 引文报告

（4）分析检索结果。分析检索结果功能可以对检索结果进行多角度、可视化的全景分析：用户可以将检索到的结果按作者、出版年份、学科领域、研究机构、文献语种和期刊名称进行分析，归纳、总结出相关研究领域的发展趋势、某个特定的课题都分布在哪些不同的学科中，有哪些相关期刊供投稿时参考等。通过多角度、全方位的深入分析，可以从宏观层面揭示学科/课题的发展趋势和现状（见图 2.16）。

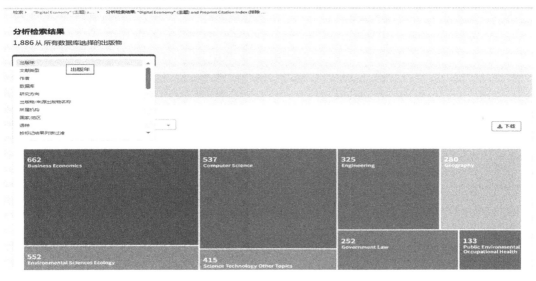

图 2.16　Web of Science 分析检索结果

(二)中文文献检索数据库

1.超星数字图书馆

超星数字图书馆成立于1993年,是由北京世纪超星技术发展有限公司开发的在线数字图书馆,2000年被列入国家"863计划"中国数字图书馆示范工程,目前拥有数字图书200多万册,按照"中图法"分为文学、历史、法律、军事、经济、科学、医药、工程、建筑、交通、计算机、环保等22个学科门类,是国内资源最丰富的数字图书馆(见图2.17)。

图2.17 超星数字图书馆主界面

超星数字图书馆的检索方式分为分类检索、简单检索和高级检索三种。

(1)分类检索。根据"中图法"进行归类,层层单击目录,由大类到小类,便可查到与类目相关的所有图书。在每一级类目下都设有查询文本框,也可以在查询文本框内输入书名或书名中的关键词,来查找相关图书(见图2.18)。

马克思主义、列... 3176	哲学、宗教 28117	社会科学总论 14909	政治、法律 35215
马克思、恩格... 列宁著作 斯大林著作 毛泽东著作	哲学教育与普及 哲学理论 世界哲学 中国哲学 亚洲哲学	社会科学理论 社会科学现状 社会科学机构 社会科学研究...	政治理论 国际共产主义... 中国共产党 各国共产党
军事 1237	经济 98445	文化、科学、教... 99625	语言、文字 39439
军事理论 世界军事 中国军事 亚洲 战略学、战役... 军事技术	经济学 世界各国经济... 经济计划与管理 农业经济	文化理论 世界各国文化... 信息与知识传播 科学,科学研究	语言学 汉语 中国少数民族... 常用外国语 汉藏语系
文学 101900	艺术 56885	历史、地理 74059	自然科学总论 3240
文学理论 世界文学 中国文学 亚洲文学 非洲文学 欧洲文学	艺术理论 世界各国艺术... 绘画 书法、篆刻 雕塑 摄影艺术	史学理论 世界史 中国史 亚洲史 非洲史 欧洲史 大洋洲史 美洲史	自然科学理论 自然科学现状... 自然科学机构 自然科学研究...
数理科学和化学 20226	天文学、地球科学 12359	生物科学 7424	医药、卫生 63325
数学 力学 物理学 化学 晶体学	天文学 测绘学 地球物理学 大气科学(气... 地质学 海洋学	生物科学的理... 生物科学现状... 生物科学的研... 生物科学教育	一般理论 现状与发展 医学研究方法 预防医学、卫...
农业科学 27420	工业技术 120465	交通运输 9847	航空、航天 376
一般性理论 农业科学技术... 农业科学研究 农业基础科学	工业技术理论 工业技术现状... 机构、团体... 参考工具书	综合运输 铁路运输 公路运输 水路运输 普及读物	环境科学、安全... 4441 综合性文献 8090

图2.18 超星数字图书馆分类检索

(2)简单检索。简单检索也称为快速检索。用户选择好书名字段、作者字段或者全部字段后,在查询文本框内输入检索词来查找相关图书(见图 2.19)。

图 2.19　超星数字图书馆简单检索结果

(3)高级检索。用户在高级检索界面可以选择并输入多个检索条件,如分类、书名、作者、索书号、出版日期等进行组合检索,各字段之间可以用逻辑"与"和逻辑"或"来组配,单击"检索"按钮可以查到图书(见图 2.20)。

图 2.20　超星数字图书馆高级检索结果

2.CNKI 中国知网

CNKI 中国知网收录的期刊以学术、技术、政策指导、高等科普及教育类为主,也收录部分基础教育、大众科普、大众文化和文艺作品类刊物,内容覆盖自然科学、工程、技术、农业、哲学、医学、人文社会科学等各个领域,核心期刊的收录率达 96%,收录独家授权期刊 2 300 余种(见图 2.21)。

图 2.21　知网主界面

中国知网提供出版物检索、一框式检索、高级检索、专业检索、作者发文检索、句子检索等检索方式。

(1)出版物检索。出版物检索导航系统主要包括出版来源、期刊、学位辑刊、学位授予单位、会议、报纸、年鉴和工具书等导航系统(见图 2.22)。每个产品的导航体系根据各产品独有的特色设置不同的导航系统,如出版来源的导航以十大专辑 168 个专题的学科导航为主。

图 2.22　知网出版物检索界面

每个产品的导航内容基本覆盖自然科学、工程技术、农业、哲学、医学、人文社会科学等各个领域,囊括了基础研究、工程技术、行业指导、党政工作、文化生活、科学普及等各种层次。

(2)一框式检索。一框式检索包含文献检索、知识元检索和引文检索三个入口。三个检索入口均提供了类似搜索引擎的检索方式,用户只需要输入所要查找的检索词,包括主题、关键词、篇名、全文、作者、单位、摘要、被引文献、中图分类号及文献来源等,点击"检索"就可查到相关的文献,如图2.23所示。

图2.23 知网一框式检索界面

(3)高级检索。高级检索为用户提供更灵活、方便的检索方式,如图2.24所示。

图2.24 知网高级检索界面

(4)专业检索。专业检索用于图书情报专业人员查新、信息分析等工作,使用逻辑运算符和检索词构造检索式进行检索,如图2.25所示。

图 2.25 知网专业检索界面

可检索字段:SU＝主题,TI＝题名,KY＝关键词,AB＝摘要,FT＝全文,AU＝作者,FI＝第一责任人,AF＝机构,JN＝文献来源,RF＝参考文献,YE＝年,FU＝基金,CLC＝中图分类号,SN＝ISSN,CN＝统一刊号,IB＝ISBN,CF＝被引频次。

(5)作者发文检索。作者发文检索是通过作者姓名、单位检索词等信息,查找作者发表的全部文献及被引、下载等情况。通过作者发文检索可以全方位地了解作者主要研究领域、研究成果等情况,如图 2.26 所示。

图 2.26 知网作者发文检索界面

(6)句子检索。句子检索是通过用户输入的两个检索词,查找同时包含这两个词的句子。由于句子中包含了大量的事实信息,通过检索句子可以为用户提供有关事实问题的答案,如图 2.27 所示。

图 2.27　知网句子检索入口

3.维普中文科技期刊数据库

维普中文科技期刊数据库由重庆维普资讯有限公司出版，收录中文期刊 13 000 种、全文 3 400 余万篇，引文 4 000 余万条，分为社会科学、自然科学、工程技术、农业科学、医药卫生、经济管理、教育科学和图书情报八个专辑(见图 2.28)。

该数据库提供基本检索、传统检索、高级检索、期刊导航等检索方式。具体检索方法与 CNKI 中国知网相似，不再细述。

图 2.28　维普中文科技期刊数据库

4.万方数据知识服务平台

中国学术期刊数据库是万方数据知识服务平台的重要组成部分，数据范围覆盖自然科学、工程技术、农林、医学、人文社科等领域，是了解国内学术动态必不可少的帮手。该数据库可以按照分类、期刊出版所在地区及期刊首字母导航浏览，也可以输入刊名、篇名、著者、关键词进行组合检索。检索结果内容包括论文标题、论文作者、来源刊名、论文的年卷期、分类号、关键字、所属基金项目、数据库名、摘要等信息，并提供全文下载(见图 2.29)。此数据库具体检索方法与 CNKI 中国知网相似，不再细述。

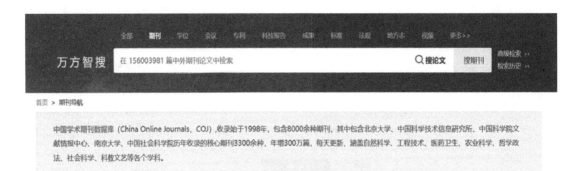

图 2.29　中国学术期刊数据库主界面

第二节　文献管理

一、文献管理的概念与意义

(一)文献管理的概念

文献管理指的是对文献资源进行有效组织、存储、检索和利用的一系列管理活动。它包括对文献资源进行的收集、整理、分类、标注、索引和归档等过程,以及使用、引用和共享文献资源操作。

(二)文献管理的意义

文献管理是科研工作的基础,它不仅可以帮助学生更好地掌握领域内的研究进展,还可以提高研究效率和质量。通过文献管理,学生可以更快地找到需要的文献,更好地理解前人的研究成果,并且避免在论文写作过程中遗漏重要的文献。此外,文献管理还有助于学生组织自己的思路,找到研究的切入点和方向。

二、文献管理工具

现代文献管理通常采用电子化方式进行,如使用文献管理软件存储、管理和检索相关文献。文献管理是科学研究和学术写作必不可少的环节,对于写出高质量的论文和发表高水平的文章是非常重要的。接下来,对常见的文献管理工具进行介绍。

(一)EndNote

EndNote 是一款被广泛使用的文献管理软件,由 Thomson Corporation 下属的 Thomson Research Soft 开发,支持 3 776 种国际期刊的参考文献格式。该软件不仅在文献整理、写笔记、备注、分类方面表现非常优秀,而且还具备导出期刊格式、进行数据迁移等多种功能(见图 2.30)。

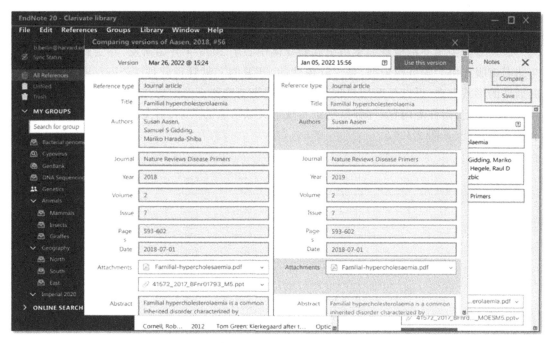

图 2.30　EndNote 主界面

(二) NoteExpress

NoteExpress 由北京爱琴海软件公司开发,最早版本于 2005 年 4 月 15 日发布,是国内知名的文献管理软件之一,其特色是对中文文献信息及几大常用中文数据库的良好支持。同时,NoteExpress 也提供了如文献信息统计分析、标签、笔记、附件的添加等功能,便于学生对科技文献进行深入的分析和使用(见图 2.31)。

图 2.31　NoteExpress 主界面

(三) Zotero

Zotero 由美国乔治梅森大学历史和新媒体中心于 2006 年开始研发,并受到美国博物馆与图书馆服务协会等机构赞助,是一款免费的、开源的文献管理软件。Zotero 以 Firefox 扩展插件的形式存在,可以帮助用户收集和整理网络浏览器页面中的文献信息,还可以加上标签、批注、笔记、附件等内容。同时,它也实现了文献信息的共享、引文插入、参考文献列表生成等多种功能(见图 2.32)。

图 2.32　Zotero 主界面

(四) Mendeley

Mendeley 由 Mendeley 小组研发,该小组于 2007 年 11 月在伦敦成立,由来自各个学术机构和高校的研究人员、开源软件开发者等组成。2008 年 8 月发布了 Mendeley 第一个公开测试版。Mendeley 是一款基于 Qt 平台开发的跨平台文献管理软件,包含桌面版和在线版客户端,以及 iOS 系统的移动设备客户端(iPhone、iPad)。它不仅实现了较好的网页文献信息抓取和 PDF 文献信息抓取功能,还提供了一个学术社交平台,可以让科研人员进行更广泛、更便捷的学术交流(见图 2.33)。

(五) 知网研学平台

知网研学平台(原 E-Study)是在提供传统文献服务的基础上,以云服务的模式,提供集文献检索、阅读学习、笔记、摘录、笔记汇编、论文写作、学习资料管理等功能于一体的个人学习平台。基于中国知网,知网研学平台能够非常方便地与中国知网的资源库进行对接,支持 CNKI 学术总库检索、CNKI Scholar 检索等,将检索到的文献信息直接导入学习单元;根据用户设置的账号信息,自动下载全文,不需要登录相应的数据库系统(见图 2.34)。

第二章 文献检索与管理

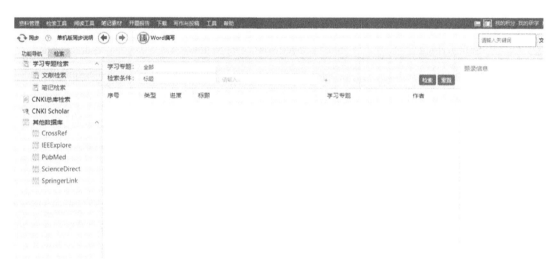

图 2.33　Mendeley 主界面

图 2.34　知网研学平台主界面

● 拓展阅读

面向数字图书馆的高校文献检索课程改革对策研究

摘　要:【目的/意义】对高校数字图书馆中文献检索课程进行研究,提出相应的改革措施,指引学生可以快速、有效地检测到所需信息,提高信息索取质量,节省时间。【方法/过程】完善文献检索课程体系,构建动态课程系统;通过线上和线下教学结合的方式,来提高文献检索课程的教学效果；对文献检索新旧内容整合，建立动态更新机制；以人文环境为先导，宣传强化数字化教学，优化文献检索数字化教学环境。【结果/结论】通过对数字图书馆文献检索课堂改革，构建一个动态的具有系统性、稳定性、发展性和前瞻性的课程系统，实现高校"以人为本"为核心的课堂理念，具备对文献检索教育的能力，使数字图书馆的高校文献检索功能得到质的飞跃。

关键词：数字图书馆；文献检索课；课程改革；高等教育

资料来源：陆瑜芳.面向数字图书馆的高校文献检索课程改革对策研究[J].情报科学,2020,38(1)：98-102.

案例二

本章介绍的数据库及文献管理工具的网址见表2.1。

表2.1 数据库及文献管理工具网址

数据库名称	数据库网址	文献管理工具名称	文献管理工具网址
SpringerLink	link.springer.com	EndNote	endnote.com
Elsevier ScienceDirect	sciencedirect.com	NoteExpress	inoteexpress.com
Web of Science	webofscience.com	Zotero	zotero.org
超星数字图书馆	sslibrary.com	Mendeley	mendeley.com
CNKI 中国知网	cnki.net	知网研学平台	estudy.cnki.net
维普中文科技期刊数据库	qikan.cqvip.com		
万方数据知识服务平台	wanfangdata.com.cn		

思 考 题

1. 文献检索的途径和方法有哪些？分别适用于什么样的情况？
2. 思考感兴趣的主题，并以此为主题进行文献检索。
3. 常用的中外文期刊论文数据库的特点及其优缺点是什么？
4. 自主制订并完成某一学科领域的文献阅读计划，并使用文献管理工具对文献进行管理。

第三章　经管类硕士学位论文选题

◉ **开篇案例**

会计学术型硕士学位论文题目

数字化转型对企业双元创新影响研究——基于融资约束与人力资本的中介效应
ESG 表现对企业绿色创新的影响研究——基于制造业上市公司经验数据
网络位置、供应链整合和企业绩效——来自我国汽车行业的经验数据
财税补贴对创新绩效的影响研究——基于研发投入和高管薪酬激励的中介和调节作用
财务柔性对创新投资的影响研究
薪酬差距、内部控制与企业风险承担关系研究
管理者能力对企业债务资本成本的影响研究
会计信息质量、投资效率与企业技术创新关系研究
批发零售企业负债融资对非效率投资行为的影响研究——基于企业生命周期理论

会计专业型硕士学位论文题目

YQ 公司控股股东股权质押的动因及后果研究
EPC 模式下的装配式建筑项目成本控制研究——以 S 综合商务楼为例
JS 公司股份回购的动因及效应研究
环旭电子跨境并购 F 公司的动因及绩效研究
东华软件股份激励对公司创新绩效影响与提升研究
支付方式、管理者过度自信与并购绩效关系研究
新能源上市企业政府补助对投资效率的影响研究
基于 EVA 与 BSC 相结合的并购绩效评价——以阿里巴巴并购饿了么为例
中概股跨境审计失败案例研究——以安永审计瑞幸咖啡为例

随着我国经济发展进入新常态，会计、审计等领域的专业人才在我国经济发展、对外开放和国际贸易中所起到的作用不容忽视，因而对经管类专业的高级人才进行持续、深度的教育培养也变得日益重要。作为在本科教育基础上培养高级经管类专业人才的教育，经管类硕士教育在我国管理类高等教育结构中处于较高层次，并且这一教育事业仍在持续发展。硕士学位论文是继学科课程教育和科学研究之后又一核心环节，而且被认为是经管类硕士教育最重要的环节和硕士项目的终点。论文题目的选择是整个学位论文写作的开始，是撰写硕士论文的重中之重。本章将从选题概述、选题要求、选题方法、选题方向以及选题注意

事项这几个方面对经管类硕士学位论文的选题进行论述。

第一节 经管类硕士学位论文选题概述

一、选题的概念

选题是根据一定的原则,遵循一定的程序,确定研究的具体科学技术问题的过程。在这一过程中选择研究某一专业或某一领域的某一方面,从而解决某一问题,其本质是明确研究的目标。学位论文写作中第一个重要的内容就是正确地提出问题,而合适的选题正能体现论文所研究的问题,选题是论文对某一问题在理论认识和实验手段方面的概括。可见,选择论题是论文写作中具有战略意义的事项。经管类硕士学位论文选题是指学生在一定的研究方向内所选择的论题或课题,即学位论文所要重点论述的事项或解答的问题。

二、选题的意义

人美在眼睛,文美在标题。这就是说标题要像人的眼睛那样传神,标题是文章的聚光镜,由此可见题目的重要性。学位论文的选题和学位论文的标题是不同的。选题是在教师的指导下确定的论述范围或研究方向,是解决学位论文"写什么"的问题,它属于内容要素。标题是准确概括论文内容的一句话或一个词组,是根据内容来确定的。它可以在论文写成后加上去,也可根据内容改换,具有较大的随意性,属于形式要素。好的论文标题可以确切地揭示出选题,读者从标题就能看出作者要解决的问题是什么。有的论文仅从标题上看不出论文的内容,它只是起一个标识作用,不能揭示内容。选题是学位论文写作的第一步,选择合适的论文标题是完成好学位论文的前提,对整个论文的质量有着直接影响。选题一经确定,就在一定程度上规定了论文研究的范围、目标、内容以及采取的研究方法。选题正确与否,关系到学生能否实现学位论文的研究目的。选题的具体意义体现在以下三个方面。

(一)选题决定研究的方向和目标

按照逻辑思维的顺序,作者在研究客观材料的过程中,随着思维的渐进深入,各种各样的想法会纷涌而来。这期间所形成的种种想法都是十分宝贵的,但是作者却不能统统拿来写入论文。因为这些想法尚处于分散状态,必须有一个选择、鉴别、归拢、集中的过程。从对事物的个别认识上升到一般的共性认识,从对事物的具体分析中寻找彼此的差异和联系,从大脑接收的众多信息中提炼形成自己的观点,并使其明确下来。这些想法从分散到集中,观点从单一到综合的认知提升过程,就是选题的确定过程。有了选题,就有了明确的写作方向和目标。只有确定了研究的方向和目标,才可能集中精力、全力以赴,提高论文写作的效率。确定了研究题目,就等于给自己下达了任务,就会产生相应的压力和紧迫感。可见,选题决定着学位论文研究的方向和目标,而明确的选题也有利于论文研究顺利开展。

对于研究生来说,撰写学位论文并不是一件轻松的事。如果题目选得过大,往往因学力不足,难以驾驭,无法将其深入地研究下去;如果题目选得过小,手脚难以舒展,观点得不到应有的展开,论文内容就会空泛,论述也会肤浅。因此,选题一定要恰当,有利于研究的正常开展。

一般说来,每位研究生都有自己感兴趣的、愿意长期研究的方向,学位论文的选题应当在自己的研究范围内进行选择。要保证学位论文符合自己的研究方向,首先必须做到在自己的研究范围内选题。

(二)选题影响研究成果的价值和论文的成败

虽然学位论文的价值取决于论文的完成情况和客观评定,但是选题有其不可轻视的作用。一个好的学位论文选题往往是作者广泛学习、深入实践、反复思考的结果,能否把作者学习和思考的结果提炼出一个有价值的选题,直接影响其研究成果的理论高度和社会功效。

选题的过程也是一个创造性思维形成的过程。大多数有经验的研究者都认为,"选好题,论文就成功了一半"。这不仅意味着好的选题是论文撰写者深思熟虑的结果,而且意味着好的选题可引导论文撰写工作,使论文撰写更易出新、更易成功、更具可行性、更有吸引力和影响力。正如我国著名哲学家张世英所说:"能提出像样的问题,不是一件容易的事,却是一件很重要的事。说它不容易,是因为提出问题本身就需要研究。一个不研究某一行道的人,不可能提出某一行道的问题。也正因为要经过一个研究过程才能提出一个像样的问题,所以我们也可以说,问题提出像样了,这篇论文的内容和价值也就很有几分了。这就是选题的重要性之所在。"如果选不准课题,课题本身没有研究的价值,所选的课题与论文作者的知识结构不相适应或作者没有条件和能力去完成,这就意味着论文失败。论文的选题有意义,文章的结构严谨,语言的表达流畅,论文的研究成果才能有价值,才可称之为一篇成功的论文。因此,选题影响着研究成果的价值和学位论文的成败。

(三)选题有利于提高学生的研究能力

选题有利于提高学生的研究能力。通过选题,学生能对所研究的问题由感性认识上升到理性认识,加以梳理使其初步系统化。对某一问题的历史和现状研究,找出症结与关键,不仅可以对问题的认识比较清楚,而且对研究工作也更有信心。科学研究要以专业知识为基础,但专业知识的丰富并不一定表明此人研究能力很强。选题是研究工作实践的第一步,学生需要积极思考,具备一定的研究能力。从开始选题到确定题目的过程中,从事学术研究的各种能力都可以得到初步的锻炼、提高。选题前,需要对某一学科的专业知识认真钻研,需要学会收集、整理、查阅资料等研究工作的方法。选题中,需要对已学的专业知识反复、认真地思考,并从一个角度、一个侧面深化对问题的认识,从而使自己的归纳和演绎、分析和综合、判断和推理等方面的思维能力和研究能力得到锻炼和提高。

选题还有利于弥补学生知识储备不足的缺陷,使其有针对性地、高效率地获取知识,早出成果,快出成果。撰写学位论文,是先打基础后搞科研。学生在打基础阶段,学习的知识需要广博一些,在搞研究阶段,钻研的资料应当集中一些,而选题则是广博和集中的有机结合。在选题过程中,研究方向逐渐明确,研究目标逐渐集中,最后紧紧抓住选题,开展研究工作。爱因斯坦说过:"我不久就识别出那种能够导致深邃知识的东西,而把其他许多东西撇开不管。"要做到这一点,必须具备丰富的知识储量。对于初写论文的人来说,在知识储备不足的情况下,对准研究目标,直接进入研究过程,就可以根据研究的需要来补充有关的资料,有针对性地丰富专业知识储备,从而提高科研能力。

综上所述,选题在学位论文的撰写中起着重要作用。所以,一定要在认真研究资料的基础上,根据自己的能力、条件,扬长避短地选择所要研究的问题。

第二节 经管类硕士学位论文选题的要求

一、选题的基本要求

经管类硕士学位论文的一般要求,可以概括为坚持理论联系实际,立论要科学,观点要创新,论据要翔实,论证要严密。理论研究,特别是社会科学研究必须为现实服务,为社会主义现代化建设服务,为物质文明建设和精神文明建设服务。理论来源于实践,又反作用于实践。科学的理论对实践有指导作用,能通过人们的实践活动转化为巨大的物质力量。科学研究的任务就在于揭示事物运动的规律,并运用这种规律性的认识指导人们的实践,推动社会的进步和发展。因此,学位论文在选题和观点上都必须注重联系社会主义现代化建设的实际,密切关注社会生活中出现的新情况、新问题。

二、选题的具体要求

经管类硕士学位论文选题的要求可分为内容方面的要求和格式方面的要求。在选取论文题目时,既要根据自身科研水平来确定题目范围,选择大小适宜、难度适中的题目,又要兼顾论文研究内容,选择中心明确、角度新颖的题目。所以,在选题内容方面的具体要求如下:

(1)论文选题应密切关注经济社会发展的基本趋势,具有较强的实践价值和理论意义,应反映当前社会相关经济、管理领域的重要问题,不应与本学科有显著偏离。同时,提倡本学科、本专业的原创性研究。

(2)论文选题应体现经管类硕士专业学位的特点,有数据、证据支撑,避免老生常谈,大题小做,大题泛做,纸上谈兵;提倡新题新做,小题大做,小题细做,问题深做。

(3)论文选题应虚实结合,以实为主,既要有理论分析,又要有业务方法的探讨。拟定的选题,必须结合实际,针对现实,以第一手资料为基础,必须符合事物发展的规律。

(4)论文选题应在导师指导下完成,学生应充分收集相关研究资料,了解已有相关文献和研究成果,并结合本人实际实习情况、研究兴趣、研究能力、前期研究成果等确定选题。导师应对选题的恰当性、选题方向、选题的具体内容等提出是否可行的明确意见。确有必要时,经充分协商,导师也可以根据本学科与专业的研究现状,结合学生本人的具体情况,提供参考选题。

(5)论文选题要有自己的见解,中心明确,避免综合论述,拼凑成章。选题时,要掌握前人和今人的研究成果,要了解该选题研究的现状以及发展的趋势。若是他人已解决了的问题,则不必花力气重复进行研究。

好的题目既能准确表达论文内容,又能恰当反映论文的深度和范围。学位论文与其他学术论文一样,对于题目有特定的格式要求,具体如下:

(1)准确。要题文相符,做到含义确切。在一定程度上概括论文基本内容,揭示论文的主题。要能把整篇论文的内容、研究的主要目的或是所研究的某些因素之间的关系,确切、生动地表达出来。

(2) 规范。要合乎语法,有条理有逻辑。规范的题目不仅能够体现出学生严谨的撰写态度,而且能够反映出论文紧凑的结构。选题的语言要避免过于口语化,选题的措辞不能出现较明显的语法错误。题名不应使用生僻的缩略词、字符、代号和公式等。

(3) 简洁。要言简意赅,具有高度的概括性。题目一定要用最简单、恰当的词语反映论文的研究内容,简洁、有效地表达论文的中心思想。若题目表述冗长,则会使重点不明确。一般而言,题目的字数应限制在 20 个汉字为宜,最多不超过 25 个汉字。

(4) 具体。要清晰、完整,有鲜明的倾向性。选题应具体地表达出论文的主要内容和重要论点,切忌泛泛而谈。选题若不能清晰地表达出论文研究的重点,将会影响论文主旨的体现。

经管类硕士学位论文选题除了遵循以上要求以外,各培养类型还应体现不同的特点。学术型论文选题侧重理论研究,专业型应体现实践技能的考查,注重考查学生发现、分析和解决实际问题的能力。会计专业型硕士应结合实习经历进行选题,MBA 学员都有工作经历,他们应结合工作性质,选题时提倡密切联系企业管理实践,在形式上可以是专题研究,可以是高质量的调查研究报告或企业诊断报告,也可以是高质量的案例分析。

三、选题应遵循的原则

选题是经管类硕士学位论文写作的开始,选择的题目恰当与否事关论文写作的成败。客观上讲,要选择有科学价值、现实意义的选题;主观上讲,要选择作者感兴趣的,且以作者自身能力可以驾驭的选题,这将有利于作者展开深入研究。这里所说选择有科学价值的、有现实意义的选题,其一是要有理论价值,就是指那些对本专业、本学科的建设与发展能起先导、开拓作用,对各项工作起重要指导、推动作用的重大理论问题。其二是实用价值,就是指那些经济发展实践中迫切需要解决的实际问题。即选题应该着重考虑人们在社会生活和工作中的重点、难点、疑点,以及人们关注的热点、争论的焦点问题。硕士学位论文选题应把握好以下几大原则。

(一) 理论性

理论性是学位论文的首要特点。学位论文是符合作者所学专业的理论性文章,不能写成工作总结,更不能写成说明文。所谓理论性,是指学位论文必须探讨某一课题的理论价值,揭示本质规律,总结出理性的结论。只是对一般现象的说明,或对一般材料的罗列、一般事例的堆砌,或介绍一些常识性的东西,是不符合学位论文理论性原则的。理论性原则要求学生必须具备一定的理论基础,能比较全面地了解该选题的相关知识和理论动态。

(二) 科学性

科学性是指研究、探讨的观点正确、思维严密、材料真实典型、推理合乎逻辑。因为学位论文是用科学的方法来反映客观事物的真实面貌,正确揭示客观事物的发展规律和本质。选题没有科学性,就不能支撑起一篇好的学位论文。学位论文要做到科学性,首先是态度的科学性,即要有实事求是的态度。从大量的材料和数据出发,用严密的方法开展研究,并通过分析得出结论,而不能先有结论,再找材料。其次是方法的科学性,即要用科学、权威的研究方法分析,最终得出的结论才能使读者信服。最后是内容的科学性,也就是论点正确,概念明确,论据明确充分,推理严密,语言准确。

(三)客观性

客观性是指选题的方向、大小、难易都应与作者的知识储备量、分析问题和解决问题的能力以及写作经验相适应。因为知识的积累和能力的提升是一个漫长的过程,不可能靠一次学位论文写作就有很大突破,所以选题时要量力而行。如果基础较好,又有较强的分析、概括能力,那么就可以选择难度较大、内容较复杂的题目,撰写一篇高质量的论文。如果作者自身对于综合分析一个大问题存在困难,那么题目就应定得小一些,把某一具体问题说深、说透也可完成一篇合格的论文。此外,作者也要充分考虑自己的研究方向和科研兴趣。因为每个研究生的情况各异,在选题时,要尽可能选择与自己专业相关、能发挥自己专长的题目。作者在选题时要遵循客观性原则,客观考量选题与自身能力的适配度。

(四)创新性

创新性是指在论文中表达自己的新看法、新见解、新观点,或在某一方面、某一点上能给人以新的启发。创新性是论文的价值所在,选题的创新性主要体现在以下五个方面:

(1)提出新观点,研究新范畴,形成新体系,开创新领域。

(2)对前人创立的基本原理,在扬弃的基础上作新的论证、补充、丰富和发展,特别是对其中错误的成分加以纠正,对不完善的部分加以修正。

(3)虽然前人已研究过此类问题,但作者采取了新的论证角度或新的实验方法,所提出的结论在一定程度上能够给人以新的启发。

(4)用新的理论、新的方法提出并在一定程度上解决了实际生活中的问题,取得一定的效果,或为实际问题的解决提供新的思路和数据等。

(5)用相关学科的理论,较好地提出并在一定程度上解决其他学科中的问题等。

(五)适中性

适中性,是指选题的大小、难易、新旧、冷热要适中,避免走向极端。选题的适中性主要体现在以下四个方面。

(1)大题与小题:应该小题大做,或选小弃大,不要大题小做。

(2)旧题与新题:要选新不排旧,旧题新作,新题深作。

(3)难题与易题:要选择难易适中的选题。难题就是对这个问题自己根本不了解,这样的题目不能选。易题就是不需要花什么工夫就能完成的课题,这样的课题即使完成了,价值也不会太高。应选难易适中的题目。

(4)热题与冷题:热门课题,研究的人多,不容易有新的突破。冷门课题资料少,难度大,但有的冷门课题可以为学科建设提供新内容,往往会取得意想不到的效果。应根据自身情况选择。

(六)可行性

可行性,是指学位论文的选题一定要切合实际,不能空想。论文选题往往受到主观和客观条件的限制。有些论文选题虽然非常好,价值非常大,但由于作者自身条件的限制,或研究条件等客观方面的限制,最后无法完成。遵循可行性原则,一要考虑是否有资料或资料来源。资料是论文写作的基础,没有资料或资料不足就不能很好地完成论文,即使勉强写出来,也缺乏说服力。二要了解所选题目的研究动态和研究成果,大致了解写作中可能遇到的困难,以避免盲目和无效劳动。

第三节 经管类硕士学位论文选题的思路和方法

想确立命题新、内容新、角度新的有研究价值的论文选题,必须要有清晰的思路,同时还应掌握论文选题的基本方法。

一、确立硕士学位论文选题的基本思路

(一)从基础理论、专业基础理论和专业理论三个方面考虑

经管类硕士学位论文的选题是科学研究的正式开始,论文的选题,从大的方面讲,涉及三个方面:基础理论方面、专业基础理论方面和专业理论方面。由于硕士学位论文都是专业论文,无论选择哪一个方面,在论文的实际写作中都要与专业结合。可以这样来概括,基础理论与专业结合的,为交叉学科的论文;专业基础理论与专业结合的,为与专业紧密结合的论文;专业理论研究的论文则是专业性很强的论文。对于研究生来说,由于处于科学研究的初步练习阶段,所以三类论文均可选,甚至也可鼓励学生撰写跨学科论文,鼓励学生打牢专业基础。

(二)从基本理论研究和基本理论运用两个方面考虑

从基本理论研究(分基础理论、专业基础理论、专业理论三个方面)、基本理论的运用(亦分基础基本理论的运用、专业基础基本理论的运用、专业基本理论的运用三个方面)两个大方面、六个小方面来考虑,一般来说,基本理论研究方面需要有相当的理论创新精神、扎实的理论根底、透彻的理论分析能力和相当的写作水平才能达到预期写作要求。所以,对于大多数研究生来说,最好还是选择基本理论的运用方面的选题。

二、确立硕士学位论文选题的基本研究方法

选题好,论文撰写起来方便,有意义,较易出成果,较易得到指导教师的支持,较易得到选题审查组的通过。选题不好,就难以进入思维和写作境界,难以写作成功,甚至有废题重来的可能。为帮助研究生尽快确立硕士学位论文的选题,这里提出四个基本方法以供参考。

(一)历史研究法

这里说的"历史研究法",通常是指这样一种情况,即有的专业理论体系十分古老而又成熟,要在基础理论的研究上有所突破,必须具备专门条件才行,如数学、物理学等,在专门条件不具备的情况下,建议做些历史研究,如从数学史上突破,就可选择一个历史上的某个数学人物的数学思想发展历程作为研究对象。经管类专业的学生也可以这样做,从自己专业、

学科的发展历史考虑选题。另外,学术史研究本身也是历史研究法中的内容。这类论文虽然创新性并不是主要的,但学术性却是很强的,较为容易写作,而且如果写得好,不仅可以顺利通过答辩,获得高分,还可向刊物投稿,很可能获得发表。如《20世纪某某研究发展概述》《20世纪80年代以来国内经济伦理学研究状况述评》《20世纪90年代以来多媒体技术的发展及其瞻望》等,只要搜集到材料,这些论文很容易归纳写作,只要做到要事不漏,大项不缺,准确、全面即可。需要注意的是,这类论文要把握好结构,论文的结尾部分一定要有评论性文字,要提出作者自己的见解,不能通篇都是转述文字等。

(二)学习实践结合法

紧密结合学习和实践展开研究,是硕士学位论文选题的一条好路子,这样容易发挥自己的优势。首先,这类研究最易得到导师的支持,因为这类选题也是导师所关注的,容易通过选题。其次,学习实践属于学校教学工作研究、学生学习研究和专业研究相结合的一种理论与实践相结合的研究。运用学习实践结合法确定选题,主体的思想、观点主要是通过自己的实践有感而发,并形成较为系统的看法,资料的搜集如果困难,可以依靠自己的积累,再适当参考所能搜集到的资料就可以展开研究,容易上手写作。再次,这类选题的研究容易深化,可以不断地进行对比研究,由一点并及其余不断展开进行。最后,这种研究方法可以避免做其他课题研究过分依赖资料的情况。这既加深了对某一方面理论的认识,又可将理论与实践结合起来,提高了专业素质,可谓一石数鸟。

(三)展现特色法

任何一个学生所学的专业,也就是自己的特长专业。硕士学位论文的选题要在"特"字上大做文章,做到扬长避短。做"特"字文章,可以收到事半功倍的效果。"特",或人无我有,或别弱我强,或彼偏我全。各高校都有自己的特色专业,如中国人民大学的法学、北京大学的经济学、同济大学的土木工程以及上海财经大学的会计学等就是这些院校的强项或特色专业。由于这些学校的这些专业处于全国高校或某一地区高校的领先地位,在这些高等院校学习这些专业的学生也就相对处于掌握这些专业理论与知识的领先地位,因此,学生选择本专业的课题本身就在一定程度上保持了领先地位,在这些专业选择课题,也就突出了专业特色。以后再进一步努力,就可以走到科学研究的前沿,甚至最前沿。经管类专业同样如此,一些展现特色的科学研究和论文,由于具有人无我有、别弱我强、彼偏我全的特点,因此是他人所无法比拟的,具有无可替代性和权威性。

(四)热点锁定法

"热点锁定法"就是把社会各界关注的"热点"问题确定为论文题目的一种选题方法。随着互联网时代的到来,各种新事物、新问题层出不穷,经常出现众人关注的"热点"问题,形成热烈的讨论,文献资料相对比较丰富。"热点"问题往往又在某个时期具有较强的现实意义,使得学生容易发现并从中确定自己的选题。不同地区的学生都可以结合当地经济、科学技术发展以及新型能源和工业基地建设、产业结构调等重大理论和实际问题,瞄准社会、科技发展的热点和前沿问题进行研究和探讨。经管类硕士学位论文的选题应突出现实性,以提高经济效益为中心,结合企业实际,贴近生产经营管理活动,分析当前经济改革和社会现实生活中的问题,解决群众普遍关注的"热点"问题。

第四节 经管类硕士学位论文选题的方向

一、选题的基本方向

选题是经管类硕士学位论文写作的第一步,也是十分重要的一步。经管类专业无论作为理论还是作为应用,值得研究的内容数不胜数,可以提炼出的论文题目很多,但论文写作应选择一个最恰当的题目。

选题的方向大致可分为三类。其一,针对自己最有兴趣的现象、问题选题。学生对选题涉及的问题或现象有一定的研究基础,或有强烈的研究欲望,才有可能在选题确定之后,孜孜以求,最终写出有质量的学位论文。其二,围绕工作实践选题。理论研究是指导实践的,因此,无论是会计专业或是工商管理专业的论文选题绝不可以脱离工作实践。其三,立足本专业学科的发展选题。科学在发展中,在它前进的每一步都会有新问题、新现象发生,都需要解决和解释。经管类硕士论文只有立足于本学科的发展选题,才能写出有新意的好论文。初写论文者易犯的错误是选题过于宽泛,大而不当,论述起来末学陋识,很难做深入研究,写不出独到的东西,这一点在选题时应避免。

会计学术型硕士作为学历教育,重点是基础教育、素质教育和专业教育,偏重理论知识的掌握和学习,如财务理论、会计理论、审计理论、国际会计等会计相关知识。会计专业型硕士学位教育面向会计职业,培养具备良好的职业道德和法制观念,系统掌握现代会计学、审计学、财务管理以及相关领域的专业知识和技能,对会计实务有充分的了解,具有很强的解决实际问题能力的高层次、应用型、国际化会计专门人才。两者的论文选题一般应集中在会计、财务、审计以及与之交叉的相关管理、税务、咨询、内控、战略、风险管理、信息技术等相关相近领域。

工商管理硕士,即MBA(Master of Business Administration),是源于欧美国家的一种专门培养中高级职业经理人员的专业硕士学位。工商管理硕士是作为一种专业硕士学位,与一般硕士研究生有所不同。MBA是培养能够胜任工商企业和经济管理部门高层管理工作需要的务实型、复合型和应用型高层次管理人才,而其他硕士研究生是培养具有扎实理论基础和较强的科研和教学能力的高层次科研型和教学型人才。因此,工商管理硕士在选题时应结合工作性质,密切联系企业管理实践。

学生选择的论文选题若具有很强的边缘性、交叉性、超前性,且与专业发展相关或具有指导意义,在得到导师和开题答辩会专家认可后,可不受以上范围限制。

二、选题的理论方向

经管类硕士学位论文的题目,应该选择与本专业相关的理论作为论文的基础理论依据或者研究方向。常用的理论以会计理论、成本管理会计理论、财务管理理论和审计理论为主,具体可分为以下几类。

(一)会计基础理论

会计概念框架结构,会计基本假设,会计行为,会计本质、特征问题研究,关于会计确认与计量相关问题的研究,会计理论结构问题研究,会计信息质量特征,中外会计界关于会计定义的比较分析,新环境条件下会计职能与作用相关问题研究,会计监督体系问题研究,新经济环境(知识经济)下的会计基本原则、现代企业制度、公司(企业)治理结构与会计监督问题研究,会计环境与会计目标,中外会计报告比较及启示等。

(二)会计原则、准则

中外会计准则的比较研究、国际会计准则的借鉴与应用研究、会计的国际化与影响会计国际化的因素分析、基本会计准则与具体会计准则关系问题研究、具体会计准则实施过程中有关问题的研究等。

(三)会计法律、制度及其他

会计规范体系建设问题研究,关于会计法有关问题的研究,新会计法与会计监督体系(国家、社会、企业)问题研究,企业内部会计控制制度有关问题研究,国有资产监督管理问题研究,上市公司会计管制与会计信息披露相关问题研究,企业内部会计政策、会计制度及其他会计规范问题研究等。

(四)会计基本方法及应用

会计方法的含义、内容、组成及其与会计职能的关系问题研究,会计方法的特点及其发展变化规律、会计方法的改进、提高与规范化、标准化、通用化研究,具体会计核算方法在企业会计工作中的应用问题研究等。

(五)新兴会计学科

社会会计、物价变动会计、比较会计、人力资源会计、质量会计、决策会计、责任会计、税务会计、绿色会计等有关问题的研究。

(六)特殊行业与特殊业务下的会计问题

事业单位会计相关问题研究、非营利组织会计的有关问题研究、金融企业会计研究、管理会计在银行管理中的应用、预算会计的确认基础、预算会计报表的研究、新《会计法》对预算管理的影响等。

(七)会计工作和会计人员管理体制

不同经济性质、经营方式、经营规模条件下会计工作的组织与管理问题研究,会计人员素质、人才开发和职业道德问题研究,会计人员管理体制与会计工作管理体制相关问题研究等。

(八)新经济环境条件下的会计问题

现代信息技术条件下的内部会计控制、现代信息技术条件下的会计职能的转变、现代信息技术对现代会计的影响、会计智能化条件下的舞弊及其防范研究、会计智能化条件下会计人员配备研究、手工会计与智能化会计的区别研究、金融工具会计相关问题研究、电子商务会计相关问题研究等。

(九)成本管理会计理论

风险成本确认问题的研究、风险成本报告模式问题的研究、成本管理会计系统的设计问题的研究、成本预测问题的研究、资本投资决策问题的研究、全面预算问题的研究、责任成本控制问题的研究、业绩评价体系问题的研究、激励机制问题的研究等。

(十)企业财务管理理论与实践

财务管理基本理论问题的研究、企业财务管理问题的研究、财务关系问题的研究、现代企业财务管理环境问题的研究、资源优化配置问题的研究、提高企业经济效益问题的研究、货币时间价值问题的研究、企业价值最大化问题的研究、风险管理问题的研究、利益相关者关系协调问题的研究、代理问题的研究、所有者参与企业收益分配问题的研究等。

(十一)审计理论与实践

注册会计师审计风险的防范问题的研究、内部审计的控制问题的研究、审计职业道德问题的研究、审计需求的代理理论问题的研究、审计需求的信息理论问题的研究、审计需求的保险理论问题的研究、审计组织形式的风险和不确定性问题的研究、风险导向内部审计问题的研究、政府审计环境问题的研究、审计信息化问题的研究等。

这些研究理论可以根据论题所需选择一个或者多个使用,在运用时应充分、合理,切忌断章取义、理论堆积。

三、选题的具体方向

(一)会计学术型和会计专业型选题方向

会计学专业是一个广泛应用于各个行业和组织的重要领域。在会计学专业学位论文的选题方向上,有较多可行性高且具有实践意义的选题方向。例如,在财务报告与分析方向,学生可以研究公司的财务报告准则和规范,探讨如何提高财务报告的透明度和准确性。另外,学生还可以分析公司的财务报表,了解公司的财务状况,并进行财务比率分析以评估其绩效和稳定性。学生也可选择研究税务管理与筹划方向,这个方向涉及税法和税务政策的相关研究,探讨如何优化企业的税务筹划,降低企业的税负并合法合规地遵守税法,或者研究税务优惠政策、国际税收规划以及多国税收协定等相关领域。在审计与内部控制方向,学生可以研究审计准则和方法,分析审计师在检查和评估企业财务报表时所面临的挑战与机遇。此外,学生还可以探讨企业内部控制的建立和运作机制,以提高企业的风险管理能力和业务效率。在全球经济一体化的背景下,国际会计与国际财务报告标准方向也可成为学生的选题方向,研究国际会计准则和国际财务报告标准的应用和影响具有一定的实践意义。学生也可以探讨国际财务报告标准的发展趋势,研究跨国公司的相关经济活动和会计报告中存在的问题与挑战等。

虽然会计学术型和专业型硕士在选题方向上有相似之处,但是由于在培养方式上有所不同，学术型论文选题侧重理论研究，体现学生扎实的理论基础和较强的科研能力；专业型应注重学生的实践技能，偏重于考查学生发现、分析和解决实际问题的能力。

(二)工商管理硕士选题方向

工商管理硕士是一种专业硕士学位，不同于学术型硕士，特别强调在掌握现代管理理论和方法的基础上，通过商业案例分析、实战观摩、分析与决策技能训练等培养学生的实际操作技能，使学生接受知识与技能、个性与心理、目标与愿望等方面的挑战，让学生更具有职业竞争的实力。

围绕工商管理硕士的特点，可以选择的方向大致有战略管理、薪酬管理、绩效考核、企业文化、营销管理、产业集群发展、民营企业管理、产业发展管理、循环经济、城乡经济发展、银行管理、商业模式发展、自主创新、供应链研究、电子商务、企业核心竞争力、品牌发展等。

第五节 经管类硕士学位论文选题存在的问题与解决的办法

一、存在的问题

学生在选题时缺乏对相关学科现阶段研究成果和国内外研究现状的认识与了解，也不具有敏锐的行业发展洞察力和一定的科研能力，往往会在选题时出现以下问题。

(一)选题缺乏合理性

学生选题时容易出现研究范围不合理的问题，大多数情况是选题过大，超出了研究生的研究范围。经管类硕士学位论文的篇幅决定了一篇论文一般只能讨论一个问题、论证一个观点。如果选题过大，那么论题本身就蕴涵了多角度的问题和论点，选题变得抽象、复杂，大大超出学生的研究能力。要想在有限的篇幅内叙述清楚就会变得十分困难，往往会造成大题目小论文、多主题简分析的现象。例如，"会计国际化问题研究""盈余管理研究""管理层收购相关问题研究""我国上市公司股利分配问题研究""上市公司并购问题研究"等。这些题目只是对一个研究范围的界定，并没有对自己所要论述的问题给予准确的概括，显然都有些偏大了，超出了学位论文的篇幅。此类缺乏合理性的论题会让学生无从下手，难以驾驭，即使是硬着头皮撰写完，论文内容也往往空洞无力、缺乏深度。

(二)选题缺乏应用性

论文的应用性即实际应用价值，包括理论价值和实践价值。理论价值指的是论文的选题能够反映该学科领域国际或国内的研究现状，对学科某一理论具有补充、进一步完善的意义；实践价值指的是选题是当前社会关注并需要解决的问题，或者是某行业在发展中遇到的棘手问题，能够对社会发展、行业进步有借鉴或参考意义。学生在选题时，如果没有对论题的相关历史研究前沿和国内外现状进行调查，将已经被实践所检验并形成定论的论题、已经成熟的学科体系、常识性问题，或者既无现实需要又无理论深化价值的论题作为论文的研究对象，会导致选题缺乏一定的实践价值或理论价值，丧失科研意义。例如："公允价值计量属性分析""固定资产折旧方法分析""现金流量表及其分析"等。这些缺乏应用性的选题已经作为该学科领域的常识问题,无须再进行论证。

(三)选题缺乏创新性

学科研究的发展需要不断地发现新问题,解决新问题,依靠新的思想、新的方法、新的观点、新的论据来推动。反之,如果科研缺乏创新性,重复研究现有的理论,那么学科将无法进步。学生在选题过程中,由于不愿意思考、探究,往往不善于发现问题,不能从新的角度对论题进行分析和论证。选题缺乏创新性会导致论文不具有科研价值,写出的论文质量不高。例如:"论会计信息失真的成因与对策""我国加入 WTO 后会计面临的挑战""新会计制度对企业会计核算的影响"等。这些论题已经有很多学者对其进行了研究,而且仅适用于当时的社会环境背景,对现阶段的发展已经没有借鉴意义了。新颖的论文题目不仅可以激发学生的兴趣,还能挖掘学生潜在的创造力,使其充分发挥自己的专业特长,研究符合学科发展趋势的论题。因此,学生在学位论文构思初期,要尽可能排除缺乏创新性的选题。

综上所述,目前学生的学位论文选题还存在诸多问题,这既影响了论文的撰写质量,也无法锻炼学生的科研能力和写作水平。

二、解决的办法

针对上述选题过程中存在的问题,学生应该主动丰富自己的知识、加强自身的能力,寻求解决这些问题的办法,具体可从以下三方面进行。

(一)打好专业基础

学位论文的写作目的之一就是通过撰写论文来考查学生研究生期间对专业理论知识的掌握和运用程度。学生只有在扎实的专业基础上,才能把握本学科的研究动态与方向,才有能力熟练、灵活地运用所学知识解决问题,才能选取一个适合自己又具有科研价值的题目。所以,学生一方面要积极、主动地学习专业知识,多角度、多方面地思考问题,从而不断地提高自己的思维能力;另一方面,还应加强自身科研能力的训练,能够熟练使用各种科研方法来解决问题。做好选题的第一步就是要打好专业基础,积累专业知识并培养科研思维。

(二)激发学科兴趣

学生只有对所选的题目感兴趣,才能充分发挥其研究的主观能动性,才能真正实现论文撰写的目的。学生在平时的学习中,应该有意识地阅读专业学术期刊、优秀硕士论文,了解学术前沿动态。同时还应对自己感兴趣的学科问题广泛搜集资料,并善于分析资料,学会利用资料进行探索和研究。这样不仅能够激发自己对于本专业的学习兴趣,也能够提高学科研究和撰写论文的能力。

(三)培养问题意识

学生在选题时要能够发现目前学科研究阶段的问题,要能够就前人的研究成果提出自己的见解。这就要求学生在学习专业课时,对自己学习的内容进行思考,随时发现问题,还应了解学科专业或者某一研究领域的发展与现状,现阶段研究到哪种程度、还面临哪些问题、有哪些难点等。此外,在进行校外实习时,锻炼自己在理论联系实际的基础上发现问题的能力,并尝试利用所学的专业知识解决问题。学生如果能在平时的学习中着重培养问题意识,开拓思维,全面地认识问题,那么在学位论文选题时,就很容易触发选题的灵感。

综上,学生只有不断丰富自己的知识储备,加强自身的科研能力,才能在选题时占据主动。

● 拓展阅读

表3.1~表3.3罗列了2020—2022年全国专业会计硕士(MPAcc)优秀学位论文的题目。

表3.1　2020年全国专业会计硕士(MPAcc)优秀学位论文题目

序号	学校	作者	论文题目
1	广东工业大学	刘惟	东方国信股权激励实施效果研究
2	苏州大学	顾慧宁	东山精密连续并购创造价值的案例研究——基于资源编排视角
3	中央财经大学	王子扬	公立医院预算管理变革研究——以L医院为例
4	中南财经政法大学	张宁	管理层讨论与分析文本语调研究——以天舟文化为例
5	河海大学	薛云	基于成熟度模型的S集团财务共享服务中心动态能力评价研究
6	浙江财经大学	张耀文	基于战略导向的A公司全面预算管理优化研究
7	上海国家会计学院	鲁娅	加密货币的会计处理研究——以DigitalX公司为例
8	浙江财经大学	陆行	家族企业代际传承过程中的战略变革与公司绩效——基于"福耀玻璃"的案例研究
9	武汉理工大学	江丽君	基于扎根理论的案例分析僵尸企业退出路径选择研究
10	武汉理工大学	凌玉竹	开放式创新模式下HV企业价值链成本管理研究
11	郑州航空工业管理学院	孟晨	跨国并购对环保企业绿色创新的影响研究——以首创股份为例
12	南开大学	裴凤姣	目标作业成本法在H建筑公司施工项目的应用研究
13	湖北经济学院	宋馨	企业并购商誉后续计量问题研究——以人福医药为例
14	山东财经大学	苏方舟	前程无忧并购拉勾网的绩效评价
15	上海国家会计学院	房芳	商誉后续计量对会计信息质量的影响
16	中山大学	欧少乔	上市公司并购基金会计政策选择及其经济后果——基于上海漫鑫和上海凯裔并购基金的案例研究
17	暨南大学	罗卉芝	上市公司股份回购:信号传递还是机会主义?——以海兰信为例
18	暨南大学	张瑀琦	营改增与机械制造企业服务化转型效果研究——以三一重工为例
19	南京审计大学	元鑫男	制造企业精细化预算管理研究——以江苏凯伦公司为例
20	华东交通大学	邢伟健	中铁SR局PPP项目资本金融资模式变更的影响及其对策研究

表 3.2　2021年全国专业会计硕士（MPAcc）优秀学位论文题目

序号	学校	作者	论文题目
1	广西财经学院	钟翔宇	Z矿业公司环境信息披露对企业债务融资影响研究
2	广西财经学院	肖光杨	广西路桥集团集中采购的策略与流程优化研究
3	河海大学	陈家康	L公立医院绩效问题及提升路径研究
4	河海大学	季薇	创始人专用性资产与企业价值——基于浑水攻击新东方和东方纸业的双案例研究
5	黑龙江大学	秦雪纯	价值链视角下万科集团营运资金管理研究
6	华东交通大学	沙天庆	基于平衡计分卡的SW施工项目绩效评价体系研究
7	华南师范大学	林吴恩	不同商业模式下青岛海尔的现金管理价值研究
8	暨南大学	陈绍彬	碳排放权交易会计核算方法的比较分析
9	江西财经大学	杨元龙	基于机器学习的财务报表舞弊甄别研究——以抚顺特钢为例
10	江西师范大学	黄志成	新收入准则对网游企业的税会差异研究——以网易游戏公司为例
11	南开大学	季艺	L医院基于资源耗用的相对价值量绩效管理方法应用研究
12	南开大学	赵争	预期信用损失法在B租赁公司项目风险评估中的应用研究
13	上海对外经贸大学	申佳缘	可交换债的套利行为研究——以东旭集团定向增发为例
14	苏州大学	丁悦	S钢铁公司绩效评价体系优化研究——基于平衡计分卡与三重绩效
15	浙江工商大学	彭思佳	业财融合对国企绩效考核的影响机理研究——基于意义建构视角的分析
16	中国矿业大学	王璨	海外技术并购整合路径演进及绩效研究——以中联重科技术并购CIFA为例
17	中国矿业大学	袁龙泉	基于平衡计分卡的XK集团全面预算管理研究
18	中国农业大学	傅煜博	北控水务绿色资产支持票据案例研究
19	中央财经大学	刘睿语	集团公司管理会计报告体系构建研究——以C集团为例
20	重庆大学	蓝婷婷	长期股权投资核算视角下的C公司放弃增资扩股案例研究

表3.3 2022年全国专业会计硕士(MPAcc)优秀学位论文题目

序号	学校	作者	论文题目
1	东北财经大学	冯凯昕	预算绩效管理视角下的项目支出绩效评价体系研究——以市场监管部门为例
2	广西财经学院	游柔	LY集团全面预算管理成熟度评价研究
3	广西财经学院	过晓蓉	政府会计改革下G高校科研成本核算设计研究
4	河南师范大学	潘婷	股权质押下企业控股股东利益侵占问题研究——以延安必康为例
5	湖南大学	何荷舟	基于合同协议的中航首钢绿能REIT相关合并报表研究
6	湖南科技大学	邓航	基于CART算法的商誉减值危机预警模型构建及应用研究
7	华东理工大学	张子琦	企业数字化转型的动因、路径及绩效研究——以徐工机械为例
8	暨南大学	易胜男	环境规制对煤炭企业绿色技术创新的影响研究——以中国神华为例
9	江西财经大学	漆峭	低碳经济背景下企业碳资产管理研究——以SH集团为例
10	南京农业大学	黄晨	A集团票据池构建研究
11	山东科技大学	王晓玲	基于GEVA-BSC的潍柴动力绩效评价指标体系构建及应用研究
12	上海大学	程明	注册制下我国退市新规的实施效果研究——以*ST天首为例
13	武汉理工大学	欧阳婧	连续问询下注册会计师审计质量影响机制研究——基于注册会计师回函的扎根分析
14	武汉理工大学	曾飞燕	D企业供应链成本管理研究——基于创业网络视角
15	西安交通大学	白莹	基于作业成本法的X医院病种成本控制研究——以关节置换术为例
16	西安科技大学	高亚凤	ZL公司连续并购商誉减值风险研究
17	西南财经大学	吕心舒	市场化减排机制下碳排放权会计确认与计量问题研究：基于持有意图的视角——以华电国际为例
18	西南财经大学	余铭锋	民营医院成本核算体系的设计与应用研究——以成都XH医院为例
19	浙江财经大学	郑鹏	定向可转债在并购支付中的应用机理——基于赛腾股份并购菱欧科技的案例研究
20	浙江财经大学	袁陆莹	基于风险管理的内部审计云平台构建与应用研究——以亚厦股份为例
21	浙江工商大学	胡静刘格	环境规制、绿色技术创新与重污染企业价值——以海螺水泥为例
22	中国海洋大学	温雅茹	物联网生态运营模式下"共赢增值表"应用研究——以海尔生物为例
23	中国农业大学	马晓薇	供应链视角下长城汽车营运资金管理研究
24	中南大学	曾培瑶	基于扎根理论的L会计师事务所审计质量优化研究
25	中南大学	尚依然	多元融资视角下TJS矿山生态修复基金会计核算体系构建研究
26	中央财经大学	王子航	公司并购整合模式研究——以SJ公司并购AN制药为例
27	中央财经大学	熊俊铭	价值溢价背离之谜——基于价值股与成长股财务基本面及资产泡沫的综合研究

思 考 题

1. 选题时需要注意什么?
2. 思考适合自己的选题。
3. 以书面形式汇报选题的理由及打算如何开展此选题。

讨 论 题

1. 确定硕士学位论文选题的原则有哪些?
2. 硕士学位论文选题有哪些基本方法?
3. 确立硕士学位论文选题的基本思路是什么?
4. 硕士学位论文选题可从哪些方面切入?

第四章 经管类硕士学位论文开题报告

◉ **开篇案例**

以硕士学位论文《中国天楹跨国并购U公司的动因及绩效研究》为例，其论文开题报告内容如下（由于篇幅有限，此处仅放置了开题报告目录，具体内容及写法会在后文进行阐述）：

1 选题背景与研究意义
  1.1 选题背景
  1.2 研究意义
2 国内外研究现状
  2.1 国外研究现状
  2.2 国内研究现状
  2.3 文献述评
3 本文采用的研究方案及研究路径
  3.1 研究内容
  3.2 研究方法
  3.3 论文基本框架
  3.4 研究路径
4 论文研究中可能遇到的困难及解决的初步设想
  4.1 研究中可能出现的困难
  4.2 困难解决的初步设想
5 预期达到的目标
6 论文工作量与经费来源
7 论文研究的进度安排
8 参考文献

阅读上述硕士学位论文开题报告案例，你可以从中了解开题报告的构成吗？具体包括哪些部分？阅读后你是否可以间接了解到开题报告的作用？请同学们认真思考问题，并进行讨论。

第一节 经管类硕士学位论文开题报告概述

在确定了学位论文的选题后,学生对于如何完成一篇论文仍然处于迷茫状态。因为论文的写作是一个漫长的过程,所以,为了帮助学生脱离迷茫状态,就需要设立一个环节,使得学生在正式撰写论文前对其有一个初步设想,即确定论文写作的框架,以确保后续论文写作的顺利进行。在确定论文框架的过程中,学生需要构思研究内容,选择适当的研究方法,并确定研究的技术路线,从而展开对问题的实际研究工作,最终得到一个有意义的结论。实际上,开题报告的写作过程正是一个确定论文框架的过程。通过撰写开题报告,学生能够明确论文在研究什么、为什么研究以及如何研究。开题报告的撰写不仅可以督促学生认真、仔细地完成每个阶段的任务并有计划地进行论文写作,也便于学校和指导教师检查学位论文工作的质量和进度。因此,对于学位论文而言,开题报告是一个非常重要的环节,是学位论文写作工作展开的起点,对学位论文写作起到定位作用。

一、开题报告的含义和特点

(一)开题报告的含义

开题报告的英文名称是 Thesis Proposal,有时我们也称开题报告为论文申请报告或论文研究方案报告。

开题报告是论文正式撰写前的框架制定,是对论文写作内容的论证和设计,也是学生同指导教师前期进行论文交流的重要形式。开题报告其实就是学生确定选题方向之后,在调查与研究的基础上撰写的报请指导教师和导师组批准的选题计划。它主要说明这个选题是否合适,方法是否得当,框架是否合理,思路是否清晰,进度安排是否妥当等问题。

一般来说,开题报告需要回答三个问题,即计划研究什么、为什么要进行这项研究以及如何进行这项研究。只有很好地回答了这三个问题,才能确定所选择的论文题目是有意义的、整个研究方案是可行的,即学生对相关文献和问题已有了较好的了解,并且掌握了适当的解决论文中所提出问题的方法。

总之,开题报告是对论文研究目的和计划的陈述,是论文总构想的文字体现。它可以提供充足的证据,说明所要从事的研究具有价值,并且证明论文的研究方向是可行的。

(二)开题报告的特点

开题报告是学位论文答辩委员会对学生答辩资格审查的依据材料之一。

开题报告具有一定的规范性,它是随着科研活动计划性的增强与程序化、规范化管理的需要而产生的。大多数高校为了方便导师组指导,规定了开题报告的写作格式及内容,使得开题报告具有规范性。

开题报告表述的内容比较紧凑,以"是什么""为什么""怎么做"为整篇报告的主要线索,即所要写的论文是什么、为什么要写该篇论文以及如何写作。"是什么"就是论文的选题,"为什么"就是论文的立论依据,"怎么做"就是论文的研究方案。

开题报告主要包括立论依据、研究方案、论文大纲和主要参考文献等四个方面。由于开题报告是用文字体现的论文总构想,因而篇幅不必过大,但要把计划研究的内容、研究的方法、预期达到的目标等主要问题叙述清楚。

二、开题报告的目的和意义

(一)开题报告的目的

开题报告作为学位论文质量保证的重要环节,每一部分的撰写都有着不同的目的。开题报告涵盖了立论依据、国内外研究现状、研究思路、可能遇到的问题及解决的初步设想、预期达到的目标、进度安排和参考文献共七个部分,各部分具体写作目的如下:

(1)通过陈述立论依据,回答为什么要研究这个选题。通过撰写立论依据,学生在报告中说明选题的研究背景与研究意义,表明这一问题值得深入探讨,以及研究该问题最终所取得的结果是有一定价值和意义的。

(2)通过撰写国内外研究现状,有利于帮助学生对选题的相关理论和现有研究成果进行学习,表明学生对所要研究的问题已经有足够的了解,并有可能较好地完成研究工作。通过撰写文献综述,学生可以对现有文献进行评述,并提出自己的见解,使其论文的研究目的更加明确。

(3)通过确定研究思路、选择可行的研究方法、搭建研究内容的基本框架以及绘制论文研究路径,表明学生已经具备了完成所设定研究目标的能力和技能,并且构建了选题的整体框架,为后续论文写作打下良好的基础。

(4)通过假设论文写作中可能遇到的问题,表明学生对可能出现的问题,如理论知识欠缺、统计软件应用生疏、计算机应用能力较低、文字表达能力有限等做出了基本的判断。基于可能出现的问题,提出相应的解决办法,表明学生会尽力做好前期工作,力争将困难程度降到最低,以保证研究的顺利进行。

(5)通过设定预期达到的目标,可以帮助学生紧紧掌握最终研究目的,发挥引导作用,以防研究结论偏离最初目标。

(6)通过确定研究进度安排,表明学生对此项研究工作有着明确的时间规划和研究内容设置,能够按照规定的时间完成相应的研究工作。

(7)通过专门列示参考文献,表明在进行研究前,学生已经了解了现有学者的研究成果,储备了大量的专业知识,为论文写作打下了良好的基础。

(二)开题报告的意义

"凡事预则立,不预则废。"开题报告作为科研工作的第一个写作环节,是一个具有计划性的报告,对论文写作有着非常重要的意义。

撰写开题报告,可以为后续论文写作奠定基础。由于硕士学位论文撰写的要求较高,所以学生需要花费较长时间进行写作准备。开题报告的撰写可以帮助学生提前熟悉论文选题的相关文献,学生可以把自己对选题的理解程度和准备工作情况加以整理、概括,以便使具体的研究目标、步骤、方法、措施、进度、条件等得到更明确的表达,从而为日后研究工作提供指导,为后续论文写作奠定基础,使后续环节顺利进行。

撰写开题报告,可以为论文写作提供质量保证。论文质量的高低在很大程度上取决于开题报告的细致程度,开题报告可以说是论文写作的一个质量保证环节,保证学生的选题方向和研究内容不会出现大的偏差。因为开题报告要求搭建论文的基本框架,确定论文的提纲(详细到三级目录),概述论文每部分的主要研究内容,即开题报告已经确定了论文的主体架构。开题报告不仅可以为论文的写作提供充分的前期准备,而且能够保证论文的连贯性、系统性和完整性,为后续的论文写作提供质量保证。

总之,开题报告是选题阶段的主要文字表现。实际上,它不仅是连接选题过程中备题、开题、审题及立题这四大环节的强有力的纽带,也是连接论文选题和论文写作强有力的纽带。

三、开题报告的内容

开题报告是研究工作有序进行的文字依据,也是论文研究构想的基本框架。通常开题报告的主要内容应包括以下部分:

(1)标题。开题报告的标题即论文的题目。
(2)立论依据。开题报告中立论依据部分一般包括选题背景、研究意义或目的。
(3)国内外研究现状。
(4)研究方案。研究方案包括研究方法、研究的基本框架、研究内容与研究思路。
(5)可能遇到的问题及解决的初步设想。
(6)预期达到的目标。
(7)论文工作量与经费来源。
(8)论文的进度安排。
(9)参考文献。

硕士学位论文的开题报告通常由以上9个部分组成,下一节对每一部分的写作进行详细的介绍。

第二节 经管类硕士学位论文开题报告的撰写

学生在对所要研究的问题有了深入的了解后,就可以开始撰写开题报告。下面按照开题报告中每部分出现的先后顺序,逐一介绍其写作方法及要求。

一、标题

(一)含义

开题报告的标题最终将是论文的题目,是整篇论文的论题中心,同论文所要研究的内容是密切相连的。一个好的论文标题应该能够有效地反映论文的基本思想且能够精准概括论文的研究内容。因此,在确定标题时,要保证其能够精练并完整表达论文的本意。确保一看到标题,就可以大致了解论文的研究内容。

(二)写作要求

标题是论文呈现给读者的第一印象,因此,拟定论文标题时要尽可能做到以下几点:

(1)标题要体现专业性,符合本学科专业的学术要求和规范。

(2)标题要有问题导向和针对性,从题目表述中就可以看出论文研究的核心问题。

(3)标题要准确、得体,一般采取中性表达,文题要相符,用词与造句要科学、规范。同时,要将研究的问题准确地概括出来,反映出研究的深度、广度和研究的性质。

(4)标题要简短、精练。标题用词要精选,要用尽可能少的文字表达,字数一般不超过25个汉字。若简短的题名不足以表达论文内容,则可以选择添加副标题的方式补充说明。

(三)不同培养类型标题的区别

对于经管类学术型硕士,在确定开题报告的标题时应以理论研究为主。因此,所选择的标题更注重理论探讨,如"执行非审计业务对审计独立性的影响研究""财务柔性对企业创新投资的影响研究"等。

会计专业型硕士学位论文要体现专业学位特点,要求论文注重解决实际问题,即应用型研究。标题及后续的研究工作应体现学生运用会计学科及相关学科的理论、知识、方法,分析和解决会计实际问题的能力,具有一定的创新和实用价值。论文形式上可以是研究报告、调研报告或案例分析报告等。

工商管理硕士在确定开题报告的标题时,与会计专业型硕士所选择的标题有相似的部分,即两者都注重理论联系实际,偏向于解决实际问题。但由于该专业学生一般具有一定的工作经验,论文要求对其所在单位的相关问题进行研究,因此,论文标题就需要偏向于解决单位实际问题。

虽然会计学术型硕士、会计专业型硕士和工商管理硕士在确定开题报告标题时的侧重点有所不同,但都应遵循上述原则和要求,选择恰当的标题,以保证后期研究工作的顺利开展。

二、立论依据

立论依据,简而言之就是为什么要研究这一课题。导师组据此衡量学生对该领域的了解程度和选题的科学性。因此,立论依据包含选题背景和研究意义(或目的)两部分,其具体写法和要求如下所述。

(一)选题背景

1.含义

开题报告的选题背景,实际上就是学生所选研究问题的发展状况。对选题背景的描述就是对该问题发展状况的描述,也是对学生在怎样的形势之下选择了这个题目的回答。

选题背景可以分为宏观层面的背景和微观层面的背景。宏观层面的背景,即宏观环境,如当前社会经济的总体发展状况、政治及政策因素等;微观层面的背景,即微观环境,如某行业的发展水平、某企业的发展状况等。在此部分的写作中,应对不同层面的背景分别进行论述。

2.写作要求

选题背景的写作应主要表达出所选的研究问题是有现实背景的,而且具有一定的实际价值。在写作时,从内容方面来看,应由大到小分为三个部分,即宏观层面的背景部分、微观层面的背景部分和研究问题部分。第一部分,即宏观层面的背景,在写作时应联系所选题目,从社会大环境入手分析当前形势,如上面提到的经济环境、政治因素等。第二部分,即微观层面的背景,仍以所选研究问题为中心,从所选行业或企业的角度出发,说明即将进行的研究对行业或企业具有重要意义。第三部分,引出研究问题并表明该问题具有研究价值,应用事实、数据来提出现实问题,着重强调研究问题的重要性,让读者对这些问题产生兴趣,认识到这些问题亟待解决。最后,可以有一个承上启下的过渡句或总结句作为结尾。

此部分学生可根据个人安排,将其分为两段、三段或多段,每一段都应表述清晰,段落之间应注意连贯。一般在开题报告中,选题背景的字数要求为 1 000 字左右,篇幅在一页半左右。

3.写作举例

以硕士学位论文《中国天楹跨国并购 U 公司的动因及绩效研究》为例,阐述该论文开题报告中的研究背景。

在市场经济迅速发展的今天,水污染、大气污染以及固体废物污染等环境问题愈发严重。随着我国环境污染问题的不断加剧,国家对环境污染的防范和治理也越来越重视。自"十三五"规划以来,国家推出了一系列环保政策,加大了对相关环保产业的投资力度,为环保企业带来了全新的发展机遇。随着政策的出台,我国环保产业吸引了大批资金的支持,大量优质的环保企业在市场中涌现出来。但随着国内市场竞争日趋激烈,企业现有的规模和资源已经无法满足其在环保领域继续发展,迫切地需要提升自身竞争力,加快产业转型和战略升级的步伐。

由于跨国并购能够帮助并购双方快速获取资源、改善产业结构、加快产业布局,被资本市场视作能够促进企业迅速提升企业竞争力的良方,受到各国企业的普遍关注。一方面,通过此种并购方式,并购企业可以直接获取规模完善、经营成熟的企业,得到被并购企业的技术和市场,提高企业核心竞争力和盈利能力;另一方面,与在并购标的所在国重新建厂相比,跨国并购可以更快速地帮助并购企业实现扩张发展战略,加快企业国际化发展的进程。因此,在当前环保行业竞争日益加剧的情况下,跨国并购成为国内企业进一步发展最有效、最便捷的途径。

自 2014 年起,我国环保企业跨国并购数量猛增,而且并购资产交易规模也迅速上升,尤其是在 2016 年,我国环保企业跨国并购数量达到峰值,总案例增至 23 起,总并购金额超过

260亿元。然而,随着环保企业跨国并购活动的不断增多,企业跨国并购活动中潜在的问题也逐渐暴露出来。企业通过跨国并购进行优质资源的整合,扩展企业规模,其根本目的是获取超额收益,提升企业价值。但是,实际上很多参与跨国并购的双方并没有实现自身的预期目标。单从跨国并购后的短期绩效来看,大多数企业实际的并购绩效跟它们最初的预期目标相差甚远,甚至有些并购事件对企业绩效产生了负面影响,降低了企业的价值。因此,进一步分析企业跨国并购的目的,探究企业跨国并购是否真的提升了企业绩效就变得尤为重要。

基于此,本文以中国天楹股份有限公司(简称:中国天楹)跨国并购Urbaser(简称:U公司)作为案例研究对象。首先,本文通过对并购双方的经营状况以及未来的发展前景进行查阅和分析,确定企业进行跨国并购的动因;其次,依据并购动因,选取相关的绩效评价方法,对企业并购前后的绩效进行对比分析,试图探究此次并购完成后,企业绩效是否达到了并购预期的目标以及并购对企业绩效产生的影响;最后,在此基础上得出研究结论与启示,希望能够为我国环保企业改善跨国并购活动提供一定的参考和借鉴。

【分析】该部分内容分为四个段落,在第一段中,由于"政治""经济""社会"等大环境的快速发展与变革给企业及利益相关者带来了影响,同时"国内市场竞争"推动企业加快产业转型和升级的步伐。这种对社会背景的变化与企业关系的论述,正好引出了"跨国并购"这一关键点。在本段中,作者从宏观层面出发,即市场变化、社会发展和政策转变,对环保企业发展背景进行了阐述,以此让读者了解到"环保企业为了实现可持续发展就需要加快企业升级转型的必要性",突出论文选择环保企业的原因与意义。接着上一段内容,作者在第二段中,顺势提出"跨国并购"这一行为的有利作用,即可以帮助环保企业迅速提升其市场竞争力,将两段内容连贯起来。随后,在第三段中,作者从环保企业跨国并购实际数据着手,提出了现实问题,即跨国并购不断增多,出现了一些潜在问题,如跨国并购是否真正提升了企业绩效,是否真正增加了企业价值。在本段中,作者利用转折的手法列出跨国并购行为中还存在一些问题,说明了这一选题值得研究,这些问题也亟待解决。在最后一段中,作者引入案例公司,并说明了论文主要研究的内容,列示了论文的初步构想及框架,并以一句"希望能够为我国环保企业改善跨国并购活动提供一定的参考和借鉴"作为结尾,来告诉读者这一问题值得进一步探讨。

(二)研究意义(或目的)

1.含义

研究意义(或目的),就是回答为什么要对所选问题进行研究,也就是选题研究的重要性。

研究意义可以分为理论意义和实践意义(实际意义)。理论意义主要是对理论或前人研究结论的补充和完善,而实践意义(实际意义)则是指进行该研究对企业、社会的具体指导意义。对于学术型硕士来说,这两方面都应该进行阐述;对于专业型硕士来说,有部分院校要求两方面意义都应该阐述,然而,也有院校认为,专业型硕士论文是为了研究实际问题而撰写的,要求尽量写实践意义(实际意义),不需要阐述理论意义,这里的具体要求参考各自院校规定。

2.写作要求

研究意义(或目的)的写作应分为理论意义和实践意义(实际意义)两个部分。理论意义的写作,主要是在阅读相关文献的基础上,通过对所选问题的深入探讨,能够回答遗留的问题,补充之前的结论,丰富该领域的研究。对于实践意义(实际意义)的写作,更侧重于解决某行业、某企业的现实问题,即通过对所选问题的研究,得出相应的研究结论,提出解决现实问题的建议和对策。

此部分一般分为两个段落,即将理论意义和实践意义(实际意义)分段论述,在写作时,要求实际、客观,且具有针对性,字数要求500字左右,占据半页左右的篇幅。

3.写作举例

由于部分院校学术型硕士论文与专业型硕士论文的要求不同,此处列举了两种类型硕士论文的开题报告。

(1)学术型硕士论文开题报告,以《管理者能力对企业债务资本成本的影响研究》这一硕士学位论文为例。

"'十四五'规划建议"明确提出,降低实体经济企业成本、充分调动企业家的创造性均为今后一个时期的重要目标。在这样的政策背景下,本文研究管理者能力对企业债务资本成本的影响,无论在理论或现实层面都具有一定意义。

(1)理论意义

1)本文拟丰富管理者能力经济后果领域的相关研究。随着高阶梯队理论与行为金融学的发展,学者们广泛研究了管理者能力在企业经营与投资方面的经济后果。融资活动同样是企业重要的经济活动之一,本文拟研究管理者能力对企业债务资本成本的影响,为管理者能力在企业融资方面的经济后果补充新的证据,有利于丰富管理者能力经济后果领域的研究内容。

2)本文拟拓展企业债务资本成本影响因素的研究视域。现有文献多从传统经济学视角,研究了利率市场化、货币政策、审计监督、信息披露、会计稳健性等因素对债务资本成本的影响。本文拟从行为金融学视角,研究管理者能力对企业债务资本成本的影响。本文拟通过将微观个体的行为差异性纳入研究框架,对债务资本成本影响因素的研究视域进行有益的补充。

3)本文拟深化管理者能力对企业债务资本成本的影响研究。本文拟考察管理者能力对企业债务资本成本产生影响的中介机制,并比较在不同产权性质、分析师关注程度情境中,管理者能力对企业债务资本成本影响的差异。本文拟通过分析管理者能力影响企业债务资本成本的作用机制与作用边界,在一定程度上深化该问题的研究。

(2)现实意义

1)本文拟为我国企业改进管理、实现长远发展指明方向。债务资本成本是企业成本的重要组成部分,切实降低债务资本成本是促进企业发展的有效举措。本文以管理者能力为研究切入点,拟从该角度为企业发展提供一定的启示。企业可以通过发挥管理者在价值创造方面的能力,使自身在债务融资博弈中占据优势地位,从而以较低的成本获取更多债务资金,为长远发展奠定基础。

2)本文拟为我国职业经理人市场的建立健全提供思路借鉴。我国职业经理人市场的建设目前较为滞后,亟待规范与完善。本文拟通过探究管理者能力在企业中的重要价值,为我国职业经理人市场在经理层成员的选聘、经理层成员任期制契约化管理、职业经理人的培养培育与管理水平测评等方面的建设提供经验证据与思路借鉴。

3)本文拟为我国经济的高质量发展提供经验参考。企业是推动社会主义市场经济高质量发展的重要主体,降低实体经济企业成本工作是国家经济高质量发展的重要战略决策部署之一。本文拟对如何降低企业的债务资本成本进行深入探讨,为国家采取对症政策措施切实降低实体经济企业成本,以及促进经济的高质量发展提供一定的经验参考。

(2)专业型硕士论文开题报告,仍以《中国天楹跨国并购U公司的动因及绩效研究》这一硕士学位论文为例。

在当今环保企业并购活动日益频繁的背景下,本文以中国天楹横向并购U公司为研究对象,旨在分析中国天楹并购U公司的动因及绩效变化,使得并购企业认识到自身的发展,为以后并购活动提供启示,同时也为我国其他环保企业进行并购提供参考,所以对中国天楹并购U公司的动因及绩效进行研究具有一定的意义。

(1)本文能够为案例企业改善并购绩效评价方法提供一定的帮助。在充分查阅了相关文献后,发现并购绩效评价的方法较多,比如:事件研究法、财务指标法、非财务指标法等。并且在对企业并购绩效评价的研究中,学者们更倾向于使用单一的方法进行并购绩效评价,较少结合并购动因进行具体分析。本文将根据并购动因,进行绩效评价指标的选择,从而可以客观、全面地对企业进行并购绩效分析,将在一定程度上为案例企业改善并购绩效评价方法提供一定的帮助。

(2)本文能够为其他环保企业进行横向并购提供一定的参考。本文选择以环保企业中国天楹跨国并购同行业U公司作为案例研究对象。并购双方企业均为环保企业,属于典型的环保行业横向并购事件。因此,本文通过对中国天楹的并购行为进行动因分析以及绩效评价,并从中得出结论与启示,能够为其他环保企业进行横向并购提供一定的参考。

(3)本文能够为其他环保企业进行跨国并购提供一定的借鉴。本文选择以中国天楹斥资88亿元并购欧洲固体废物领域龙头企业U公司作为案例研究对象,该案例是历史上最大的环保企业跨境并购,具有一定的代表性。因此,本文通过对中国天楹的跨国并购行为进行动因分析以及绩效评价,并从中得出结论与启示,能够为其他环保企业进行跨国并购提供一定的借鉴。

【分析】我们可以清楚地看到,在上述学术型硕士论文开题报告的研究意义中,理论意义的重点是,通过对"管理者对企业债务资本成本的影响研究"的分析与探讨,在理论上丰富了该领域的研究,即主要对之前的研究领域进行了理论上的拓宽及补充。在实践意义上,则明显偏向于提供实际的经验参考,即对企业日后发展提供实际意义的指导。在专业型硕士论文中,研究意义部分仅仅提到了实践意义,即为案例企业或者同类环保企业提供借鉴与参考。理论意义与实践意义的侧重点不同,这也正是写作上的不同之处。

对于立论依据的写作,学生应按照上述要求进行。只有明确了为什么要进行某一研究,才能保证后续研究工作的顺利开展,也才能保证论文有价值、有意义。

三、国内外研究现状

(一)含义

研究现状,也可以叫作文献综述,是指对知识形成的历史过程进行的梳理与总结。它与发展现状不同,发展现状主要表明某一研究当前的发展状况和发展程度,研究现状则主要侧重于某一研究的产生和发展,对其发展过程中产生的疑问、得出的结论、有待解决的问题进行的系统论述。

研究现状的写作,是基于所选研究题目,通过搜集大量相关资料,并进行阅读、分析、整理以及提炼,最后在开题报告中对该研究做综合性的阐述。研究现状一般分为国内研究现状、国外研究现状以及文献述评三部分,在写作时,这三方面都应有所涉及。

(二)重要性

在题目选定的情况下,研究现状就是整个论文构思与写作的基础,因为只有全面、深刻地阅读、理解了国内外同行的最新研究进展,才能明确本论文研究工作的起点;只有清晰地梳理出以往学科发展的历史脉络和主要路径,才有可能把握学科发展的未来趋势和走向;只有敏锐地发掘出学术界共同面临而又亟待解决的问题,才能正确选择自己研究的方向和切入点。因此,写好研究现状就等于提炼出了有价值的问题,找到了选题研究的突破口。

研究现状的价值是多方面的,其中一个重要价值就是为本研究选题提供启示,也就是说,研究现状综述为本研究选题奠定了知识基础,从综述中找到选题的重要依据,或许是新选题新研究,或许是旧选题新研究,或许是旧选题补充研究。总之,只有在对研究现状进行综述的基础上,才可能知道选题在所属研究领域中的地位,这是研究创新和研究进步的根本标志。

(三)写作要求

(1)文献数量要求。对于开题报告中研究现状部分的写作,硕士论文一般要求的文献数量为50篇以上,其中国内文献的数量及论述应多于国外文献,国内与国外的文献比例应为7∶3,也就是说国内文献数量占文献总数量的70%,国外文献数量应占文献总数量的30%。

(2)文献顺序要求。由于研究现状分为国外研究现状和国内研究现状两个部分,因此两个部分要分开论述,不可混为一谈。在写作时,一般先写国外研究现状,再对国内研究现状进行论述。

(3)文献思路要求。撰写研究现状的思路有两种:一种是按照引用文献的时间顺序进行写作,另一种是按照研究内容的分类进行写作。

按照时间顺序的先后来写,由远及近,先写国外研究现状,再写国内研究现状,并按时间顺序将以往研究分成几个发展阶段,再对每个阶段的进展和主要成就进行陈述和评价。这种方法的优点是能较好地反映以往不同研究之间的前后继承关系,梳理出清晰的时间脉络。

按照研究内容来写,就是分别对不同的观点或流派进行追溯,每个方面按照时间顺序表述,这种方法的优点是能从横向比较中发现问题和不足。

综上所述,在撰写研究现状时,可以选择适合自己研究的文献写作思路,也可以将二者结合起来,即先按照研究内容进行观点划分,再对学者观点按照时间顺序进行陈述与总结。这种方法不仅逻辑清晰,时间顺序也清晰,更符合硕士学位论文的要求。

(4)文献述评。除了对国内外研究现状的陈述之外,文献述评也是本部分不可缺少的重要组成内容。它不仅是对前文的总结,也是对下文的引出。文献述评一般写在国内外研究现状之后,一段或两段为宜,可以以小标题形式将上述内容进行概括。文献述评首先应总结现有的研究进展程度,其次指出还需要研究的问题,最后落脚到所研究的方向,这样就实现了承上启下的作用。

(5)篇幅。在国内外研究现状部分,一般保持在1万字左右,篇幅大概为10页。

(四)常见错误

在撰写国内外研究现状时,常见的错误有以下几种:

(1)只简单罗列他人观点,未对已有研究成果进行分类、归纳和提炼。这样就难以厘清已有成果之间的前后继承或横向关联关系,也不易区分哪些问题是主要问题,哪些问题是次要问题,从而难以从整体上把握学科前沿领域的发展趋势。

(2)虽然对已有成果进行了归纳或梳理,但未做系统、深入的分析、评价。对已有成果进行分析、评价,找到矛盾和症结所在,进而提炼出有价值的科学问题是国内外研究现状部分要解决的基本问题。如果说国内外研究现状综述是述而未作,那么,充其量只是陈述了他人的观点,不能达到通过分析、评说而捕捉到创新机遇的目的。

(3)虽然对已有成果进行了分析、评价,但是对问题的提炼不够精确。对他人成果进行评价并不是最终目的,只有在评说他人成果的基础上挖掘出待研究的问题,才能达到对文献进行综述的目的。

(五)写作举例

此处仍以《中国天楹跨国并购U公司的动因及绩效研究》这一硕士学位论文为例,文献述评的写法如下:

通过梳理国内外相关文献可以得出,学者们关于并购动因和并购绩效的相关研究已取得一定进展,研究成果较为丰富。其中国内外学者对企业并购动因的研究主要集中在三个方面:一是对提升企业效率引发并购的研究,主要观点为通过并购相关企业,产生协同效应,进而提升企业效率;二是对扩张市场势力引发并购的研究,主要观点为通过并购来提高企业的市场占有率,增加企业的市场势力,提高总体实力。三是对实现企业超额收益引发并购的研究,企业并购会传递给市场参与者一定的信息或信号,表明目标企业的未来价值可能提高,从而获取超额收益。对于并购绩效的相关研究,国外学者的起步较早,主要可以分为并购能否为企业绩效带来积极影响两个方面,并且目前仍未形成统一意见;国内学者在国外学者研究的基础上将并购对绩效的影响细分为长期绩效和短期绩效两个角度进行研究,研究得出结论各不相同。

综上所述,通过对并购动因、并购绩效的相关文献进行回顾,发现学者们对并购绩效的研究较多,研究成果较为成熟,为本文的研究提供了坚固的理论基础。但是,较少有学者对环保企业跨国并购海外企业进行绩效分析,并且较少有企业依据并购动因对企业并购绩效进行系统分析。基于此,本文将以环保企业中国天楹跨国并购 U 公司作为案例研究对象。首先,本文通过对企业情况进行了解和分析,确定企业并购动因,其次依据并购动因,选取相关的绩效评价方法对中国天楹并购绩效进行系统分析。本文试图探究此次并购完成后,企业绩效是否达到了并购预期的目标以及并购对企业绩效产生的影响,得出结论,希望能够为我国环保企业改善并购活动提供一定的参考。

【分析】作者分别从两个方面对国内外研究现状进行了综述,并提出了相应的问题和值得继续研究的部分。第一,作者总结得出国内外学者对企业并购动因的研究主要集中在三个方面,即"提升企业效率、扩张市场势力、实现企业超额收益"。第二,对于并购绩效的相关研究,作者提出,国内外学者对于"并购是否为企业绩效带来积极影响"还存在一定争议。作者阅读了大量国内外相关文献并对其进行了总结与梳理,发现该选题还存在有待解决的问题,从而进一步证明这一选题还值得深入研究。

其实,不论是对国内外研究现状的描述,还是文献述评部分的总结,都必须以所选问题为中心,不能只是简单罗列他人的观点,而应该从中发现选题的突破点和有待研究的地方。在进行写作时,本部分最终应表明的是,这一新选题还有深入研究的价值和意义。

四、研究方案

研究方案是开题报告中相当重要的一部分,它基本上确定了论文的框架和内容,是论文的简要雏形。研究方案一般包括研究内容、研究方法、研究的基本框架和研究路径。下面分别对这四部分内容进行阐述。

(一)研究内容

1.含义

研究内容是指以文字的方式对论文框架展开陈述,是对论文框架进行更加具体、详细、准确的描述。同时,在撰写研究内容时,切忌笼统、模糊,更不能把写作的目的、意义当作研究内容,而是要对论文的内容及框架进行简要描述。

2.写作要求

研究内容的写作,应与论文框架保持一致,因为论文框架是研究内容的主体,研究内容是论文框架的展开描述。

研究内容的写作,应基于论文框架中确定的标题,按照论文框架的先后顺序,先对每一部分的主要内容用一句话进行总结,或直接将论文框架中的一级标题作为每一段落的中心句,再根据论文框架对研究内容展开更加详细的论述。

研究内容的写作可分段列示,每一部分为一段,每一段落要求4~5行,120字左右,总字数大约700字。

3.重要性

研究内容是整个开题报告的核心,它的重要性体现在以下几个方面:

(1)研究内容是对论文框架的进一步展开,它实际上是对文献综述中前人研究成果的进一步补充和完善。

(2)研究内容搭建起整个研究的基本架构,下一步研究就是按此架构深入开展。研究内容安排得合理,就会使整个研究更具逻辑性,顺利取得预期结果。

(3)研究内容的确定是选择研究方法和设计研究路径的重要依据。

4.写作举例

此处仍以《中国天楹跨国并购U公司的动因及绩效研究》这一硕士学位论文为例,研究内容的写法如下:

本文共分为六个部分,就中国天楹跨国并购U公司的动因及绩效进行了研究,具体内容安排如下:

第一部分:绪论。本部分首先阐述了本文的研究背景和意义;之后从并购动因和并购绩效两方面对国内外研究进行了梳理、总结,为下文的研究提供基础;最后,根据本文的研究内容和方法,绘制技术路线图,为下文研究奠定了基础。

第二部分:相关概念及理论基础。首先,本部分对跨国并购和并购基金的概念进行了阐述;其次,回顾了并购动因的三个相关理论,分别为委托代理理论、效率理论和市场势力理论;最后,阐述了本文所使用的三个并购绩效评价方法,分别为事件研究法、财务指标法和非财务指标法,为第四部分的案例分析提供了理论基础。

第三部分:中国天楹跨国并购U公司的案例介绍。本部分对并购企业中国天楹和被并购企业U公司的基本情况进行概述,同时分析了中国天楹进行此次并购的方式以及并购过程。

第四部分:中国天楹跨国并购U公司的动因分析。本部分根据前一部分对企业的基本情况和并购过程的详细描述,对中国天楹跨国并购U公司的动因进行了系统分析,为下一部分研究案例公司并购绩效的变化提供辅助参考。

第五部分:中国天楹跨国并购U公司的绩效分析。本部分依据前一部分所分析的并购动因,选取合适的绩效评价指标与方法,对中国天楹跨国并购U公司的并购绩效进行了评价,以验证企业的并购动因是否得以实现。

第六部分:研究结论与启示。本部分以环保企业并购动因和绩效的相关理论为基础,通过对中国天楹跨国并购U公司案例进行研究,总结出本文的研究结论并得出启示,为我国目前正在进行并购或将要实施并购的其他环保企业提供参考,以进一步促进环保行业的发展。

【分析】首先,作者根据之前的框架,将研究内容分为六个部分进行表述,每部分条理清晰,思路完整。其次,每段的第一句话就是本段的总结性文字,也是框架中的一级标题,紧随其后的是对该部分内容的详细解释。最后,每部分文字都能清楚、明确地表达所做的研究工作是什么,如第三部分,作者对并购活动进行了案例介绍,不仅对并购双方的基本情况进行了概述,同时也分析了此次并购的方式及过程。从中可以看出,作者主要是想将并购活动完整地阐述出来,方便读者了解并购活动的双方及并购活动的全过程。

(二)研究方法

1.含义

研究方法是对研究对象进行描述、调查、分析的手段。具体的研究方法应根据研究问题来选择,将问题和方法直接联系起来,以便解决论文所研究的问题,从而得出合理的结论。

2.分类

研究方法运用的好坏建立在对研究问题深入了解的基础之上,有时可能由于不了解研究问题,所以不能选择出适当的研究方法。实际上,研究方法不具体是目前学生在写开题报告时普遍存在的问题。在此,我们对会计学专业中常用的研究方法进行简单的阐述。

(1)调查法。调查法是研究中最常用的方法之一。它是有目的、有计划、系统地搜集有关研究对象现实状况或历史状况的方法。调查法是科学研究中常用的基本研究方法,它综合运用历史法、观察法等方法以及谈话、问卷、个案研究、测验等科学方式,对实际现象进行有计划的、周密的和系统的了解,并对调查搜集到的大量资料进行分析、综合、比较、归纳,从而为其提供规律性的知识。

调查法中最常用的是问卷调查法,它是以书面提出问题的方式搜集资料的一种研究方法,即调查者将调查项目编制成表分发或邮寄给有关人员填写答案,然后回收、整理、统计和研究。

(2)文献分析法。文献分析法是根据一定的研究目的或论题,通过查阅文献来获得资料,从而全面、正确地了解和掌握所要研究问题的一种方法。文献分析法被广泛用于各种学科研究。文献分析法能了解有关问题的历史和现状,帮助确定研究论题;能形成关于研究对象的一般印象,有助于观察和访问;能得到现实资料的比较数据,有助于了解事物的全貌。

(3)实证分析法。实证分析法是社会科学研究方法之一,它着眼于当前社会或学科现实,通过事例和经验等从理论上推理说明。实证分析要运用一系列的分析工具,诸如个量分析与总量分析、均衡分析与非均衡分析、静态分析与动态分析、定性分析与定量分析、逻辑演绎与经验归纳、经济模型以及理性人的假定等等。

(4)理论分析法。理论分析法是依据一定的理论原理来分析,从而形成判断和行动方案的方法。各种理论从不同的层次、不同的侧面、不同的角度反映了其所在的内涵。运用理论分析法可以有依据地对事物进行分析,使论文更具有逻辑性与科学性。

(5)案例分析法。案例分析法亦称个案分析法或典型分析法,是以具有代表性的事件或现象为研究对象,对其深入地进行仔细而全面的分析,从而获得总体认识的一种科学分析方法。这种研究方法通常适用于专业型硕士论文,可以提高学生结合理论与实践的能力,可以培养学生的分析能力、判断能力、解决问题能力等。

3.写作要求

首先,应该在查阅文献的基础上,对相关的方法进行评价;其次,要对所选择的方法进行讨论,重点说明为什么选择这一方法;最后,应该详细描述如何使用所选定的方法进行研究,如对于数据的搜集过程(使用公布的数据、案例研究、问卷调查等)、文献的来源和使用方式做出详细的描述,并具体说明数据的分析方法。

一般情况下,硕士学位论文会使用两到三种研究方法。在开题报告中,对每种研究方法应分段落描述,每段3~5行,120字左右。

尽管不同研究方法有不同的应用过程,但是,解决问题的方法要明确,过程要具体,方法的选择以及数据的搜集和分析要适合论文的研究目标,这是撰写开题报告要特别注意的地方。

4.写作举例

此处仍以《中国天楹跨国并购 U 公司的动因及绩效研究》这一硕士学位论文为例,研究方法的写法如下:

本文主要通过文献分析法、案例分析法和对比分析法三种方法对中国天楹跨国并购 U 公司案例的动因及绩效变化进行研究。

(1)文献分析法

本文通过知网等文献检索系统,对国内外关于并购动因以及并购绩效的相关文献进行了查阅和梳理,并归纳、总结已有的研究成果,为本文的研究提供了理论基础。

(2)案例分析法

本文以中国天楹跨国并购 U 公司为例,通过收集案例公司的年报、公告、与其相关的期刊和媒体报道,来取得案例公司相关的财务与非财务信息,从而获取中国天楹跨国并购 U 公司的相关案例资料和数据,并且结合中国天楹跨国并购 U 公司自身的特点和行业情况,分析、总结出中国天楹在并购 U 公司过程中的动因及绩效。

(3)对比分析法

本文以中国天楹跨国并购 U 公司为例,通过运用事件研究法、财务指标法以及非财务指标法等绩效评价指标,对企业披露的 2014—2020 年的财务报表和会计数据来进行对比分析,通过比较并购前后企业财务报表中的相关信息来分析企业的偿债能力、营运能力、盈利能力和发展能力等四个财务指标的变化,以此来分析企业并购绩效的变化。

【分析】这是一篇应用研究的专业型论文,论文中运用了文献分析法、案例分析法和对比分析法这三种方法,其中文献分析法属于论文通用方法,案例分析法属于专业型硕士论文常用方法。对于学术型硕士论文来说,论文研究方法通常为实证分析法,较少使用案例分析法。由于学术型硕士论文和专业型硕士论文的研究类型不同,主要运用的论文研究方法也不同,所以学生可依据自身论文要求,选择适当的研究方法。

(三)研究的基本框架

1.含义

研究的基本框架事实上是论文的一个整体框架,是最终论文各级标题的集合。它要求简明扼要且具有高度的概括性。

2.写作要求

由于开题报告中研究的基本框架就是论文的主体架构,因此在搭建框架时必须清晰、简洁、明确,体现出层层递进的关系。

研究框架一般可分为五个部分或六个部分,分别为绪论、相关概念及理论基础、现状及存在问题分析(模型设计、实证研究)和结论对策等。

研究的基本框架一般要求详细到三级目录,但应注意,各级标题都不应过长,内容不能重复,也不能在标题中出现标点符号。

3.常见错误

在硕士学位论文框架的搭建过程中,经常出现的错误有以下几种:

(1)搭建"平、空、虚、泛"的研究框架。有的学生在开题之初就立意高远,他们或要奠定某研究(或某学科)的理论基础,或要提供某问题的全面解决方案,也有的要构建某研究领域的方法体系。由于目标定得过高,在研究安排上就力求"全面""系统",这样就使研究本身涉及的领域过宽,超出自身的驾驭能力。这种框架往往使研究思路过于发散,不能通过思维聚焦而产生创新。

(2)频繁使用生涩、怪诞的词汇。有的学生在开题报告的各级标题中使用各种时髦的词汇和令人费解的语句,使读者难以理解其真实内涵。这种错误有两种表现形式:第一,自己"创造"了一些"新概念",但这些概念同论文的内容和整个逻辑体系又难以兼容;第二,生搬硬套其他学科或日常语言中的一些新鲜词汇。这些都不应出现在开题报告和论文中。

(3)过早地做出判断或给定结论。研究框架一般仅是大致划定一个研究范围,表示研究展开的逻辑,此时,还难以有结论性观点或成熟的推断。如果在开题报告阶段就轻易地得出结论,那么,后续的研究就可能受到先前判断的局限,或者围绕如何使先设定的结论自圆其说来进行,这恰恰违背了科学推理的基本原则。

4.写作举例

此处仍以《中国天楹跨国并购 U 公司的动因及绩效研究》这一硕士研究生学位论文为例,开题报告的研究的基本框架的写法如下:

1 绪论
  1.1 研究背景及意义
    1.1.1 研究背景
    1.1.2 研究意义
  1.2 国内外研究现状

1.2.1 国外研究现状
1.2.2 国内研究现状
1.2.3 文献述评
1.3 研究内容及研究框架
1.3.1 研究内容
1.3.2 研究方法
1.3.3 论文基本框架
2 相关概念及理论基础
2.1 相关概念
2.1.1 跨国并购
2.1.2 并购基金
2.2 并购动因理论
2.2.1 信息和信号理论
2.2.2 效率理论
2.2.3 市场势力理论
2.3 并购绩效评价方法
2.3.1 事件研究法
2.3.2 财务指标法
2.3.3 非财务指标法
3 中国天楹并购U公司的案例分析
3.1 中国天楹基本情况
3.1.1 中国天楹的企业概况
3.1.2 中国天楹的企业发展阶段
3.1.3 中国天楹的主营业务收入
3.2 U公司基本情况
3.2.1 U公司的企业概况
3.2.2 U公司的企业发展阶段
3.2.3 U公司的主营业务与收入
3.3 并购方案
3.3.1 并购方式
3.3.2 并购过程
4 中国天楹跨国并购U公司的动因分析
4.1 为了刺激股票价格上涨
4.2 为了增强财务经营能力
4.3 为了提升市场竞争力
4.3.1 扩大市场份额
4.3.2 获取先进技术

5　中国天楹跨国并购U公司的绩效分析
　　5.1　基于并购动因的绩效评价指标选择
　　　　5.1.1　基于刺激股票价格上涨动因的绩效评价指标选择
　　　　5.1.2　基于增强财务经营能力动因的绩效评价指标选择
　　　　5.1.3　基于提升市场竞争力动因的绩效评价指标选择
　　5.2　并购绩效评价
　　　　5.2.1　股价得以提升
　　　　5.2.2　财务经营能力得到加强
　　　　5.2.3　企业竞争力得到增强
6　研究结论、启示及展望
　　6.1　研究结论
　　　　6.1.1　并购刺激了中国天楹股票价格上涨
　　　　6.1.2　并购增强了中国天楹财务经营能力
　　　　6.1.3　并购提升了中国天楹市场竞争力
　　6.2　启示
　　　　6.2.1　并购前设置合理的交易方案
　　　　6.2.2　并购时利用多种融资方式
　　　　6.2.3　并购后重视整合效果
　　6.3　研究展望
参考文献

【分析】上述举例中所列出的框架主要分为六个部分，分别为绪论、相关概念及理论基础、案例分析、动因分析、绩效分析和研究结论。从中可以看出，每级标题简单、明确，无怪诞词汇且标题结尾无标点符号。该框架中，每个部分均详细到了三级标题，为后续论文写作构建了非常详细的框架。如第五部分"中国天楹跨国并购U公司的绩效分析"中指标选择和绩效评价都列示了三级标题，可以让读者清楚地了解这部分研究的主要工作。这一框架是对研究工作系统、完整的概括，是对发现问题、分析问题、解决问题这一过程的全面陈述。学生在写作时可参考上述举例，保证论文框架的连贯性与完整性。

(四)研究路径

1.含义

研究路径事实上与研究的基本框架是一致的，它们都是研究工作过程的体现。在开题报告中，研究路径一般会用图的形式来描述。研究路径图是用简洁的图形、表格、文字等形式将论文各部分之间的逻辑关系表达清楚的一种图表，它是论文研究思路最清晰、直观的体现。

2.研究路径图画法

研究路径图的画法一般为：一级标题为主线，二级标题在主线右侧，研究方法在二级标题右侧。

3.研究路径图画法举例

仍以《中国天楹跨国并购U公司的动因及绩效研究》这一硕士研究生学位论文为例,研究路径如图4.1所示。

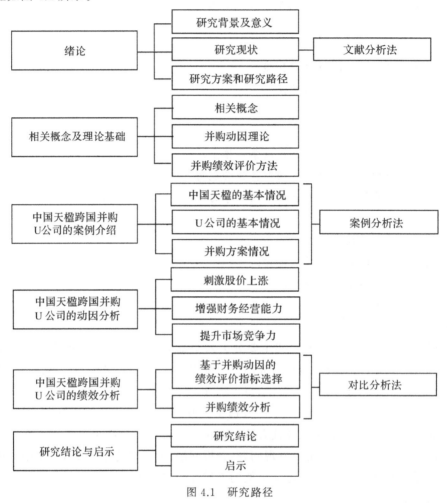

图 4.1 研究路径

五、可能遇到的问题及解决的初步设想

(一)可能遇到的问题

在研究过程中,可能会遇到如下问题:

(1)参考文献较少。对于相关研究领域来说,能够检索到的文献较少,尤其是国外相关文献,致使在研究工作中出现资料不足、相关理论知识较欠缺等情况。

(2)数据收集较难。对于会计学专业的学生来说,论文的完成需要大量的数据作为支撑,但数据收集难度大、计算量大,可能会造成一定困难。

(3)研究工具和研究方法运用生疏。学生在完成论文过程中采用的研究方法可能是从未使用过的,这就导致学生对其运用得不熟练,研究结果达不到预期目标。

(4)阶段目标和任务不具体、不明确。论文写作是一个长期工作,耗费时间较长,学生写作过程中,可能对于阶段目标不明确,致使研究工作不能按时完成。

(二)解决方法

面对以上可能遇到的问题,在此提出以下解决方法:

(1)大量查阅参考文献。大量搜集、查阅与研究相关的文献并补充理论知识,丰富自身对于选题的知识储备。

(2)充分收集相关数据。对于工作量较大的研究,若数据难以搜集和计算的,则应提前动手。可使用国泰安数据库、Wind 数据库等多种数据库搜集数据,以保证研究工作和论文写作的顺利进行。

(3)熟悉研究工具及研究方法。在写作过程中,学生需要尽快熟悉相关研究方法,对于研究过程出现的困难进行适当的调整,使得研究结果能够尽量达到预期的目标。

(4)寻求指导教师的帮助。对于阶段目标和任务不明确的学生,可寻求指导教师的帮助,听取指导教师的建议并对阶段目标和任务进行调整,从而合理地安排研究工作。

在研究过程中,遇到各种各样的问题都是难以避免的,但为了保证研究工作和论文写作的顺利进行,除了做好基本的准备之外,也应寻找合适的方法,尽可能地解决问题,确保达到最终的目标。

六、预期达到的目标

(一)含义

预期达到的目标是指,通过对所选问题的不断分析和深入研究,最终可能会取得什么样的研究结果,这一研究结果在实际应用、理论研究方面又存在什么样的意义。预期达到的目标是在研究正式开始前对研究结果的合理预设。

(二)写作要求

一般情况下,研究工作是提出问题、分析问题和解决问题的过程。因此,预期达到的目标可从这三个层面来分别确定,层层推进,从而达到最终目的。开题报告中,可以确定两个或三个预期达到的目标,并对每一个目标进行分段列示,每个目标大概 60 字左右,这部分总体字数要求在 180 字左右。

值得注意的是,学生应根据对研究工作的了解程度,客观地确定预期达到的目标,不应过分夸大可能取得的结果,更不应有意渲染研究结果的重要性。

(三)写作举例

以《中国天楹跨国并购 U 公司的动因及绩效研究》这一硕士学位论文的开题报告为例,其预期达到的目标部分写法如下:

本文通过中国天楹并购 U 公司的案例,探究了企业并购对企业绩效产生的影响。通过本文的研究预期达到的目标如下：

(1)本文将通过对电子商务中国天楹环保行业并购本地生活平台U公司案例进行研究,对并购前后的绩效进行对比分析,探究并购活动对企业绩效产生的影响,将在一定程度上丰富我国环保行业并购的绩效评价研究。

(2)本文将通过对比案例公司并购前后的企业绩效,利用并购动因选取并购绩效评价指标进行并购绩效评价,将在一定程度上丰富我国在并购绩效评价方法上的相关研究。

【分析】联系研究的基本框架和研究内容对此进行分析：在该论文的框架中,第五部分的标题为"中国天楹跨国并购U公司的绩效分析",因此,本部分内容对应的目标就是"对并购前后的绩效进行对比分析",并探究"并购活动对企业绩效产生的影响";同时,论文的题目为"中国天楹跨国并购U公司的动因及绩效研究",则对应第二点预期达到的目标,即"利用并购动因选取并购绩效评价指标进行并购绩效评价",以期达到"在一定程度上丰富我国在并购绩效评价方法上的相关研究"的目标。由此可以看出,预期目标都是与论文的基本框架或者研究计划一一对应的,在写作时应注意与之前内容保持一致。

七、论文工作量与经费来源

(一)论文工作量

论文的工作量一般主要来源于两个部分。一部分是研究工作前期,学生需要查阅大量的图书资料、期刊文献,并且补充更深层次、更多方面的理论知识,以保证对所研究问题的深入了解。另一部分是研究工作中期,学生需要学习各种研究方法,并且熟练使用Excel、SPSS等数据分析软件,以便为进行模型设计和大量的数据分析做好准备。

(二)经费来源

一般情况下,硕士学位论文经费主要来源于研究生的培养经费。

八、论文的进度安排

(一)含义

论文的进度安排,就是指在规定的时间内,学生按照学校的要求,从文献资料的搜集、到论文主题的撰写、再经过论文的不断修改,直至最终定稿的整个写作计划的安排。一般情况下,每个培养类型的进度安排都是相同的。

(二)写作要求

在写作时,学生应严格按照学校的时间规定,客观、真实地安排论文的进度。若无特殊情况,均不允许出现拖延、迟缓等现象。

此部分一般分为资料收集、论文写作、论文修改和定稿答辩四个步骤,每个步骤都应写清楚具体起止时间,四个步骤的时间应连续无间隔。

(三)写作举例

参考上述论文的开题报告,其进度安排如下：

(1)2020年12月到2021年6月:资料的收集与深入学习相关理论知识阶段。
(2)2021年7月到2021年11月:开始论文主体的写作,到11月底完成论文主体。
(3)2021年12月到2022年3月:完成论文的初稿,并进行细节完善,准备预答辩。
(4)2022年4月:进行最后完善,准备毕业答辩。

学生可以参考此写作举例,按照学校规定,适当修改自己的进度安排。同时,应注意的是,进度安排要合理且符合实际,语句表述应简洁、明了。

九、参考文献

(一)含义、类型和区别

1.含义

参考文献是指在学术研究过程中,对某一著作或论文的参考或借鉴,它是为撰写或编辑论文和著作而引用的有关文献信息资源。不论是在开题报告还是在学位论文中,参考文献都是不可或缺的一部分。

在学术论文后一般应列出参考文献,其目的有三:一是为了反映出真实的科学依据;二是为了体现严谨的科学态度,分清是自己的观点或成果还是别人的观点或成果;三是为了对前人的科学成果表示尊重,同时指明引用资料的出处。

2.类型

参考文献类型包括专著[M]、会议论文集[C]、期刊文章[J]、学位论文[D]、报告[R]、专利[P]、标准[S]、数据库[DB]、报纸文章[N]、汇编[G]、计算机程序[CP]、电子公告[EB]等。

3.参考文献和注释的区别

在写作时,应注意区分参考文献和注释。注释是对正文中某一内容做进一步解释或补充说明的文字,即作者进一步解释自己所要表达的意思,而参考文献是指作者引文的出处,一律放在论文最后。

(二)写作要求

1.一般要求

一般的硕士学位论文开题报告在文献综述之后要列出主要参考文献,应注意以下几点要求。

(1)参考文献一般应是学生直接阅读过的,对学位论文有参考价值的,发表在正式出版物上的文献,除特殊情况外,一般不应使用间接参考文献。

(2)参考文献应具有权威性,学生应选取核心及以上期刊的论文作为参考。

(3)参考文献的选用要注意时间,尽可能应用最新的文献,一般应选取近5年的期刊论文,或选取近8年的著作等作为参考文献。

(4)引用他人的学术观点或学术成果,必须列在参考文献中。

(5)参考文献在整个论文中按出现的次序列出。

(6)参考文献的数量:硕士学位论文参考文献一般为50篇以上,其中外文参考文献应在15篇左右。

2.参考文献格式

(1)连续出版物。

[序号]主要责任者.文献题名[J].刊名,出版年份,卷号(期号):起止页码.

[1]王海粟.浅议会计信息披露模式[J].财政研究,2004,21(1):56-58.

(2)专著。

[序号]主要责任者.文献题名[M].出版地:出版者,出版年:页码.

[2]马沛生.化工热力学[M].北京:化学工业出版社,2005:5.

(3)论文集。

[序号]主要责任者.文献题名[C].出版地:出版者,出版年份:起始页码.

[3]伍蠡甫.西方文论选[C].上海:上海译文出版社,1979:12-17.

(4)学位论文。

[序号]主要责任者.文献题名[D].保存地:保存单位,年份.

[4]董丁稳.基于安全监控系统实测数据的瓦斯浓度预测预警研究[D].西安:西安科技大学,2012.

(5)报告。

[序号]主要责任者.文献题名[R].报告地:报告会主办单位,年份.

[5]冯西桥.核反应堆压力容器的LBB分析[R].北京:清华大学核能技术设计研究院,1997.

(6)专利文献。

[序号]专利所有者.专利题名[P].专利国别:专利号,发布日期.

[6]姜锡洲.一种温热外敷药制备方案[P].中国专利:881056078,1983-08-12.

3.常见错误

有的学生认为,参考文献的编排只是全部研究的辅助环节,因此,没有对其给予足够的重视。然而,这其中有许多地方容易出现错误,需要引起注意。在参考文献的编排中,常见的错误有以下三种。

(1)为了显示资料搜集的系统和全面,将尽可能多的参考文献编入其中,以多取胜。这种做法的直接后果是将一些貌似相关,实则无用的研究成果编入参考文献之中,或将一些内容相同,甚至是重复的研究成果误当成重要文献列入。

(2)为了证明自己对国外研究进展的全面把握,将从来没有看过的外文资料编入参考文献,甚至将那些以自己未掌握的语言出版的文献也列入其中。

(3)为了表明研究基础的雄厚,将与学位论文研究相关性不大的成果列入参考文献,未能以与论文的相关程度来决定文献的选取。

由于参考文献的格式相对复杂,且要求较多,因此,学生在阅读、选用参考文献时一定要按照上述要求进行,以保证所列示的参考文献对于论文有实际参考价值。

第三节　经管类硕士学位论文开题报告写作技巧和误区

一、开题报告的写作技巧

开题报告就是将自己所选课题的概况转换成文字表述，传达给导师组，然后由导师组对其选题进行评议，确认该选题是否具有研究价值，是否符合学位论文写作要求，是否批准开题。因此，写好开题报告就显得尤为重要。在开题报告撰写过程中，选题、文献及研究目标属于最重要的部分，为了方便学生尽快掌握开题报告的写法，从以下三点提出相关写作技巧。

(一)选题要准确

选题是撰写学位论文的第一步，选题是否准确，直接关系到论文的最终质量。开题报告是在确定选题后，对该选题框架内容的撰写，选题不准确就会导致开题报告出现问题。有的学生的选题不具有新颖性，内容没有创新性，或者选题没有研究的必要，仅仅是对前人工作的总结，或是对前人工作的重复，这就表示其选题不准确，不符合硕士学位论文的要求。基于此，学生在选题时要坚持先进性、科学性、实用性及可行性原则，确保选题准确，具有研究价值。在确定题目时，要以"内行"看得懂的术语和明确的逻辑来表述，要准确概括研究内容。选题来源主要包括：①与自己实际工作或科研工作相关的、较为熟悉的问题；②自己从事专业的某个问题发展迅速，需要综合评价；③从掌握的大量文献中选择反映本学科的新理论、新技术或新动向的题目。

(二)文献要瞄准主流

文献资料是撰写优秀学位论文的基础，阅读的文献越多，对相关知识的了解就越多，那么在写论文时就越好写，也更容易写出优质论文。在选择文献时，应选择本学科的核心期刊、经典著作等，要注意所选文献的代表性、可靠性及科学性；同时，选择文献时，应先看近3~5年的主流文献与著作，后看更早期的文献。广泛阅读主流文献，必要时还应找到有关文献所引用的原文进行阅读。在阅读时，注意做好读书卡片或读书笔记，方便从中提取前人的研究观点，并从中寻找论文可以突破的关键点。

另外，在对文献进行梳理、总结时，要注意按照问题来组织文献资料，为文献综述部分的写作奠定好基础。文献综述部分需要按照一定的思路将观点提炼出来，而不是将阅读过的资料罗列出来。只有分观点梳理、总结相关文献，才能写出好的文献综述，也才能写出好的开题报告，进而为后续的论文写作打下良好基础。

(三)研究目标要具体而不死板

一般开题报告都要求明确学位论文的研究目标，研究目标不宜太宽泛，反而越具体的目标，越容易收集资料。比如说从某一个侧面入手，对其进行深入的研究，将其钻研明白、论述清楚。如果研究目标太宽泛，那么论文的每个方面都要进行论述，造成论文研究流于表面而不深入，研究深度不够。因此，需要确定相对具体的研究目标，这有利于后续论文写作工作的开展。

同时,研究目标要具体,但是又不能过于死板。这是因为,研究工作本身涉及多种因素,条件不同,得到的结果就可能出现偏差。如果研究目标过于死板,但凡在论文写作中出现一点问题,就可能导致研究目标出现大的偏差,从而影响论文质量。因此,在撰写开题报告时,需要制定具体而不死板的研究目标。

二、开题报告的写作误区

由于对开题报告或者开题报告中某部分内容认识得不够深刻,不少学生在写作时并不能很好地通过搜集好的资料将自己的研究论题衬托出来,反而成了开题报告的漏洞。学生应注意撰写开题报告的几个误区。

(一)把"主题编织"当作"文献综述"

开题报告的文献综述理应围绕拟要研究的问题,阐述前人在该问题上已解决了哪些问题,还有哪些问题有待深入研究,进而通过揭示这些有待深入研究的问题,为自己的研究指明方向。

由于学生不清楚文献综述的要义,开题报告的文献综述大多写成了"主题编织",即围绕某一研究主题罗列相关的文献,其样式是某学者就某主题论述了什么观点。这种"主题编织"仅仅将文献的作者、题目、核心观点一一列出,而没有运用分析与综合、比较与归纳、抽象与概括等方法对文献去粗取精、去伪存真,看似完整,但深究起来,这样的文献综述只是与该研究的主题相关而已,仅仅陈述了前人的观点,并没有衬托出自己研究的独特价值。

(二)把"研究理由"当作"研究问题"

开题报告的首要任务是要清晰地阐明自己的研究问题,其道理无须多言,因为任何研究都是对问题的研究,而不是对知识的宣讲。

开题报告就是为了和指导教师及导师组沟通关于选题、研究内容、研究问题等的看法,因此,在开题报告答辩环节上,教师经常追问的是"你要研究的问题是什么"。此时,多数学生会流露出迷茫、困惑的神色。一方面,学生深知研究问题的重要性,另一方面心里又犯嘀咕:开题报告写了那么多内容,尤其是有专门的"问题提出"或"问题缘起",难道老师还没有看出研究问题是什么?其实,正是因为有的学生只是在"问题提出"或"问题缘起"中阐述了研究的必要性,错把"研究理由"当成了"研究问题"。

(三)把"研究方法的列举"当作"研究方法的运用"

如果说问题提出和文献综述旨在阐明研究问题,那么研究方法则是阐释如何解决拟要研究的问题,而阐释如何解决拟要研究的问题并不是列举各种研究方法,而是展示研究方法的运用。然而,多数开题报告对于研究方法的阐述存在着简单列举的弊端,错把"研究方法的列举"当成了"研究方法的运用"。

比如,"本研究运用文献法、历史法、访谈法、调查法等研究方法",并简单摘抄一些研究方法的概念阐述,从而把研究方法的运用变成了研究方法的讲解。更有甚者把不同层次的研究方法杂列在一起,诸如列举调查法、访谈法、质的研究和叙事研究等,而不知质的研究、叙事研究并不是一种具体的研究方法,而是一种研究范式。质的研究通常是与量的研究相对而言的,它常采用调查研究法,尤其是观察法和访谈法。叙事研究也不是与调查研究并列的研究方法,与叙事研究并列的通常是实证研究。况且,调查法如果不特别注明是"问卷调查",那么通常意义上的调查法就包含访谈法。

三、走出开题报告的撰写误区

(一)要想走出文献综述"主题编织"的误区,则需要转换路径,把"主题编织"转化为"问题先导"

"问题先导"即以拟研究的问题为中心,充分、全面地展示、陈述与该问题有关的文献都说了什么,还有哪些问题有待进一步追问和解答,或者陈述对已解决问题所采用的不同的研究方法。它与"主题编织"的根本区别在于组织、阐述已有研究成果的主线、目的与思路的差异。"问题先导"以拟要研究的问题为主线,"主题编织"则以拟要研究的主题为主线。

"问题先导"的文献综述需要搞清楚拟要研究的问题是什么,这个拟要研究的问题又包含哪些子问题,各个要解决的问题之间是怎样的逻辑关系。可以说,"问题先导"的文献综述不仅可以在搞清楚别人就某问题已解决了什么、还有哪些问题有待深入研讨的基础上,避免了"主题编织"的错误,而且还能衬托出自己拟研究问题的价值,从而进一步搞清自己的研究问题的意义。

(二)要想走出把"研究理由"当作"研究问题"的误区,首要搞清楚什么是研究问题

通俗地讲,"研究问题"就是困惑或矛盾,是在理论或实践中存在但还没有探究或解释清楚的疑问,它主要有三种表现:①现有的研究没有意识到或没有发现的新问题;②已有的研究还没有运用或运用不够成熟的视角和方法;③研究者直觉地预感到可能成立的新观点。

研究问题大多要经历研究方向的确定、相关文献的研读、研究问题的初定与研究问题的论证等反复酝酿的过程。即在选题之初,学生通常是在已有的知识积累与实践经验的基础上,结合自己的兴趣和志向大致确定一个研究方向或领域,只有借助相关文献的研读才能够使研究问题逐渐清晰、明确与具体。因为相关文献的研读会告诉学生在某一研究领域,学者们都解决了哪些问题,还有哪些问题没有解决。只有清楚了已有研究成果的不足或缺陷,研究问题才能初定下来。而开题报告就是在研读相关文献资料的基础上,对选题的必要性和创新性进行的分析,即对初定研究问题的再认识、再分析和再论证。

(三)要想走出"研究方法列举"的误区,最佳路径是研究问题应如何解决和叙述

举例来说,调查法是用来解决研究问题的一种方法,应该如实地描述和展示出你是如何使用该方法解决研究问题的。开题报告的"研究方法"就是用来陈述研究问题是如何解决的,它与拟要研究的问题具有内在的一致性。从一定意义上说,虽然许多研究方法有着比较广泛的适应性,但是问题不同,解决问题的角度、路线、方法往往也不同,因此,研究方法的阐述不仅要与拟要研究的中心问题相对应,而且要与研究内容中的具体问题基本对应。在阐述研究方法时,正确的做法是先对研究内容所涉及的问题加以归类,然后根据各类问题设计适合的研究方法。

当然,解决某一问题,不仅需要一些具体的研究方法,而且需要一套基本框架。其实,从研究方法的功能上看,众多的研究方法大致可划分为相互关联的三个层次:①获取研究资料和对资料做形式处理的方法,比如,观察法、调查法、实验法、文献法等,均属于获取研究资料的方法,而对资料(文字、数据、音像记录等)做形式处理的方法则有量化和非量化的方法;②搭建理论框架和论证阐释观点的方法,而体现"分析—论证"和"理解—阐释"的典型方法则有叙事研究、比较研究、历史研究、个案研究等;③指导研究的理论视角,即提出问题、分析问题与解决问题的特定角度,选择什么样的理论视角,确定怎样的理论框架,对于开题报告的质量来说,更具有决定性的意义。

虽然开题报告作为学位论文的预演和雏形,出现认识误区实属正常,但如果这些认识误区不能得到及时纠正,使之延伸到学位论文中,则会对学位论文造成难以弥补的损害。因此,走出开题报告撰写的误区,不仅是为了保证开题报告的质量,更是为了提升学位论文的水平。

第四节 经管类硕士学位论文开题答辩

一、开题答辩的重要性

开题答辩是学生对自己所选题目的写作总结,并以口头问答的方式进行考核和评审的学术活动。它主要考查学生的选题是否合理、学生对选题是否有能力独立完成以及学生的思辨能力等,这对于一名硕士研究生来说是非常重要的。开题答辩的重要性体现在以下几个方面。

(一)开题答辩是导师与学生的交流机会

答辩本身体现了学生与答辩委员会导师的双向交流。导师通过评审开题报告,对学生所涉及的选题范围、研究思路、专业理论、论点论据等方面的情况,综合性地提出问题,学生对导师的问题进行回答,由此形成了双向的思想交流。开题答辩中,导师还会提出一些疑点、缺点甚至错误,学生在论文写作时必须解决导师提出的这些疑难问题,最终完成高质量的论文。

(二)开题答辩是众导师集思广益的结果

开题答辩是学生对所选题目的一种口头说明形式。学生在开题答辩中,首先向答辩委员会进行陈述,其次导师针对学生的基本学术知识和基础研究能力进行提问,最后由他们对选题及其内容进行讨论、评议,确定是否批准这一选题。开题报告作为答辩委员会对学生答辩资格审查的依据材料之一,答辩委员会给予其高度重视。充分讨论和分析后,答辩委员会最终给出一个较为细致、全面的答辩意见。因此,这一考核过程不可或缺且相当重要。

(三)开题答辩是完成论文写作工作的关键

良好的开端是成功的一半,因此,好的开题答辩是论文写作成功的一半。对于选题、主要框架、研究方法等主要内容,开题报告中已经详细阐述,学生通过答辩的形式将这些内容表达出来。答辩委员会经过讨论所选题目是否有继续研究的价值、所使用的研究方法是否可行、所搭建的整体结构是否合理、所需数据信息是否能够顺利取得等问题后,批准该选题是否通过。这一过程在很大程度上可以避免学生在后期论文写作过程中走弯路、走错路,可以使论文写作工作顺利进行。

开题答辩是学生将自己的开题报告公开出去,是宣传自己论文的第一步,也是最重要的一步,只有开题通过才能进行论文的撰写工作。

二、开题答辩过程

对于开题答辩来说,一方面,必须从思想上重视,任何公开场合的报告都是一次表演,是宣传自己的广告,效果优劣自然对成绩的评定有很多潜在的影响;另一方面,应重视准备过程,注意开题报告内容的整体和布局、材料的筛选、逻辑的理顺、幻灯片的美化、语言的简练和准确、对报告内容的熟悉和理解以及对规定时间的严格把握。开题答辩尽量做到事无巨细、胸有成竹。以下从三个环节来说明应该如何重视开题报告答辩的过程。

(一)开题答辩前

开题答辩前除了要写好开题报告的书面部分,熟悉所涉及的参考文献,还要掌握选题所涉及的相关概念、理论、研究方法等,并做好相关笔记,以备答辩中会被问及。答辩之前可以进行演练,将自己所要陈述的内容撰写成文字进行练习,保证开题答辩过程的流畅、顺利。

答辩前几天应该了解答辩的时间、地点以及流程,自己所在的小组排序等问题。熟悉答辩环境,消除紧张心理,检查打印稿件是否准备齐全,准备好纸笔,方便记录答辩老师的提问。同时,对答辩着装进行准备,尽量做到干净整洁、素雅大方。

(二)开题答辩中

首先是自我介绍,包括姓名、导师以及选题题目;其次,陈述研究背景、研究意义、研究现状、论文大纲、研究方法、后期可能会遇到的问题以及计划安排等;最后,有礼貌地恳请老师对开题报告进行询问并提出修改意见,正式开启"答辩"环节。开题答辩中采取口述方式,内容上要重点突出、观点明确、思路清晰、详略得当,务必将问题表达清楚,以便答辩委员会老师进行提问。

在回答答辩老师提出的问题时,要注意礼貌,回答问题要简明扼要、抓住要领,陈述观点时要中心突出、观点清楚、层次分明、语速适中、口齿清晰、态度谦恭。如果遇到不太确定或者不会的问题,可以礼貌地承认,并表示在后期的论文写作中继续努力解决,同时用笔记下所有问题。此外,同学之间可以互相帮助,结束答辩的学生可以帮助正在答辩的学生记下答辩老师的问题,避免遗漏重要问题。

(三)开题答辩后

开题答辩后的总结是一项十分重要的工作,它可以帮助学生发扬优点,总结不足。开题答辩后应该对自己在答辩过程中的表现进行总结,这样能够继续发挥自己的特长,改正之前的错误。此外,也应该对他人的表现进行总结,借鉴可取之处,从别人身上学习值得学习的地方。这样多方面的总结,可以使学生积累更多的经验,在正式答辩时发挥得更加出色。

对于答辩老师提出的问题,学生要与自己的导师及时进行交流,或者请教答辩委员会的其他老师,找到解决问题的方法。学生在解决质疑问题后就可以根据开题报告所列提纲,开始进行论文的撰写工作。

三、开题答辩的注意事项

一场完美的开题答辩,除了上述答辩前、中、后的准备工作外,还应注意以下问题,这样才能达到预期的效果。

(一)陈述方面

陈述时不宜照本宣科。由于情绪紧张、对开题报告内容不熟悉等原因,很多学生在答辩时会按照预先准备好的稿子加以复述。答辩是学生与答辩老师进行思想交流的过程,若是一味地读稿子,不如让答辩老师自己浏览手中的开题报告原件。因此,应该脱稿陈述,并与答辩老师有眼神的交流,让他们知道自己非常渴望得到反馈意见和建议,这样才能更好地为后续学位论文的撰写打下基础。

(二)其他方面

开题答辩应尽量做到着装简洁大方,仪态端庄。PPT演示文稿要做到模板淡雅大方,语言精练,具有高度概括性,避免大篇幅粘贴文字。学生进行陈述时若晃动身体,会给答辩委员会一种不自信、准备不充分的感觉,因此学生在陈述时,要沉稳,做到落落大方。此外,一定要学会控制时间,在规定时间内完成陈述,重点陈述研究思路、方法,其他内容做简要陈述即可。

开题答辩工作完成之后,学生一定要认真总结、分析,将所有答辩老师提到的问题记录下来,在进行论文写作时,要随时注意开题答辩老师提出的这些问题。

开题答辩是开题报告最后一个环节,也是至关重要的一个环节,对于整个学位论文的写作起着至关重要的作用,学生必须做好这一环节,才能保证论文写作的顺利进行,从而保障论文的最终质量。

◉ 拓展阅读

论文撰写的四个阶段

我们根据自己的经验和研究生培养要求,提出论文撰写的四个阶段,即选题阶段、开题阶段、撰写阶段、答辩阶段。每一位学生都要经历这四个阶段,才能顺利地完成学位论文的撰写工作,达到毕业条件。

1.选题阶段

学位论文撰写工作的第一步是要进行"选题"。学生首先需要通过广泛地阅读期刊、著作,并依据个人兴趣自行提出意向性选题;其次,深入阅读和选题相关的文献,判断选题是否具有研究价值;再次,积极联系指导教师,征求导师对选题的意见;最后,确定选题后,开始做初始性研究并撰写开题报告。

2.开题阶段

学位论文撰写工作的首要阶段是"开题阶段"。"凡事预则立,不预则废",开题报告的质量直接影响论文的最终质量。学生在这一阶段要做的工作包括:①分析、研究选题的研究背景和目的;②进一步调查研究问题的国内外研究现状;③根据所要研究的问题寻找合适的解决办法和工具;④给出解决方法的框架设计和试验研究方案。经过这四个步骤,完成开题报告,并参加学校组织的开题答辩,由导师组判断该选题是否符合硕士学位论文要求,是否批准继续下一步的研究。一般要求院校必须专门安排正式的开题报告答辩环节,并以此作为学位论文研究的第一步。

3.撰写阶段

通过开题答辩环节后,学生被批准进入下一阶段——撰写论文阶段。在撰写阶段,学生的主要工作包括:①根据开题报告中的研究背景和文献综述部分,撰写论文的第一部分——绪论部分;②根据开题报告中框架设计部分,撰写论文的主体部分;③搜集与选题相关的资料,为其分析提供数据支撑;④撰写论文的"研究结论和研究展望"部分。在正式论文撰写过程中,要求做到"三个三"。第一个"三"是论文必须做到"论点、论据、论述"三者俱备;第二个"三"是论文必须包括"研究对象、研究过程、研究结果"三方面内容;第三个"三"是论文必须在"论文选题、研究成果、写作格式"三方面均达到硕士学位论文的要求。

4.答辩阶段

这是硕士学位论文的最后一个阶段,也是检验学位论文研究和撰写成果的阶段。学生在最终论文完成前需要经历三轮答辩环节,即中期答辩、预答辩、最终答辩。学生在这一阶段必须做的工作包括:①根据中期答辩、预答辩环节的评审意见修改论文;②学生自己完善正式答辩用论文,并由学校统一组织送到校外,进行论文盲审工作;③根据盲审结果,继续完善论文,直至正式答辩;④参加正式答辩,并进行答辩后修改;⑤完成学位论文的文件整理。每个学生只有完成正式答辩环节,被授予学位,其学位论文工作才算正式完成。

思 考 题

1.你是否发现了开题报告对于论文写作的重要作用?
2.思考自己的选题,并查阅相关文献进行分析、整理,撰写一份开题报告。

讨 论 题

1.开题报告存在的必要性是什么?
2.开题报告包含哪几部分?每部分分别是什么?每部分的写法及写作要求又是什么?
3.开题报告容易出现哪些问题?怎么解决这些问题?

第五章 经管类学术型硕士学位论文的撰写

◉ **开篇案例**

政府补助对企业创新的影响研究——基于不同补助方式视角

摘 要：随着以智能制造、信息互联网、新能源等为代表的新一轮产业革命的爆发，科学技术的发展已经成为各国经济发展的决定力量。当前，我国经济发展开始转变思路，将努力实现从"制造大国"到"创新大国"的转变。2015年李克强在《政府工作报告》中也提出号召，鼓励大众创业、万众创新，期望能提升我国整体创新能力。企业作为创新的主体，同时作为将科技成果转化为生产力的主体，其整体创新能力与我国经济发展战略的转型升级息息相关，提升企业整体创新能力也离不开政府的支持。自1978年改革开放以来，虽然我国经济发展取得了有目共睹的成果，但我国企业自主创新能力的发展仍然处于瓶颈期，与发达国家相比仍有较大差距，企业整体创新能力不强。技术创新的非排他性、非独占性和溢出性是企业进行高风险创新活动的最主要制约因素，这也为政府对企业进行研发补助提供了依据，从而使得政府这一角色在企业进行研发创新活动中起到愈发重要的作用。学者们也对政府补助对企业创新的影响进行了研究。有学者指出由于研发创新活动具有非竞争性和非排他性，因此政府对企业的创新活动进行补贴是非常有益的；但也有学者研究发现政府补助对企业创新活动的激励效果并不明显，认为政府的研发补助可能存在挤出企业自身的创新投入、易造成企业腐败以及信息不对称带来的政府补助资源配置低效等问题。为鼓励企业自主创新以增强市场竞争力，我国政府除了提高对企业的研发补助力度，也会以不同的补助方式对企业进行补助，力求更高效地提升企业创新能力。目前，我国政府主要采用直接的财政补贴和间接税收优惠等方式激励企业进行创新。

本文选取2013—2015年创业板上市公司为研究样本，从不同政府补助方式的视角，以企业研发投入和创新表现来衡量企业创新能力，从微观角度研究政府补助对企业创新的影响。同时考虑到企业所处地区差异，可能导致政府补助对企业创新的影响也会存在差异，本文将样本企业分为东部地区和非东部地区，进一步研究对于不同区域企业，不同政府补助方式对企业创新的影响是否存在差异。研究结果表明：财政补贴和税收优惠均能促进企业研发投入以及激励企业创新表现，且相比于税收优惠，财政补贴政策激励效果更明显；财政补贴对东部地区和非东部地区企业的研发投入和创新表现都有显著激励作用。税收优惠对东部地区企业研发投入和创新表现有显著激励作用,但与非东部地区企业研发投入和创新表现并没有显著关系。最后根据本文研究结论,为政府完善研发补助政策提供合理的建议。

资料来源:柳诗迪.政府补助对企业创新的影响研究:基于不同补助方式视角[D].南京:南京农业大学,2019.

政府补助和税收优惠对高新技术企业创新的影响研究

摘　要:创新是引领高质量发展的第一动力,为了充分发挥科技创新的经济领跑作用,政府提出了很多激励政策。以高新技术为核心的高新技术企业是研发创新活动的经济主体,是推动中国创新事业进步的关键因素。财税激励政策是否能促进高新技术企业创新,如何更好地发挥财税政策的创新激励效果,从而提高中国产业的核心竞争力成为亟待解决的问题。本文对有关理论与研究成果进行了总结与梳理,并结合中国企业的创新发展状况,深入研究财税政策对创新的激励效果并得出结论和建议。首先,概括了实质性创新和策略性创新等相关概念,并阐述了资源基础理论、政府干预理论、技术创新理论和税收调控理论等;还比较了两种政策的特点和企业的创新动机,旨在探讨政府补助、税收优惠和两者的交互项如何促进高新技术企业的实质性创新、策略性创新和总体创新。对高新技术企业的经营状况、研发投入、各类专利申请量和授权量的数据及变化趋势进行了分析,还分析了高新技术企业的发展现状、特点和我国专利创新存在的问题。其次进行实证分析,本文以2016—2021年沪深上市的高新技术企业为研究样本,采用双向固定效应模型,分析了政府补助和税收优惠政策单行和并行激励各类创新的作用路径和实施效果,还从所有权和地区异质性的角度进行了分析。实证结论表明:(1)高新技术企业获得的政府补助或税收优惠与创新呈正相关的关系,政府补助对策略性创新的促进作用强于实质性创新,税收优惠对实质性创新的促进作用强于策略性创新。(2)政府补助和税收优惠都分别与创新之间呈倒U形关系。政府补助或税收优惠小于临界值时,对高新技术企业创新的激励作用会增强;超过临界值时激励作用会受到限制而减弱。(3)高新技术企业获得的政府补助和税收优惠之间存在相互补充效应,政府补助和税收优惠政策并行对创新的激励效应弱于政策单行。(4)政府补助和税收优惠对东部高新技术企业创新的促进作用强于中西部,政府补助和税收优惠对非国有企业创新的激励作用强于国有企业。基于以上实证结论,为促进高新技术企业创新发展,本文提出了要合理设置政府补助和税收优惠的区间,完善政府补助激励政策的监管体系,构建政府补助和税收优惠相辅相成的模式,充分考虑企业的所有权和所处区域的异质性的建议。

资料来源:戴子煜.政府补助和税收优惠对高新技术企业创新的影响研究[D].太原:山西财经大学,2023.

阅读以上两篇主题相似的学术型硕士学位论文的摘要,你觉得哪篇写得更好?请思考学位论文的摘要应包含哪些要素。

第一节 经管类学术型硕士学位论文概述

一、经管类学术型硕士学位论文的含义和特点

(一)经管类学术型硕士学位论文的含义

学位论文,泛指专科学位论文、本科学位论文(学士学位论文)、硕士研究生学位论文(硕士学位论文)、博士研究生学位论文(博士学位论文)等,即需要在学业完成前写作并提交的论文,是教学或科研活动的重要组成部分之一。硕士学位论文是学生在进行了一系列的科学研究活动后,取得了一定的研究成果或有了新的见解,并以此为内容撰写的学术论文,通常具有一定的理论深度与较高的学术水平,并且更加强调作者思想观点的独创性以及研究成果的实用价值和科学价值,也是学位申请、评审、授予的主要依据。而经管类学术型硕士学位论文多以我国上市公司为研究对象,并结合宏观经济发展情况与研究热点,运用 Stata、SPSS 和 Eviews 等统计软件,从某个新的研究视角出发对上市公司展开实证研究,一般包括以下主要内容:序页、摘要(中英文)、绪论、理论、论证和结论。

(二)经管类学术型硕士学位论文的特点

经管类学术型硕士学位论文与学术型硕士研究生的培养方案相匹配,一般具有学术性、规范性、独立性、创新性、科学性与专业性等特点。

1.学术性

学术性是学位论文最本质的属性。学术性要求学生能对某一专业领域中繁杂凌乱的资料、文献与理论研究状况进行分析、归纳,能够从中找出以往研究存在的问题和不足,并提出自己的想法与相应的解决思路。经管类学术型硕士学位论文必须以学术问题作为议题,以学术成果作为表述对象,以学术见解作为论文的核心内容,否则它就会失去学术论文的根本特征。它要求运用科学的理论和研究方法,收集相关数据与研究资料,对研究问题进行抽象、概括的论述,具体、翔实的说明,严密、科学的论证分析,以揭示事物的内在本质和发展变化规律。总之,学术性要求学生在遵循具体学科的一般规则的同时,在已有研究的基础上,从全新的角度阐述自己的学术观点,让读者接受并信服。

2.规范性

规范性主要是对学位论文的篇幅、格式、文献、内容、装订等方面有特殊的要求。满足硕士学位论文的规范性不仅说明学生已经掌握了基本的学位论文的撰写格式规范,还体现了学生在研究生期间的学习态度与细致程度。作为经管类学术型硕士研究生,不管未来是从事高校教育工作还是进入企业工作,大概率都要撰写报告,因此,更要重视学位论文的规范性问题。同时,格式规范的学位论文会更容易在盲审环节获得评审专家的认同。总的来说,学术型硕士在撰写学位论文时要保持语句通顺,不存在错别字,表达简洁、清晰以及数据处理符合规范性要求。

3. 独立性

独立性即要求学生相信自己、依靠自己独立完成硕士学位论文写作工作。首先,自己确定选题,查找所需数据并利用统计软件进行数据处理与分析;其次,查找大量与自己研究主题相关的文献资料,并对文献资料进行梳理、总结与归纳;最后,独立撰写学位论文,在撰写的过程中应保持独立思考,遇到困难及时与导师沟通,同时也可以适当借鉴别人的研究成果或研究观点。经管类学术型硕士学位论文是对学术型硕士研究生在校期间学习成果的检验,也是其在学习过程中独立思考的结果,因此,必须保持学术创作的独立性。

4. 创新性

创新性是衡量学位论文价值的根本标准,表明学位论文所研究的问题是尚未解决的或是未完全解决的。创新性首先要求论文写作不抄袭、不照搬、不人云亦云,提倡创造新东西;其次,论文的写作应深刻、新颖,不新奇、怪谬;最后,应在前人论述的基础上有所拓展、延伸。关于创新性,可以是选题的创新,可以是观点、内容的创新,也可以是材料运用、研究方法的创新。衡量硕士学位论文的创新性,可以从以下几个具体方面来考虑:第一,所提出的问题在本专业学科领域内有一定的理论意义和现实意义,并通过独立研究,提出了自己的认识和看法。第二,虽是别人已研究过的问题,但学生采取了新的论证角度或新的研究方法,所提出的结论在一定程度上能够给人以启发。第三,运用较新的理论、较新的方法提出并在一定程度上为实际问题的解决提供新的参考和借鉴。因此,经管类学术型硕士研究生在选题时应考虑题目的创新性。

5. 科学性

科学性是一切学术论文的灵魂,经管类学术型硕士学位论文自然也不例外。经管类学术型硕士学位论文的科学性是指论文的基本观点和内容符合社会经济发展规律。如果论文的内容是非科学、伪科学或反科学的,那就毫无科学价值而言,反而会给社会带来危害。经管类硕士学位论文的科学性主要体现在四个方面,即真题真做、方法科学、结论正确、结构严谨。这就要求硕士研究生具备实事求是的严谨态度,具有敢于探究理论的勇气,以及具备正确的世界观和科学的方法论,在创作学位论文的过程中不造假、不抄袭、不剽窃他人的学术成果,坚持论文的科学性。

6. 专业性

学位论文的专业性是学位论文的基本特征,也是学位论文的基本要求。在《中华人民共和国学位条例》中,对学士、硕士、博士学位论文都做出了专业性要求,即学位论文的选题和研究内容处于学位点所在学科的研究领域。具体来说,经管类硕士学位论文的专业性表现在四个方面:第一,本学科研究领域;第二,学科交叉研究领域;第三,本学科理论、方法的移植运用;第四,参加导师科研项目而形成的论文。因此,硕士研究生在确定研究题目的时候要考虑是否和本专业密切相关。

二、经管类学术型硕士学位论文的培养目标

学术型硕士学位论文是研究生运用在学校学习的基本知识和基础理论,提出问题、分析

问题并解决问题的独立性和总结性工作,也是学生在校学习期间学习成果的综合性体现。这一重要环节的基本培养目标如下:

(1)培养学术型研究生收集、处理数据,进行社会调查研究,搜集、整理及使用文献资料的能力。

(2)培养学术型研究生利用 Stata、SPSS 和 Eviews 等统计软件和 Excel 办公软件处理、利用和分析数据的能力。

(3)培养学术型研究生综合运用所学基础理论与专业知识分析问题的能力,提高学术研究水平。

(4)培养学术型研究生独立发现问题、分析问题以及解决实际问题的能力,并不断提高其学术写作水平。

(5)培养学术型研究生正确的、理论联系实际的工作作风以及严谨、认真的科学态度。

综上,撰写学位论文对于培养学术型研究生初步的科学研究能力,提高其综合运用所学知识分析问题、解决问题能力以及提高学术写作水平都具有重要意义。

三、经管类学术型硕士学位论文撰写的意义

硕士学位论文是学术型研究生培养计划中一个重要的环节,与其他培养计划构成一个有机整体。硕士学位论文写作,有利于全面培养研究生的科学研究能力,有利于引导研究生学会思考、学会发现、学会钻研,培养研究生的创新精神。同时,硕士学位论文是现行高等教育的基本内容,是实现高等教育培养目标的重要教学环节。其在培养硕士研究生的观察能力、思维能力、分析问题和解决问题能力以及文字表达能力方面具有举足轻重的作用,有利于使研究生养成钻研进取、严谨认真的科学态度,为研究生今后从事专业领域的相关工作和撰写学术论文奠定扎实的基础。具体而言,经管类学术型硕士论文的作用和意义体现在以下六个方面。

(一)有利于检验高校研究生教学质量和培养方案

研究生论文写作水平是检验高校教学质量的重要指标,研究生学位论文的水平往往体现了学校的治学态度。若想完成一篇符合学校培养方案和教学要求的学位论文,研究生必须系统地运用所学的知识和技能,将理论与实际相结合,即具有较宽的知识面和一定的写作功底,拥有较强的分析问题与解决问题的能力。与此同时,研究生学习中存在的很多问题都会在学位论文的写作过程中暴露出来,如知识掌握不牢固、理论基础运用不灵活、论文逻辑混乱、文字表述能力差、格式错误严重等等。而学位论文写作,不仅能使学生认识到自己的不足并加以改正,还能让学校全面地了解每个学生的综合素质,更好地发现人才、向社会输送人才。同时,学校可以全面考察教学质量与研究生培养方案的合理性,扬长避短,不断提高办学水平。

(二)有利于考察学术型研究生的学习成果与综合素质

学术型硕士在研究生阶段的学习中,撰写学术论文是一项基本内容,而学位论文是检验其研究生期间的学习成果与综合素质水平的重要依据。通过学位论文的撰写,研究生可以有目的、有计划地梳理、检验和完善自己的知识储备和知识结构,掌握论文写作的基本方法、

规范性要求、写作规律和标准,培育严谨、求实的学术精神和严肃、认真的科学态度。不管研究生将来是进一步从事学术研究工作还是进入社会工作,研究生期间撰写学位论文学到的知识都将是宝贵的经验,为其未来发展打下良好的基础。总的来说,学术论文的撰写可以一定程度上反映研究生的学习成果与综合素质。

(三)有利于促使研究生形成良好的工作态度与学习习惯

学位论文的撰写有助于培养研究生认真负责、一丝不苟、敢于创新和协作攻关的精神,以及刻苦钻研、勇于提出问题和勇于实践的态度。还能培养研究生勇于探索、严谨推理、实事求是、用实践检验理论、全方位考虑问题等科学技术人员应具有的素质,养成理论联系实际的工作作风和严肃认真的科学态度。同时,撰写学位论文可以使其发现自身存在的问题并及时予以纠正,进而养成良好的学习习惯。总之,在撰写学位论文的过程中研究生会逐渐养成良好的工作态度与学习习惯。

(四)有利于提高研究生查找、利用文献资料的能力和使用统计软件的能力

撰写硕士学位论文要求研究生在导师的指导下,独立进行调查研究、资料搜集、推理论证和系统表述。研究生在撰写学位论文前必然要查找与自己研究主题相关的文献资料,并梳理、总结与利用相关研究内容,同时,还要学习统计软件的使用方法。这在一定程度上可以提高研究生文献获取与利用的能力,提升其科学研究素养。

(五)有利于提高研究生提出问题、分析问题和解决问题的能力

撰写学位论文能够培养研究生综合运用所学知识去分析、解决现实问题的能力,如数据抓取和处理的能力。同时,也培养了研究生勤于思考、善于发现问题和提出问题的能力,进而形成一套解决实际问题的体系。此外,在撰写学位论文的过程中,研究生必须综合运用所学的理论知识,查找与研究主题相关的资料,有利于拓宽研究生的知识面和深化已掌握的知识,继而提高研究生提出、分析并解决问题的能力。

(六)有利于提高研究生文字及口头表达能力

学术型研究生毕业后大多都要走上工作岗位,还有一部分会继续攻读博士学位。不管选择哪种发展方式,写报告、写总结以及向领导作一些口头汇报都是日常基本工作,这不仅需要研究生掌握一定的专业知识和学科技术研究能力,还应具备遣词、造句、立意、谋篇、表达、逻辑、语法、修辞等各种基础写作修养和技能。而硕士学位论文写作可以训练研究生的书面文字表达能力,同时,在学位论文各个答辩环节,也需要研究生对自己的论文进行阐述并回答评委的问题,无形中锻炼了口头表达能力。因此,硕士学位论文的完成,能够帮助研究生更好地对所从事的工作进行总结、挖掘、交流和提高,即提高文字及口头表达能力。

综上所述,硕士学位论文写作对于保证教学质量,培养合格的学术型硕士研究生具有重要意义。因此,无论学校还是研究生自身,都必须十分重视学位论文的指导和写作任务,确保学位论文撰写任务圆满完成。

第二节 经管类学术型硕士学位论文写作方法

硕士学位论文是研究生以科学研究取得的成果或新的见解为基础撰写而成的学术论文,是学位申请、评审、授予的主要依据。经管类学术型硕士学位论文一般包括的主要内容有序页、摘要(中英文)、绪论、概念与理论、论证章与结论章。除此之外还需包含参考文献、致谢和附录等内容。下面逐一介绍每一部分的具体写法。

一、序页写作

序页是除论文正文部分以外的内容,包括题目封面、授权文字和目录。

题目封面一般包括四项内容:论文题目、作者信息(学位申请人姓名、指导教师姓名)、学科信息(学科专业、学科类别)和提交日期。论文题目用词要简练,指出研究问题所在,字数一般不超过 25 个字,英文题目也类似,不超过 25 个词。作者信息包括学位论文作者和指导教师的姓名,作者即研究生学位申请人。

授权文字指有关学位论文知识产权权属及论文研究成果的独创性声明,表示研究生对学位论文享有著作权,同时,对论文内容,包括论点、结论和数据事实所承担的学术责任。

目录是论文的提纲,表明各章节的名称及相应的页码。目录编写时,各章节划分要分清层次,注意同一标题在论文题目与章节题目中不得重复出现。目录要求自动生成,不能手动输入。

二、摘要写作

摘要也就是内容提要,是论文中不可缺少的一部分,也是论文的灵魂。论文摘要是一篇具有独立性的短文,有其特别的地方。它是建立在对论文进行总结的基础之上,用简单、明确、易懂、精辟的语言对全文内容加以概括,留主干去枝叶,提取论文的主要信息。因此,作者的观点、论文的主要内容、研究成果等,都应该在摘要中体现出来。好的摘要便于索引与查找,易于收录到大型资料库中并为他人提供信息。换言之,摘要在资料交流方面承担着至关重要的作用。

(一)书写摘要的基本规范和原则

(1)论文摘要分为中文摘要和外文(一般为英文)摘要。摘要在篇幅方面的限定,不同的学校有不同的要求,通常一篇硕士学位论文的中文摘要不超过 1 000 个汉字,英文摘要不超过 1 000 个实词,中英文摘要应一致。

(2)摘要是完整的短文,具有独立性,可以单独使用。即使不看论文全文的内容,仍然可以理解论文的主要内容、作者的新观点和想法、论文所要实现的目的、采取的方法、研究的结论。要求文字简明扼要,不容赘言,提取重要内容,不含前言、背景等细节部分,不含原始数据,不加评论和注释。采用直接表述的方法,删除不必要的文学修饰。摘要中不应包括作者将来的计划以及与此题无关的内容,做到用最少的文字提供最大的信息量。

摘要中不使用特殊字符,也不使用图表和由特殊字符组成的数学表达式,不列举例证。

做到叙述完整,表述准确。

(二)摘要的四要素

摘要的四要素包括目的、方法、实证结果和研究结论。

(1)目的:指出研究的范围、重要性、任务和前提条件。注意这不是对主题的简单重复。

(2)方法:简述论文的写作流程,即研究了哪些主要内容,在这个过程中都做了哪些工作,包括对象、原理、条件、程序、手段等。

(3)实证结果:通过调研、观察取得的原始数据,运用定量分析方法,进行分析研究,得出实证研究结论。

(4)研究结论:根据实证研究结论,结合论文其他部分的研究成果,最终得出研究结论和政策建议。

(三)摘要的撰写步骤

摘要作为一种特殊的陈述性短文,具有独特的写作格式要求。

1.关于中文摘要

(1)从摘要的四要素出发,通读论文全文,仔细将文中的重要内容一一列出,特别是每段的主题句和论文结尾的归纳、总结,保留梗概与精华部分,提取用于编写摘要的关键信息。

(2)检查上述信息能否完全、准确地回答摘要的四要素所涉及的问题,并要求语句精炼。若不足以回答问题,则重新阅读论文,摘录相应的内容进行修正。

(3)将这些零散信息,组成符合语法规则和逻辑规则的完整句子,再进一步组成通畅的短文。通读此短文,反复修改,达到摘要的写作要求。

2.关于英文摘要

英文摘要主要是对中文摘要的翻译,它的内容应与中文摘要的内容保持一致。在英文摘要写作时应注意以下几点:

(1)英文摘要的写作方法要依据公认的写作规范。

(2)按照正确的语法规范翻译摘要,不允许使用翻译软件。

(3)尽量使用简单句,表述要求准确、完整。

(4)使用标准英语书写,避免使用口语,应使用易于理解的常用词,不用生僻词汇。

(5)作者所做工作用过去时,结论用现在时。

(6)多使用主动语态。

(7)注意英文摘要的题目里实词首字母要大写,虚词要小写。

3.关于关键词

关键词是为了文献标引工作,从论文中选出来用以表示全文主题内容信息的单词术语。每篇论文选取3~5个词作为关键词,以显著的字符另起一行,排在摘要的下方。同时,必须使用《汉语主题词表》中列示、提供的规范词,并且为便于国际交流,应标注与中文对应的英文关键词。

关键词分为中文关键词和与之对应的英文关键词,分别置于中文摘要和英文摘要之后。

为便于他人的检索,不能使用过于宽泛的词语。选择关键词既可以从论文的各级标题入手,也可以从论文本身的内容选取,将选出的关键词按照所涉及领域的范围,从大到小顺序列出。

(四)中文摘要举例

摘　要

　　随着我国经济发展阶段的转变,创新已成为推动我国经济发展的重要方式。在此背景下,企业作为国民经济的主体,更应该加大创新投资来提高创新水平。近年来,我国企业创新投资总额不断增长,但与发达国家相比,仍存在一定差距,可见,我国企业创新投资仍有较大提升空间。创新投资的提升离不开资源投入,财务柔性作为企业重要的财务资源,能够有效保证创新投资的持续进行。而在这一过程中,企业的风险承担能力也会直接影响到创新投资的力度。因此,企业需要提高风险承担能力来促进创新投资的提升。此外,股权结构作为企业治理体系的重要部分,能够影响企业的财务柔性策略和创新投资决策,因此,股权结构也会对财务柔性影响创新投资的过程产生作用。但是,在这一过程中风险承担能力是否是中介作用,股权结构是否是调节作用,以及财务柔性对创新投资的影响在不同地区和不同行业的企业中是否存在差异,仍需进一步研究。

　　鉴于此,本文基于以往学者的研究,结合委托代理理论、资源基础理论、柔性组织理论和创新理论提出了相关假设,选取2015—2021年沪深A股上市公司为样本,实证检验了财务柔性对创新投资的影响,并分别以风险承担能力作为中介变量、股权结构作为调节变量,检验二者在其中的作用,同时深入分析在不同地区和不同行业的企业中,财务柔性对创新投资的影响差异。实证结果表明:(1)财务柔性可以促进创新投资和风险承担能力的提升;(2)风险承担能力在财务柔性对创新投资的正向影响中发挥着中介作用;(3)股权集中度和国有股权性质会削弱财务柔性对创新投资的正向影响,而股权制衡度会提升财务柔性对创新投资的正向影响;(4)与中西部地区的企业和非高新技术企业相比,财务柔性对创新投资的正向影响在东部地区的企业和高新技术企业中更大。最后,本文在研究结论的基础之上,分别从政府和企业两个方面提出建议,以期帮助企业合理利用财务柔性策略,提高创新投资力度。

　　[关键词]财务柔性;创新投资;风险承担能力;股权结构

三、绪论写作

　　绪论是一篇论文的"纲",后续的各章是"目",纲举目张,绪论写好了,整篇论文的结构和内容就基本定型了。因此,绪论对于硕士学位论文而言,并非可有可无,而是一篇合格论文的一个关键点。一般而言,绪论应该包括以下内容:选题背景及研究意义、国内外研究现状、研究内容和研究方法。

(一)选题背景及研究意义

1.选题背景

　　论文中选题背景的介绍应由大到小,层层递进。此部分可分为三段去写。第一段:先从社会中所发生的一些现象着手去写,然后从这些社会现象联系到所要研究的问题。第二段:

提出所研究的问题在社会大背景下的重要性。第三段:结合整个行业或具体某个企业,提出对这个选题的特别看法,说明选此题的原因。最后,强调研究内容对整个行业或某个企业的重要性并切入主题。此部分篇幅要求大半页,约1 000字。

2.研究意义

意义,就是其重要性。研究意义,就是写此论文的重要性。因此,研究意义可以从以下三个方面去写:本论文的研究有什么实际作用,论文研究的学术价值是什么,对今后相关的学术研究会产生怎样的影响。一般来说,学术型硕士学位论文的研究意义一般分为理论意义与现实意义,且理论意义重于现实意义。同时,要注意在阐述理论意义与现实意义的时候分条概括,层层递进。此部分篇幅要求三分之一页,约600字。

(二)国内外研究现状

研究现状不同于发展现状,在写研究现状时,最忌讳将两者的含义搞混,把研究现状写成了发展现状。研究现状是对某一问题的梳理与总结,而发展现状强调的是对一个问题的发展状况及发展程度的说明。

此部分主要包括国外研究现状、国内研究现状和文献综述。在撰写之前,要先把从网络、图书馆收集和阅读过的,与所写学位论文选题有关的专著和论文中的主要观点归类、整理,找出论题产生和发展的主要研究历程,并从中选择最具有代表性的观点。

1.国内外研究现状

关于国内外研究现状的部分,应先写国外研究现状,再写国内研究现状。具体写法有两种,一种写法是按照国内外文献时间顺序分别来写,另一种写法是按照研究内容划分,分别从几个方面阐述国内外学者的研究成果,每个方面也应按照时间顺序排列。国外研究现状字数可略少于国内研究现状字数。该部分篇幅要求近三页,约3 000字。

2.文献综述

文献综述起到承上启下的作用。此部分主要总结之前学者在本研究领域做了什么,做得如何,哪些问题解决了,哪些问题尚未解决,以便为自己开展论文研究提供一个背景和基础支撑,也有利于为自己所研究的论题找到突破口和创新之处。因此,写作此部分内容,可遵循以下三个步骤:第一步,总结国内外的研究现状;第二步,评述之前学者相关研究的不足之处;第三步,写出本论文的研究方向。此部分篇幅要求二分之一页,300~500字。

(三)研究内容和研究方法

1.研究内容

研究内容部分可不画研究思路图,主要把论文共有几部分组成,每一部分所写的主要内容写出即可。大致框架如下:

本文共分为 n 部分(n 代表数字1、2、3……,这里论文分几章,n 就为几),主要结构安排如下:

第一部分:×××。××××(用简练的语句概括出第一部分所研究的主要内容)。

第二部分：×××。××××(用简练的语句概括出第二部分所研究的主要内容)。

……

第 n 部分：×××。××××(用简练的语句概括出第 n 部分所研究的主要内容)。

2.研究方法

研究方法部分应写出本论文用到的研究方法以及在论文中如何运用此方法。研究方法主要有文献综述法与实证分析方法等。

(四)注意事项

绪论部分可参照开题报告进行写作，如：国内外研究现状、文献综述、研究内容和研究方法等部分可参照开题报告的内容。此外，由于硕士学位论文均有重复率要求，因此可将国内外研究现状部分适当减少，其中国内研究现状保持在 2 000 字左右，国外研究现状保持在 800 字左右。

四、概念与理论章写作

作为"纲领"的绪论写毕，在论文论证章开始之前，作者需要将本论文所运用的概念与理论基础按顺序阐述出来，概念与理论基础章安排一章即可。在概念部分，需要对论文中的关键概念进行界定，一般关键概念从题目中提取。在理论基础部分，可具体写论文中每一个用到的理论，概括该理论的含义、发展过程、在论文中的应用，以及此理论在论文所起到的作用和意义等。这里只写论文中用到的理论，没有用到的理论不应出现在论文中。

在撰写本部分时，要注意：不要选择有争议的概念或理论；由于硕士学位论文有重复率要求，此部分应适当精简语言，只挑重点内容，避免冗余繁杂。此部分篇幅要求三页，约 3 000字。

五、论证章写作

硕士学位论文在有了绪论、概念与理论做支撑之后，接下来应进入主题，撰写论证章。

论证章一般可安排一至两章。一种写法是将论证章安排为一章，直接写实证研究，即把论证的全过程统写为一章；另一种写法是将论证章安排为两章，实证部分的第一章可安排为论文研究假设的提出、样本与数据来源的介绍、研究模型的设计，实证部分的第二章可通过上一章的论文研究设计来进行实证部分的具体分析，如描述性统计分析、相关性分析和回归分析等。此外，作者应根据自己论文的特点，选择合适的内生性与稳健性检验方法，以确保论文核心结论的准确与科学。论证章具体的章数由作者自己决定，该章的写作过程如下：

首先，论文的论证章应基于前文的文献基础与概念理论基础提出本论文的研究假设；其次，对本文选取的研究样本、数据来源与变量定义进行阐述；再次，根据研究假设与变量定义，构建实证模型；最后，对实证部分所提出的假设进行论证，即实证分析，具体的论证内容包括描述性统计分析、相关性分析、基本回归分析、内生性与稳健性检验四个方面。

六、结论章写作

论证章所做出的结论为实证结果，不是研究所得的结论。论文的结论章应是学位论文最终的、总体的总结,换句话说,结论应是整篇论文的结局与归宿,而不是某一局部问题或某一分支问题的结论,也不是正文中各段小结的简单重复。结论应当体现作者更深层的认识,且是从全篇论文的全部材料出发,经过推理、判断、归纳等逻辑分析过程而得到的新的学术总观念、总见解。结论应该准确、完整、清晰、精练。

在总结学位论文的研究结论时,可以根据实证结果另起一章得出论文的研究结论。结论章一般包括研究结论及对策建议。

(一)研究结论

研究结论是将前文内容与实证结果加以归纳、总结,得出具体的研究成果。

研究结论的写作应呼应前文,如现状综述部分会对本论文的研究方向进行相关的说明,结论写作也应按前文的相关内容进行归纳、总结,并且应紧扣实证研究的结果,不能偏离研究内容。研究结论部分应清晰明了、层层递进、分条概述。研究结论一般应采用小标题的形式,得出的结论不宜过多,最多为5～7个。此部分篇幅要求大半页,约700字。

(二)对策建议

对策建议部分应紧扣论文研究内容,分条概述,内容与结论部分一一对应,即在结论中发现问题并针对此问题提出可参考的建议,从而使得论文内容完整、结构分明。关于对策建议部分的写作,可以从政府相关部门与企业相关部门两个层面出发,提出具体的、实际的可参考建议,不可泛泛而谈,避免纸上谈兵与虚空主义。此部分篇幅要求两页左右,约2 000字。

七、参考文献

在学位论文后一般应列出参考文献,目的有两个:一是体现严谨的科学态度,分清是自己的观点或成果,还是别人的观点或成果;二是对前人的科学成果表示尊重,同时指明所引用资料的出处,便于检索。还要注意参考文献要与论文中的观点一一对应,不可编造、胡乱引用或是在论文中运用了某个观点但是在参考文献中并没有列出。

学位论文的撰写应本着严谨、求实的科学态度,凡引用他人成果之处,均应按论文中所引用的先后次序列于参考文献中;凡是引用或参考的有关著作和论文,均应以上标的形式在论文中标注出来。

参考文献部分应包括中文文献和英文文献,中英文文献的比例为2∶1,共计不少于70篇,且选用的中文文献应是近五年在核心及以上等级期刊上所发表的论文,英文文献最晚也应是近八年的参考文献。著作类文献选取时间可适当放宽。

八、致谢

学位论文中的致谢是对论文指导者或者提供帮助者的一种尊重。它的出现有效促进互帮互助的社会风气,有效展示了团队合作的价值所在。

按照规定,致谢可以放在正文后,体现对以下各方面的致谢:国家科学基金,资助研究工作的奖学金基金,合同单位,资助和支持的企业、组织或个人;协助完成研究工作和提供便利条件的组织或个人;在研究工作中提出建议和提供帮助的人;给予转载和引用权的资料、图片、文献、研究思想和设想的所有者；其他应感谢的组织和个人。在学位论文的致谢里主要感谢指导教师和对论文工作有直接贡献及帮助的人士和单位。

致谢部分写作时,学生应认真回顾自己的论文撰写过程,写出自己的真实情感,对指导教师或者提供帮助者表示感谢。同时,注意不要将此部分写成心得体会,保证用词准确,语句通顺,不出现错别字。此部分篇幅要求一页,约1 000字。

九、附录

对于一些不宜放入正文,但对于学位论文又是不可缺少的部分,或有重要参考价值的内容,可列入学位论文附录中。

附录部分对论文起到补充说明的作用,可以是论文中过多的数据、图表及调查问卷。此部分表明实证分析中所用到的数据真实、有效,对结论的准确得出起到支撑作用。此部分篇幅占正文篇幅的六分之一左右,约6 500字。

第三节　经管类学术型硕士学位论文写作技巧与误区

一、经管类学术型硕士学位论文写作技巧

(一)选题很重要

俗话说"题好文一半",但要注意此处所说的这个"题"不仅指论文的题目或标题,还应包括论文里论点与论据的宏观综合。因此,在选择与确定学位论文的题目时,首先应该问问自己：我为什么要选这个题目？这个主题还有哪些可以深挖的内容？这个题目的创新点是什么？这篇论文的研究意义是什么？根据"有为而写""有思而写"和"有的而写"的总精神,我们认为确定选题的原则是：科学性、创新性、可行性、导向与针对性。"有为而写",即写作的必要性,所选的题目应该具有实际研究价值,能丰富或拓宽该研究领域,为研究对象相关主体提供借鉴与参考；"有思而写",即写作的可能性,对某问题有了自己的思考,才有写作的素材；"有的而写",即写作的针对性,写作要针对一定的研究对象,针对性越强,论文越有价值。

在确定选题的时候,可以参考以下方法：

(1)紧跟学术热点。随着宏观经济环境与信息技术的发展,学术界的研究热点也在不断变化。如随着大数据、互联网、人工智能等数字技术进步以及绿色低碳发展方式的盛行,数字化转型、双碳和ESG责任表现成为近几年的研究热点。因此,在撰写学位论文的时候,可以选择与热点话题相关的研究主题。

(2)"旧壶装新酒"。在选题时可以以某一个主题为基础,另辟新思路,从不同维度去研究。比如企业创新是一个永恒的可研究的主题,有些人会从内部驱动因素或外部驱动因素入手探究如何推动企业创新,有些人会同时考虑内外因素对企业创新的驱动力。此外,也可以结合目前的研究热点对企业创新展开研究,比如研究数字化转型对企业创新的作用。

(3)新方法与新对象。在选题时也可以运用新方法对某研究主题进行探究,或者将研究

对象细化。如某些学者利用数据库的二手数据,以全部上市公司为研究样本,对某主题进行研究;也可以选择实地调研的方法,向某省上市企业或民营企业发放自己设计的调查问卷,重新对该主题进行研究。

(二)搜集、整理文献资料与研究数据

一般来说,研究主题确定之后,就进入搜集、整理文献资料和数据的阶段,也可以说,这是论文写作的"初级阶段"。这个阶段的工作成效如何,直接影响论文的质量。搜集、整理与自己研究主题最密切相关的文献资料与数据,可以为论文的撰写奠定坚实的基础。

选定一个研究主题后,一方面,要进行有目的和有针对性的资料搜集工作,紧紧围绕自己选定的研究主题搜集国内外文献,并对文献进行梳理,总结前人的研究成果,挖掘可以继续研究的内容。另一方面,经管类学术型硕士撰写的学位论文大多以实证论文为主,这就要求学生学习使用 Stata、SPSS 等统计分析软件,学习如何利用 Python 等软件爬取所需数据,并掌握数据处理与运用的基本方法。除此之外,学生还必须掌握如何从数据库获取相关数据,自己设计、发放与回收调查问卷的方法,为学位论文的撰写做好充足的准备工作。

(三)先学会撰写文献综述

综述,即在梳理大量文献的基础上,广征博引他人的观点,剖析某问题的研究现状。具体来说,阐述其他学者广泛地研究了什么,深入地研究了什么,有哪些突破,分歧在哪里,是否形成了某些共性的研究观点,研究中有哪些问题与不足以及未来的研究还可以从哪些角度出发,等等。

文献是选题的基础和依据,也是写好学位论文的原材料。它反映的是研究者的专业基础和专业水平。没有文献,就相当于造房子没有砖块一样;同样,没有文献也像是在空中造房子,没有基础。文献是学术传承和学术伦理的载体。尊重文献就是尊重前人的研究成果,同时,文献综述也能体现学术发展的脉络。因此,文献在论文撰写中至关重要。在撰写论文之前,一是要对文献进行必要的梳理,二是要善于使用文献。要想训练文献梳理与使用的能力可以先学会撰写文献综述,尤其是刚踏入科研大门的"小白",可以在确定选题后,先大量阅读相关的文献资料,然后梳理该主题的发展脉络与研究成果,在充分肯定前人的学术贡献的基础上,发现前人研究中还未解决的问题,从而为自己的研究找到新的突破口。撰写文献综述不仅可以让新手迅速了解某一研究主题的研究内容,找到自己的研究方向,还可以训练汇总与提炼文献的能力,提高科研水平。

(四)尽早动手撰写初稿

考虑到初稿撰写前要进行深入的构思和较长时间的酝酿,因此,在确定好主题、搜集完相关文献资料与数据、做完文献综述后,就需要尽早动手撰写初稿。

经管类学术型硕士在撰写实证类学术论文时,首先,以开题报告为基础,确定论文大纲,预先利用统计软件跑一遍数据样本,与预期的实证结果相符时可以开始撰写初稿。其次,先撰写绪论部分的研究背景,然后按论文大纲安排去写。最后,完成初稿后,反复修改,定稿后再开始撰写摘要。此外,在撰写学位论文过程中,要深思熟虑,考虑周全。每天安排适当的工作量,比如今天完成研究背景与意义、明天完成国内文献部分等等,集中精力,一气呵成地

完成,切忌纠缠细枝末节和信马由缰地发挥。因为是初稿,所以要尽可能把想到的内容都写出来,后续修改时可再重新组织或删减相关内容。注意保持语句通顺、逻辑清晰以及正确使用标点符号,这样在后续修改时可以节省大量时间,将精力都放在论文内容的修改上。此外,学位论文的撰写是一项长期的困难任务,写作过程中可能会遇到各种问题,一定要保持良好的心态,一步一步完成。总之,尽早动手撰写论文初稿是论文写作技巧的重中之重,要留出足够的时间对初稿进行完善。

(五)改稿与成文

高质量的论文都是改出来的。初稿写成后,往往有一种如释重负的感觉,这时如果时间允许,可以先采用冷处理的方法,即先把初稿搁一搁,待头脑冷静下来再去修改。当然,如果时间紧张,可以按照下列方法进行修改。

在修改论文初稿的过程中,首先,要保证中心观点论证充分。思考论文所采用的论证材料是否充足,是否都能用来为论文的中心论点服务。发现论证材料不充足的,分析是论文的问题还是所选材料的问题,然后选择修改论点,或补充、删减其他论证材料。其次,注意论文结构与段落安排是否恰当,是否有利于中心观点的充分表达。检查论述的先后顺序是否安排得当,是否便于推理,以及各章节标题是否能涵盖下面的小标题,各段落内容的阐述是否清晰,段落与段落之间衔接是否紧密。最后,在确保论文主体内容没有大问题后,检查语句、标点符号及错别字等。要字斟句酌,检查用词是否准确、恰当,是否符合语法规则;检查句子与句子之间的联系是否协调,合乎逻辑;检查语言是否简洁明了。因此,改稿是学位论文写作技巧中的重要一步。

改稿的基本要求:一是要确切,即题文一致,标题和内容吻合;二是要简洁,即概括得当,简练明快;三是要适度,即明确的科学态度。

二、经管类学术型硕士学位论文写作误区

(一)研究问题笼统模糊,缺少新视角与深度

研究问题的提出是整个研究过程中最重要也是最难的环节。对于某些硕士研究生来说,常存在下列不足:

(1)提出的问题过于笼统、模糊。明确具体地提出问题应是硕士学位论文选题的重要特征。有的研究生在学位论文中所提出的问题只是一个方向、一个领域、一个主题,如"本研究拟对文化自信与企业创新进行实证研究",并在此基础上,提出一些有针对性的对策与建议。这里的"文化自信"是很笼统、模糊的,难以将其量化,在这种状况下研究就无从下手。因此,作者要避免选题"假大空",聚焦某一问题,明确自己要研究的主题及主题之下的待研究子问题。

(2)研究的问题缺少新的视角和深度。在检查某一研究问题是不是有深度或新颖时,往往要看研究者能否把这一个问题与一个很重要的、很有深度的背景问题建立起有机联系,由此体现出某问题的研究意义及其独特价值。有的研究生提交的选题孤立、表面化,没有深入思考也没有理论基础。比如,要研究企业创新,应当与国家相关政策和经济、信息技术发展密切相关,要深入思考与之相关的因素,具体化自己所研究的内容,开拓研究新角度与深度。

(二)摘要与结论几乎重合

摘要与结论几乎重合是许多硕士学位论文中最常出现的问题。很多情况下,论文中摘要与结论重复率超过70%。究其原因,是因为大家对摘要和结论的"作用"没有区分清楚。对于摘要而言,首先,对为什么做这个研究进行简要阐述;然后,简单地概述采用了何种研究方法、研究了什么内容;再次,直截了当地阐述这篇论文重要的研究结论,而不是所有的研究结果;最后,一两句话说明提出的对策建议或展望。而对于结论而言,不再需要写出为什么做这个研究、怎么做这个研究。正常情况下,应该直接阐述所发现的现象、结果。至于摘要中提到的研究结论与论文结论部分可能重复,作者需要采用不同的表达方式,而不能够直接拷贝。

(三)关键词过于随意

虽然关键词很简单,但是还有不少研究生在选取关键词时存在明显的问题。在学位论文中关于关键词的选取,最常见的问题是:关键词不是实词、关键词由很多词语组成、关键词中包含不少并不是大众熟知的缩写词、关键词在摘要中没有出现以及关键词选取过多等问题。

(四)文献综述资料堆积

文献综述表明的是研究者如何站在"巨人的肩膀之上"并又开拓出了自己的研究空间。一个好的文献综述不仅体现了研究者的学术水平,也体现了学习态度。在阅读学位论文中发现,有些综述内容过于繁杂,大部分是与研究内容多少沾点边或无直接关系的研究观点的罗列与堆积,而不是当下研究者所要研究的那个问题的研究综述。另外,比较突出的问题是,材料罗列多、分析概括少,总结归纳不到位、条理不清晰,很难看出研究者对已有研究的认识和评价、个人的观点及本研究的创新之处。

(五)选题意义概念化

学位论文里阐述研究意义时,大多都是泛泛而论,所谈及的研究意义是教科书里所说的一般意义,而不是所研究的具体问题的研究意义,而且大多将理论意义与现实意义混为一体,逻辑不够清晰,也不能突出自己论文的独特之处。究其原因,可能是学生压根就没有搞明白关于此问题的意义。这也和问题的提出有关,如果提出的"问题"是一个自己发现的、实实在在的、具体的真问题,研究的意义就会应运而生。

(六)概念冗余,理论基础庞杂

核心概念是否明确、恰当、合理,会直接影响研究的方向和成效。大家普遍存在的问题是喜欢绕圈子,使得概念显得纷繁冗余。如某学生在解释"企业创新"的概念时,罗列了许多学者对创新的定义,甚至从辞源学、管理学等多个领域对其进行界定,进行相关概念的辨析。这种写作风格是当今学术界的一种不良习气,把简单的事情复杂化了,似乎名词概念越多越有学术气氛。然而,真正的概念明晰则恰恰相反,要理解深邃,回到基本,使复杂问题简单化。而理论基础是否坚实、清晰和明确,直接决定了后文研究假设是否合理。如今硕士学位论文中都有一个篇幅巨大的"理论基础",如果我们问:"这些理论如何成为你的研究的理论基础?"可能不少学生并不能给予一个明确、自信的回答。分析诸多论文中理论基础与其研究的联系,发现以下问题:①所罗列的理论是与许多研究都有些关系的一般理论,缺乏与该研究有关系的、相适宜的、有针对性的理论基础。②罗列的理论大都庞大复杂,甚至相互矛盾。③对于他人的理论没有吸收与借鉴,全盘照搬,也没有阐述如何在自己的论文里应用这些理论。

(七)研究结果逻辑混乱,研究结论罗列过多

很多人写学术论文,认为只要结果好就行,全然不顾研究结果阐述部分的逻辑关系。其实不然,就算是好的结果,如果单纯罗列且逻辑结构混乱,不仅会给评审专家留下不好的印象,也说明作者的写作态度不够端正。更有甚者,为了增加篇幅,把完全不相关的两个内容放到一起,让人抓不住重点。关于研究结论部分,正常情况下,一篇学术论文只需要围绕一个核心问题展开即可。因此,论文的结论概括为5条左右即可。但大家在写作过程中容易混淆实证结果与研究结论两部分,导致两部分重合度非常高。大多数学生都是把实证结果直接拷贝到研究结论部分。从本质来看,实证结果是基于前文的研究假设,总结回归结果,是实证分析部分的结果,而研究结论是站在整篇论文的高度上,总结全文,凝练成研究结论,是全文的核心。

(八)语言表达问题

学术论文的语言应该具有平实、准确、逻辑性强和条理清晰等特点,但从审阅的论文中发现硕士学位论文存在下列语言表达问题:

(1)逻辑性较差。逻辑性差是一种总体感觉,可能表现在整体结构、推理、关系等各个层面,也会表现在不经意的一句话或某个概念上。有的论文标题混乱、层次不合理,有的论文内容表达缺少限定或不准确,对出现的抽象名词不予解释,这些都属于逻辑性差的表现。

(2)缺乏规范性。研究生一进校,指导教师一般都很注意培养学生的科研规范,特别提醒他们在文字表述方面的问题。但在审阅论文中发现仍存在表述不规范的问题,如"的""地"不分,语句不通。

(3)堆砌辞藻。现在阅读某些硕士研究生的论文,有时会觉得很深奥,看不懂或似懂非懂。常出现很多抽象词汇的运用和堆积,很难唤起常人经验的支持,不能理解。另外,现在很多论文都是千人一面,空、泛、虚,缺少个人的思考,没有形成用自己语言表达的习惯。

(4)用词不符合规范要求,偏口语化。很多研究生在写作时常存在"笔者认为""填补了学术空白"和"众所周知"等不规范表述。

三、走出写作误区

(一)学会提出研究问题,挖掘新视角

在研究生期间,应该养成思考的好习惯,多问自己为什么。在阅读一篇文献时,要思考作者是如何提出问题的、基于什么样的背景提出的、这是个新问题还是老问题,然后分析作者是从哪个视角切入研究的,他的创新点是什么。这样在自己开始撰写论文的时候就可以以同样的方式问自己,一方面可以明确自己研究的问题是否清晰、具体,另一方面也可以挖

掘出该问题新的研究视角,使论文更具深度,进而规避研究问题笼统、模糊、缺少新视角与深度的问题。

(二)明确摘要与结论的概念,注意两者的区别

摘要既要做到简洁、清晰,又要概括全文,结论是对全文的主要研究结论的总结。摘要一般在完成全文后撰写。摘要的作用是读者在读完摘要后,可以明确知道作者基于什么样的背景、提出了什么问题,进而又运用什么方法进行研究,得到了哪些主要研究结论。而结论的作用是基于实证结果,站在全文的高度总结主要结论,分条概括。当然,在写作时两者必然有重复的部分,这时要学会运用不同的表达方式,尽量降低两者的重复率。

(三)选择适当的关键词

其实,关键词的选取是非常简单的,把摘要中或者论文正文中出现频率非常高的实词挑选出来即可。不需要太多,一般情况下,选择3~5个即可,注意尽量不要与题目中的名词一模一样。在选择关键词的时候尽可能不选用不被熟知的缩写词,但是像研发投入(R&D)便可以用缩写形式。

(四)培养撰写文献综述的能力

在进入科研学习的大门后,研究生必须训练自己撰写文献综述的能力,切不可眼高手低,在阅读文献时只动口不动手。关于文献综述能力的培养,可以找几篇高质量的文献综述作为参照对象,分析作者的撰写思路,总结作者的写作方法,然后自己试着写作。在这个过程中训练自己查找相关文献、总结前人研究观点的能力,为撰写学位论文的文献综述部分打下基础。此外,在写作学位论文时,注意不要堆砌资料,要分条概括、条理清晰以及体现出自己研究的创新点。

(五)选题意义要具体化,区分理论意义与现实意义

在写作选题意义时,切忌泛泛而谈,要针对自己研究的问题,挖掘具体的选题意义,在表述时也不可夸大或自贬,不可有"填补学术空白""解决了企业融资难"等表述。在撰写选题意义时要从理论意义与现实意义两方面来写,作为学术型硕士学位论文,一般理论意义重写,现实意义轻写;理论意义一般写三条左右,现实意义写两条左右;规避选题意义概念化的误区。

(六)总结概念与理论

在撰写概念与理论的时候,要学会凝练、总结,不能照抄全部概念解释与理论内容,要选择与自己主题最相关的概念与理论,并用自己的语言对其进行提炼与总结。如果是分歧明显的概念与理论,还应该说明自己支持的观点。同时,要在文中真正运用这些概念与理论,如在提出研究假设部分,要注意将理论融入其中,有理论基础的假设才有可靠度,更容易让人信服。

(七)结果表述遵循逻辑,结论简洁明确

在撰写研究结果时,要依据前文的研究假设与实证分析内容,分条总结,有条理、有逻辑

地表述,并始终围绕一个研究主题。在写作结论部分,要从全文的角度出发,梳理研究结论。注意:研究结论不可与实证结果重复,实证结果不等于研究结论。通俗来说,结果是对客观事实的呈现,是我们肉眼可见的具化的表象,比如实验或计算得到的最终数据、观察或调查中反馈的事实情况。结论则是概念化、抽象化的认识,是针对结果分析得出的主要推断、规律性总结以及建议等,重点在"论"。与研究结果所代表的表象相对,结论是深入本质、核心的,是对整体研究结果的定性。举个简单的例子,"小明每天进行2小时的力量训练与6小时的网球练习",这是观察记录得出的结果,"小明训练刻苦,具备优秀的运动天赋",这是从结果中分析总结出的结论。

(八)多写多练,提高语言表达能力

语言表达能力的提高需要日积月累的训练。研究生在入校后,就要开始阅读大量文献,学习作者的语言表达方式,训练逻辑思维。写作学位论文时首先要保持逻辑通顺,然后理顺思路,检查错别字与标点符号,做到规范化研究,养成良好的科研素养。一般来说,从开题到最终正式答辩,研究生的语言表达能力都会有质的飞跃,因此,一定要坚持学习,多写多练,提高自己的写作水平。

◉ 拓展阅读

摘　要:学术写作是学术训练的途径与形式,也是研究能力的外化过程与体现。但是,研究生学术写作尤其是学位论文写作中却存在诸多规范问题,如论点表达不规范,摘要无法承担相应职责,文献综述难以呈现已有研究成果与本研究之间的联系与区别,问题呈现不清、问题与原因杂糅或大而无当的原因分析,得出常识性结论等等,这些都是研究生学位论文中的典型规范问题。这些问题不仅制约研究生学位论文的质量提升,还影响到学位申请者的后续发展。认为造成这种问题的主要原因在于研究生阶段的训练不够充分,即研究生培养过程中过度重视确定性的明确知识而忽视不确定性的默会知识,导致学生问题意识淡漠、批判性思维能力弱、写作水平低等,使得研究生在学习过程中应该解决的问题没有被解决,最终呈现在学位论文中。为改变这种情况,需要改变研究生的培养方式,即帮助研究生在解决问题的过程中获得应用知识的默会知识,实现其由学习主体向知识主体的转变,强化写作训练,保证研究生写出规范且富有思想性的学位论文的同时,通过知识的更新实现研究生培养质量的提升。

关键词:研究生教育;学位论文;默会知识;学习主体;知识主体

资料来源:李忠.研究生学术写作与训练的困境及其纾困:基于学位论文写作规范问题的分析[J].学位与研究生教育,2022(4):12-19.

思　考　题

经管类学术型硕士学位论文与专业型硕士学位论文的区别是什么?学术型硕士学位论文写作过程中应该注意哪些问题?

讨 论 题

1. 学术论文写作过程中还要注意避免哪些误区?如何避免这些误区?
2. 如何提高科研规范性,让论文逻辑通顺、条理清晰?

第六章 经管类专业型硕士学位论文的撰写

◉ **开篇案例**

家电行业上市公司投资价值评估研究——以美的集团为例

摘　要："十四五"规划以来,我国宏观经济发展迅速,家电行业相关政策不断出台,这为家电行业的迅速发展提供了有力支持。截止到 2021 年末,我国家电上市公司达到 87 家,随着家电市场规模的扩大和消费者需求的升级,家电行业在"智能家电政策""家电下乡政策"等多项国家政策的支持下,迸发出强大的发展活力,并以消费者需求为基础,不断进行产业优化升级。在产业优化升级的过程中,家电行业智能化的发展趋势使其在股票投资市场上的表现日益突出,投资者对于家电行业的关注度也持续增加,因此投资者在选择目标企业时将诸多家电上市公司纳入了投资范围。在这一发展趋势下,各家电上市公司的投资价值成为投资者进行投资的依据,因此,为了使投资者做出更为合理的投资决策,选用合理的价值评估方法,对家电上市公司的投资价值进行评估值得我们进一步研究。

基于此,本文在整理、总结有关国内外上市公司投资价值评估等方面的相关文献的基础上,以资本定价理论、MM 理论和价值投资理论为指导,选取了我国家电行业上市公司——美的集团作为研究对象,对其投资价值展开研究。首先,本文对不同价值评估方法的基本原理和应用特点进行分析,为后文选择合理的价值评估方法奠定基础。其次,本文对家电行业的背景和美的集团的概况进行分析和评价,并以美的集团近 5 年的企业年报为依据进行财务分析,发现该企业具有较好的偿债能力,相对稳定的营运能力和盈利能力,发展潜力较大。再次,本文通过对家电行业上市公司估值方法的适用性进行分析,选用了自由现金流量贴现模型对美的集团的投资价值进行评估,研究发现:由于受到宏观经济环境、行业发展等因素的影响,估值结果与实际股价存在一定差异,美的集团的股价被低估;对美的集团进行分析后发现,美的集团具备一定的投资价值,且其投资价值具有一定的上升空间。最后,本文以上述研究为基础,分别对投资者、家电上市公司及政府部门提出相关建议,并针对后续的研究进行展望,旨在为投资者进行投资价值评估提供一定的参考和借鉴。

资料来源:闫梦寒.家电行业上市公司投资价值评估研究:以美的集团为例[D].西安:西安科技大学,2022.

第六章　经管类专业型硕士学位论文的撰写

白色家电行业上市公司的投资价值分析——以GL公司为例

摘　要：上市公司的股票价格通常会受到短期各种因素的影响，从而出现与其投资价值背离的情况，这种现象在我国是二级市场极其普遍。但这种情况从长远角度来看是不会持续的，上市公司股票的价格最终要回归到股票的价值上。因此，如何利用公司的估值方法对上市公司进行理性的价值投资，是一个十分有必要研究的课题。白色家电行业在我国制造业中处于特殊地位，并且随着人们消费升级创造出的巨大需求，智能家电技术的不断进步和发展，未来白色家电行业有望保持较高的增长水平，这些因素利于本文对白色家电行业的上市公司进行价值投资。因此以GL公司为例，对其投资价值进行分析研究，采用的研究方法能够对其他的白色家电行业上市公司的投资价值提供分析思路。

本文的研究脉络较为清晰：首先对GL公司所处的白色家电行业进行分析，包括对白色家电行业的发展现状和成长性分析，白色家电行业的五力模型分析，分别从上游供应商、下游消费者、白色家电行业的潜在进入者、白色家电行业的替代品威胁以及白色家电行业中各公司的竞争五个方面展开研究，然后分析了白色家电行业的特征，包括智能家电产品的迭代、市场空间、政策因素对行业的影响和宏观经济对行业的影响。随后是对GL公司投资价值的定性分析，通过GL公司的市场分析、科研能力分析、商业模式分析和财务对比分析，得出定性分析的结论。最后在白色家电行业研究和GL公司的定性分析基础之上，对GL公司的投资价值进行定量分析，包括GL公司的资本成本计算，从绝对估值法和相对估值法两方面对其进行估值计算，最后是估值结果对比分析。

本文的研究成果重点是通过构建GL公司的投资价值分析体系，为研究其他白色家电行业上市公司的投资价值提供思路，从而降低投资风险。通过绝对估值和相对估值得出计算结果，GL公司的理论投资价值和市场目前的价格相差并不大，如果市场价格出现了较大的下跌，将会是很好的价值投资机会。

资料来源：崔强.白色家电行业上市公司的投资价值分析：以GL公司为例[D].青岛：中国石油大学（华东），2019.

阅读以上两篇主题相似的专业型硕士学位论文的摘要，你觉得哪篇写得更好？简要说明理由，并思考学位论文的摘要应包含哪些内容。

第一节　经管类专业型硕士学位论文概述

一、经管类专业型硕士学位论文的概念与要求

(一)经管类专业型硕士学位论文的概念

中华人民共和国国家标准《科技学术报告、学位论文和学术论文的编写格式》

(GB 7713—1987)对学位论文的定义是:"学位论文是表明作者从事科学研究取得创造性的结果或有了新的见解,并以此为内容撰写而成、作为提出申请授予相应的学位时评审用的学术论文。"通常情况下,学位论文分为学士学位论文、硕士学位论文和博士学位论文三种。针对硕士学位论文,国务院学位委员会明确要求硕士学位论文:应在导师指导下,研究生本人独立完成,论文具有自己的新见解,有一定的工作量。由此可见,硕士学位论文只要求在某方面有改进、创新和新见解。硕士学位论文应能够表明作者确已在本学科领域上掌握了扎实的基础理论和系统的专业知识,并对所研究课题有新的见解,具有从事科学研究工作或独立担负专门技术工作的初步能力。

(二)经管类专业型硕士学位论文的要求

经管类专业型硕士专业学位论文应遵循以下基本要求:

(1)论文必须是在导师指导下由学生本人独立完成的研究成果,应反映出作者已掌握了坚实的理论和系统的专业知识,具有独立承担经济管理类专门技术工作或解决实际业务问题的能力。

(2)论文必须体现本学科、本专业的最新研究成果,应坚持理论与实践相结合,能够运用所学理论和相关专业知识,以科学的研究方法解决现实管理问题以及相关专业问题。

(3)论文应体现"问题导向"。通过对现实经济管理等相关问题的描述或揭示,明确提出拟研究的问题。通过论文研究,不仅能提出解决问题的办法、措施或实施方案,而且能证实其具有一定的可操作性。

(4)论文的观点、研究结论、政策建议或应用建议应具有一定创新性,对经济社会发展、学科与专业发展具有一定的理论意义和实践价值。

(5)论文写作必须遵守学术道德和写作规范,规范使用或引用文献,不得抄袭、剽窃他人公开发表或已经完成的文字、图表、数据,或剽窃他人的研究成果。提交答辩的论文经公认检测系统或机构检测的论文内容复制比(重复率)应低于20%。

二、经管类专业型硕士学位论文撰写的意义

撰写硕士学位论文具有以下几个方面的意义:

(一)培养科研能力

通过撰写硕士学位论文,学生能够了解科学研究的过程,掌握进行科学研究的基本程序和方法,综合运用所学知识独立地提出问题、分析问题和解决问题,并将结果以学位论文的形式反映出来。在撰写学位论文的过程中,可以学习和掌握很多研究方法,如学习和掌握如何检索、收集和阅读文献的方法。撰写论文是在学习文献知识的基础上进行创造性的研究活动,是创造性地运用所学的理论与方法,尝试创新的实践活动,从而培养科学研究能力。

(二)扩展知识领域

撰写硕士学位论文不仅能够加深和巩固在课堂上所学的知识,根据研究的需要运用这

些知识,还能够学习到在课堂上未涉及的其他学科的知识。在撰写学位论文的过程中,所学到的知识会变得更加广、更加深、更加新。①"广":需要学习与研究项目相关的各种知识,有本专业的专业知识,还有其他学科知识、各种法规和政策等。②"深":要深入学习与研究项目相关的本学科专业知识,对密切相关的主要专业文献进行反复的精读和研读,掌握其精华。③"新":在文献综述过程中,重点学习与研究近期的相关文献资料,掌握该研究项目的理论前沿和发展趋势。

(三)提高写作水平

写作是以语言文字为工具和载体,以篇章化的表达形式反映对客观事物认知结果的过程。撰写硕士学位论文,以语言文字为信号,在收集、筛选、储存、加工信息后,进行写作和反复修改,进而提高写作水平。

(四)强化计算机应用能力

撰写硕士学位论文的过程需要应用到 Word、Excel 等软件,通过软件的应用,进而熟悉软件的操作过程,强化计算机的应用能力。

(五)检验学习成果

撰写硕士学位论文是对学生在学校期间所掌握知识进行的综合检验,着重考查学生运用所学知识对某一问题进行探讨和研究的能力。同时,也是对学生资料收集能力、写作能力、英文翻译能力和软件应用能力的考查。具备这些能力的学生,才能更好地完成硕士学位论文的写作任务。

第二节 经管类专业型硕士学位论文写作要求

经管类专业型硕士主要有工商管理硕士(MBA)、会计硕士(MPACC)、工程管理硕士(MEM)、图书情报硕士(MLIS)、公共管理硕士(MPA)、旅游管理硕士(MTA)和审计硕士(MAud)等,致力于培养具有良好职业道德、系统掌握经济管理理论与实务以及相关领域的知识与技能、具备经济管理方面工作领导能力的高素质人才。为了体现专业学位的特点,经管类专业型硕士学位论文应紧密结合实际,通过论文研究来发现问题、分析问题、解决问题,从而提高解决实际问题的能力。

经管类专业型硕士论文的类型一般有案例分析、调研(调查)报告、专题研究、组织(管理)诊断、其他等。

一、案例分析

案例分析是一种以实际案例为基础对象进行分析的研究方法,是对组织特定管理情境真实、客观的描述和介绍,是组织管理情境的真实再现。案例大体可以分成两种,一种是决策型案例,具体包括对策型案例、政策制定型案例和定义问题型案例。它是建立在一个真实生活情境、问题、事件基础上的描述性研究文献,可以为案例公司提高其工作的实际价值。另一种是事实说明型案例,具体包括说明型案例和概念应用型案例,可以对案例公司相关方面进行系统性分析和总结,具有指导意义。

案例分析型论文是采用案例分析的方法,通过对相关案例的深入剖析,挖掘典型的实际问题,充分利用所学的相关专业理论对实际问题进行分析,从而解决实际问题的一种学位论文形式。

(一)案例分析的选题

案例分析应以特定企业、组织的某一特定管理事件为依据和研究对象,所选案例应为学生所熟悉,具有真实性、代表性和实用性。选题要体现理论与实践的结合,同时应能够展现足够的案例细节供讨论和探索,避免案例空洞无物。若无新的视角或新的方法,尽量避免选择人尽皆知的案例对象重复研究。

(二)案例分析的内容

案例分析是在发现并创作典型事例的基础上,综合运用相关专业知识和技能,分析案例发生的背景,提炼案例所涉及的核心问题,探索并分析各种解决问题的可能方案和取得结果的过程。

案例分析型论文应在符合论文标准(规范)的前提下达到以下基本要求:

(1)案例的选题必须来源于实践的事例,具有典型性、重大性、代表性等鲜明特点,能体现或印证相关理论。

(2)决策型案例应在描述案例发生的背景和情境的基础上,归纳待解决的核心问题,探索解决问题的各种可行的备选方案,分析各个备选方案的特征及实施过程与可能的结果,并提出推荐方案及其理由。

(3)事实说明型案例应在描述案例发生的背景和情境的基础上,提炼案例所包含的核心问题,运用相关理论或专业知识分析和评价该案例,总结相应的经验、教训,并从中得出启示。

(4)案例描述必须实事求是,尊重事例的客观性。案例研究的分析方法和分析过程同样必须具备科学性和严谨性。案例分析可以形成明确的结论,也可以形成开放性的结论。

(三)案例分析的方法

根据案例对象的经营情况,案例撰写者收集第一手资料、访谈内容和统计资料,围绕组织管理问题对某一管理情景进行客观描述,避免就事论事。应综合运用所学的理论和方法,从分析问题出发,揭示问题的本质,找出存在问题的深层次原因。

(四)案例分析的成果

案例分析应是一篇独立完整的作品,能够体现硕士学位论文水平,能够应用或印证相关领域的某些理论,能够启发读者进行讨论、评判和借鉴。

(五)案例分析的撰写要求

1.绪论

简述选题背景、研究目的和意义、主要研究内容和结论等。

2.案例背景

应较为详尽地叙述案例的背景、案例的主题、面临和需要解决的问题、需要做出的决策、需要采取的行动。要求呈现完整的事例。

3.案例分析

应用经管类学科的相关理论、方法和技术,多角度地分析案例所反映的主题、问题、过程与结果,评估其优劣成败、利弊得失,并在此基础上进行深入探讨,总结相应的经验和教训。

4.解决和实施方案

概括论文所应用或印证的主要理论,提炼出作者的新观点或新见解,提出可以得出的启示,进一步揭示研究的意义和价值;提示读者进行讨论、评判和借鉴的要点或方向;对未来提出展望与建议。

二、调研(调查)报告

调研(调查)报告是运用科学的调查研究方法,通过对某行业、企业或其他组织的调查研究,提出有关决策建议,并形成相应的研究报告的论文形式。采用调研(调查)报告类的专业型硕士专业学位论文,应运用科学的调查分析方法(如问卷调查、访谈等),对调查对象进行充分的调查、分析,了解调查对象的性质、特点、现状和存在的问题,并提供有关的决策建议。在此基础上,结合学位论文的规范要求,撰写学位论文。

(一)调研(调查)报告的选题

调研(调查)报告所调研的问题应主要界定为相关管理领域以及交叉领域的问题。选题主要分为两类:

(1)介绍经验的调研(调查)报告:主要反映具体企业或单位典型的、具备示范效果的经验,可以为同类单位提供借鉴。

(2)反映现象的调研(调查)报告:客观、真实地反映经济生活中出现的各种现象,提供给企业或组织领导、政府部门参考。

调研(调查)报告型学位论文的标题一般采用完全式,由调查对象、事由(调查内容)、文种类别(调查或调查报告)三要素组成。

(二)调研(调查)报告的研究内容

调研(调查)报告是企业或有关组织为实现特定的目标,对相关管理领域的问题展开调查研究,经过资料收集和处理,科学地分析研究,揭示事物的本质和规律,得出符合实际的结论,并针对存在或可能存在的问题提出建议或解决方案。

经管类专业型硕士调研(调查)报告类学位论文应在符合论文标准(规范)的前提下注意以下基本要求：

(1)调研(调查)报告的选题必须来源于实践的典型问题,要求调研主题鲜明、具体且具有一定的社会、经济价值。调研内容应能全面、系统揭示调研主题所涉及的包括内外部因素在内的各个方面,具有一定的广度和深度。所进行的调研工作须有一定难度,且需较大工作量。

(2)调研方法和程序科学、合理,确保所收集的资料全面、准确、可靠、适用。选用科学、合理、严谨的资料、数据处理与分析技术,确保处理与分析结果的可靠性。

(3)调研必须实事求是,尊重事例的客观性和准确性。通过调查得来的事实材料说明问题,用事实材料阐明观点,揭示出规律性的东西,引出符合客观实际的结论。调研(调查)报告的成果具备一定的研究价值和意义。

(三)调研(调查)报告的研究方法

作为学位论文,需要根据调查对象的特点,分析、比较并合理选择调查方法。应对调查范围的选择、调查表设计思路、预备调查和正式调查、样本选择及其依据、数据处理方法的选择、数据的处理等过程进行具体阐述。

(四)调研(调查)报告的研究成果

调研(调查)报告应是一篇独立、完整的作品,能够体现硕士学位论文水平。应全面描述和剖析调研主题,给出明确的调研结论,并针对存在或可能存在的问题给出相应的对策和建议。

(五)调研(调查)报告的撰写要求

调研(调查)报告类论文一般应包括绪论、调研设计、调研实施、资料和数据的处理与分析、结论与建议等内容。

1.绪论

简要介绍国内外现状及相应的研究概况、研究目的和意义,调研的核心问题和主要内容,调研的时间、地点、对象、范围、程序、调研的方法等。

2.调研设计

包括对调研对象、调研内容、调研方法、调研过程、调研问卷等内容的设计。

3.调研实施

包括组织调研人员,采用各种有效的方法,对调研对象实施调研,获取第一手和第二手资料的过程。

4.资料和数据的处理与分析

采用科学、适用的方法和技术,对各种第一手和第二手资料及各种数据进行处理和分析。

5.结论与建议

对调研对象存在的问题或者调研结果应用于实际中可能出现的问题,通过科学论证,提出调研结果,并给出相应的对策及建议。对策及建议应具有较强的理论与实践依据,具有可操作性及实用性。

一篇完整的调研(调查)报告类论文,还需指出调研所存在的局限。如有必要,还应提供附件。

三、专题研究

专题是围绕某个或某类问题而形成的相关问题的集合。专题研究则是指对典型、具有代表性的问题进行深入、专注的研究。专题研究型论文是针对现实中的某个或某类问题,运用相关理论和方法进行深入系统的分析研究,并提出一定的应用领域拓展、移植或方法的创新。专题研究型论文应主要着眼于实际应用研究,通过解决某个具体企业或组织的具体问题,揭示若干具有指导性的思路、方法、方案、措施与政策等。

(一)专题研究的选题

专题研究应源于对企业、组织经营发展现状的翔实分析,发现其急需解决的某些或某种问题。选题应当体现一个"专"字,要针对现实、具体的经济管理类相关问题展开,体现"小题目、大文章"的特点,避免空泛、广博及宏观的选题。专题必须具有代表性、普遍性或者独特性、典型性,通过研究揭示若干具有指导性的思路、方法、方案、措施与政策等。

(二)专题研究的内容

专题研究指对相关专业或相关管理领域实务问题的专门研究,可以是对一个企业、组织管理,甚至行业管理过程中的专门问题的研究,也可以是对企业、组织所面临的实务及管理相关问题所做的对策研究。

论文撰写应在符合论文标准(规范)的前提下注意以下基本要求:

(1)专题研究的选题必须来源于相关专业或相关管理领域的重大典型问题,研究主题鲜明,研究层次和范围适当,避免大而泛的选题,且具有一定的社会、经济价值。

(2)应针对研究问题查阅文献资料,掌握国内外研究现状与发展趋势,全面、系统揭示研究主题所涉及的包括内外部因素在内的各个方面,对拟解决的问题进行理论分析、模拟或试验研究。

(3)所研究的内容应具有一定的普适性或前沿性,并具有一定的广度和深度。所进行的研究工作必须有一定难度,且需较大的工作量。

(4)专题研究应综合运用基础理论和专门知识,采取规范、科学和合理的定性或定量研究方法开展工作,研究方案可行,数据翔实准确,分析过程严谨。不提倡纯理论性的专题研究。

(三)专题研究的方法

综合运用相关理论和方法对所研究的专题进行分析研究,采取规范、科学、合理的方法和程序,通过资料收集、实地调查、数据统计与分析等技术手段开展工作,并且资料和数据来源可信。

(四)专题研究的研究成果

专题研究应是一篇独立完整的作品,能够体现硕士学位论文水平,应有助于解决相关专业或相关领域的实际问题,具有一定的先进性和应用价值或推广价值。

(五)专题研究的撰写要求

由于专题研究的选题多种多样,其写作形式也较为多样。正文一般可以包括绪论、基本理论阐述、分析与论证、结论等内容。

1. 绪论

简述选题背景、研究目的和意义、相关文献综述或相关理论介绍、所研究专题的来源、典型性和代表性、主要研究思路和内容等。

2. 基本理论阐述

主要阐述分析用到的基本理论、基本观点,为后文解决实际问题奠定理论基础。

3. 分析与论证

运用相关理论、方法和技术,对研究专题进行全面、科学的分析论证,做出全面、深入的说明、分析、评估或解释。如有必要,应提出对策与建议或前景展望。

4. 结论

概括论文所应用或印证的主要理论,提炼新观点或新见解,提出可以得出的启示,进一步揭示研究的意义和价值。提示读者进行讨论、评判和借鉴的要点或方向,并对未来提出展望与建议。

四、组织(管理)诊断

组织(管理)诊断就是分析和调查组织实际经营状态,归纳、总结其性质和特点,发现存在的问题,并以建设性报告方式提供一系列的改善建议。撰写组织(管理)诊断的专业型硕士学位论文,需要运用相关专业知识及方法,在对组织调查分析的基础上,找出被诊断组织在经营管理中存在的一个或几个问题,进行定量或定性分析,找出产生问题的原因,提出具体改善方案。除诊断报告本身的要求外,还应体现出学位论文的研究性、思想性和实践性。

(一)组织(管理)诊断的选题

应尽量选择作者所在或实习过的组织为对象,在对目标组织的基本情况、运作流程有一定了解的基础上,找出目标组织在经营管理中存在的一个或几个问题,以此作为深入研究的对象。

(二)组织(管理)诊断的研究内容

诊断是找出组织管理中存在的问题,并为其解决问题的过程。因此组织(管理)诊断型论文的研究内容应包括针对组织的诊断过程及发现问题的描述,诊断过程的理论依据、国内外相同组织的对比分析,提出诊断意见、改进方案并设计具体措施。其中,明确诊断问题、调查信息分析、提出建议方案是组织(管理)诊断型论文的主要研究内容。

(三)组织(管理)诊断的研究方法

综合运用基础理论和专业知识对被诊断组织进行分析研究。诊断过程包括预调研、实情调查、信息分析等环节,可采用调查问卷、面谈、资料统计等不同方法。注意借鉴经过长期实践摸索出来的、行之有效的定性与定量诊断方法,确保组织(管理)诊断的客观性。

(四)组织(管理)诊断的研究成果

组织(管理)诊断的结果应注重实效,提出的方案应具有科学性和合理性。根据诊断发现的问题,提出系统的改进方法。

(五)组织(管理)诊断的撰写要求

1. 绪论

介绍目标组织的背景和现状,阐述对组织(管理)诊断的典型性、必要性和重要性,并简述该组织(管理)诊断的主要内容。

2. 组织现状调查与分析

设计调查方案,运用适当的调查方法,对组织现状进行描述与分析。可以是对组织现状的全面调研和分析,但一般应有所侧重。

3. 组织管理问题诊断

整理调研资料,采用科学、合理的方法对调查资料和数据进行汇总、处理和分析,对组织管理问题进行评价和判定,重点在于"问题点"的提炼,并进一步分析和揭示该"问题点"产生的原因,为解决方案提供事实依据。

4. 对策或建议

针对被诊断组织存在的问题及其原因,提出改进目标、原则和思路,设计系统、科学的改进方案,提出方案实施的具体办法,并分析对策在解决问题过程中可能出现的新困难、新问题及相应的保障措施。对策及建议应具有较强的理论与实践依据,具有可操作性及实用性。

5. 总结

系统概括论文研究所涉及的所有工作及主要结论。阐明组织(管理)诊断的科学性及解决方案的应用价值,并分析研究中存在的不足以及下一步研究方向。

五、其他

除上述类型之外,允许学生选择软件开发、制度设计、多学科交叉领域的选题并进行研究。具体学位论文体裁要求依据各个学校的相关规定。

注意:经管类专业型硕士的学位论文,无论采用案例分析、调研(调查)报告、专题研究、组织(管理)诊断或其他等形式,在论文最后都应有参考文献、附录和致谢这三个部分。

六、经管类专业型硕士学位论文的基本结构及范文大纲

(一)案例分析型论文的基本结构及范文大纲

案例分析型论文的基本结构	一、案例描述 　根据研究内容设定子标题 二、案例分析 　应运用专业理论,分析案例中的问题,不应只说现象,没有理论分析 三、案例启示 　应提升分析高度,实现由点到面的对问题的认识
案例分析型论文的范文大纲	题目:Q公司并购D公司的财务风险案例研究 　1.绪论 　　1.1 本文研究的背景 　　1.2 本文研究的目的和意义 　　1.3 外资并购风险及其识别 　2.案例描述 　　2.1 目标企业D公司概况及重组动因 　　2.2 并购方Q公司概况及并购战略目标 　　2.3 并购重组方案 　3.案例分析 　　3.1 知己知彼:并购风险的前期调查分析 　　3.2 精打细算:并购价值及并购成本估算 　　3.3 风险博弈:谈判中协议条款安排 　　3.4 财务整合:保证并购协同效应的实现 　4.案例启示 　　4.1 并购调查是规避风险、降低并购成本的重要措施 　　4.2 合理的价值预测是规避定价风险的保证 　　4.3 并购协议条款安排是防范风险的法律武器 　　4.4 争取政府、有关部门及其他利益相关者的支持 　　4.5 财务整合是关键

(二)调研(调查)报告型论文的基本结构及范文大纲

调研(调查)报告型论文的基本结构	(1)研究目的 (2)调研内容 (3)问卷设计 (4)样本选择 (5)调查方法 (6)调查结果 (7)结果分析 (8)对策与启示

调研(调查)报告型论文的范文大纲	题目:天津市高校内部审计状况
	1.调研的组织实施
	  1.1 研究的目的和意义
	  1.2 调查内容
	  1.3 样本构成
	  1.4 调研方法
	2.调研结果分析
	  2.1 内部审计机构建设分析
	  2.2 内部审计工作情况分析
	  2.3 技术应用及信息化建设分析
	  2.4 职业教育与岗位培训分析
	3.高校内部审计发展的思考
	  3.1 提高内部审计地位
	  3.2 推进内部审计创新
	  3.3 打造内部审计队伍

(三)专题研究型论文的基本结构及范文大纲

专题研究型论文的基本结构	(1)问题的提出 (2)现状描述或问题分析 (3)方案设计 (4)模拟运行或预期效果 (5)运用中应注意的问题

专题研究型论文的范文大纲	题目：基于 ERP 的 L 集团公司全面预算管理
	1. L 集团公司简介
	   1.1 L 集团公司生产经营情况
	   1.2 L 集团公司组织机构情况
	2. ERP 平台基础上 L 集团的全面预算模式
	   2.1 L 集团公司业务性质及特点
	   2.2 L 集团公司基于 ERP 预算管理的条件
	   2.3 销售预算与 ERP 的销售模块相集成
	   2.4 采购预算与 ERP 中生产模块、物流模块相集成
	   2.5 专项预算与 ERP 项目模块相集成
	   2.6 资本性支出预算与 ERP 财务模块、生产模块中的生产能力计划相集成
	   2.7 财务预算与 ERP 财务模块、车间管理模块及存货模块相集成
	   2.8 全面预算管理模式存在的问题
	3. L 集团公司基于 ERP 实施全面预算管理的流程设计
	   3.1 明确公司战略
	   3.2 建立预算体系
	   3.3 预算的分发与编制
	   3.4 预算的提交、审批、执行与控制
	   3.5 预算的分析与考核
	4. L 集团公司推行 ERP 为平台全面预算管理需要完善的基础工作
	   4.1 客户产品资源销售数据库
	   4.2 建立完善产品 BOM 数据信息
	   4.3 依据 BOM 和工艺路线，制定材料定额及工时定额
	   4.4 成本核算实现按产品零部件归集成本费用
	   4.5 成本核算中实现半成品的还原
	   4.6 建立完善的财务核算与预算的分解结构

(四) 组织 (管理) 诊断型论文的基本结构及范文大纲

组织 (管理) 诊断型论文的基本结构	(1) 问题的提出 (2) 现状描述 (3) 发现的问题 (4) 原因剖析 (5) 对策建议

组织（管理）诊断型论文的范文大纲	题目：基于"哈佛分析框架"的 A 钢铁企业财务分析研究 第一部分　引言 一、研究目的和意义 二、核心概念 　（一）财务分析概念的界定 　（二）哈佛分析框架 三、研究的思路和框架 第二部分　A 钢铁企业及财务分析现状 一、A 钢铁企业情况简介 　（一）企业性质及主要业务 　（二）企业组织架构及人员构成 　（三）企业近三年主要经营业绩 二、A 钢铁企业财务分析的特点与做法 　（一）钢铁企业财务分析特点 　（二）A 钢铁企业财务分析的做法 第三部分　基于"哈佛分析框架"的 A 钢铁企业财务分析诊断 一、A 钢铁企业财务分析问题 　（一）战略分析缺失，分析缺乏宏观性和导向性 　（二）会计分析薄弱，分析缺乏可比性和可靠性 　（三）财务分析不健全，分析缺乏全面性和深入性 　（四）前景分析不到位，分析缺乏前瞻性和预见性 二、A 钢铁企业财务分析问题产生原因 　（一）财务分析重要性认识不足 　（二）财务分析重点不突出 　（三）财务分析缺乏创新 　（四）财务分析与实际应用"油水分离" 　（五）财务分析监管力度不够 　（六）财务分析人员自身素质缺失 第四部分　基于"哈佛分析框架"的 A 钢铁企业财务分析改进 一、A 钢铁企业财务分析问题解决 　（一）发挥战略分析效用 　（二）提高会计分析质量 　（三）健全财务分析体系 　（四）强化前景分析预测 二、A 钢铁企业财务分析改进 　（一）提高财务分析的重视程度 　（二）突出财务分析重点 　（三）增强财务分析创新意识 　（四）融合财务分析与实际应用 　（五）强化财务分析监管 　（六）提高财务分析人员素质 第五部分　结束语

第三节　经管类专业型硕士学位论文写作技巧与误区

根据经管类专业型硕士学位论文撰写的实际情况,下面从写作技巧和写作误区两方面进行介绍。

一、经管类专业型硕士学位论文写作技巧

(一)选题是否成功是研究成功的前提

成功的研究一定是建立在成功的选题之上的。那么,什么是成功的选题呢?简而言之就是选题要有问题意识。成功的选题应该揭示研究的目标取向,也就是要使研究达到什么样的目标。研究的目标取向所反映的是研究是否有价值,是否值得研究。如果选题没有揭示研究的目标取向,而只是陈述了一个事实,那么就意味着该选题不值得研究。同时,成功的选题应该有其具体范围。一方面,选题不能过大,过大的选题会使研究无法深入下去,只是蜻蜓点水。另一方面,题目太小,研究又会过于执着琐碎的细节,从而使研究失去价值。因此,成功且恰当的选题是论文写作的前提。

(二)文献阅读为基础,从文献综述开始

文献是论文撰写的前提材料,也是研究的基础,文献综述则反映的是研究者的专业基础和专业能力。因此,文献在撰写论文中至关重要。在撰写论文之前,一是要对文献进行必要的梳理,二是要善于使用文献。在文献的选取上,首先,选择有代表性的文献。在权威刊物上发表的论文和权威论著代表了学术发展的基本状况。其次,选择有代表性的作者的论文,也就是权威学者,或者是活跃在学术界的作者的论文、论著。最后,选择研究的视角来梳理文献。结合自身研究的视角来梳理文献,这样范围就大大缩小,也有利于作者把握文献。

因此,在撰写学位论文时,应该考虑从文献综述开始写起。文献综述是基于某个研究热点,对国内外该领域的文献资料进行了系统性整理、分析和归纳后的总结报告。不仅汇总了研究问题的来龙去脉,而且描绘了研究的未来蓝图。学生撰写文献综述时,可以全面掌握相关研究的前沿动态、发展趋势,同时可以锻炼其阅读理解能力,帮助其确定准确的研究方向。

(三)撰写正文是论文写作的核心环节

正文是论文的核心部分,也是论文的主体部分。其作用就是展开论题,分析论证。论文的正文部分一般包括绪论、本论以及结论三个部分。

(1)绪论部分通常也可以叫作前言或是引言,一般是放在论文的开头部分。绪论部分包括选题的背景以及所选课题的意义与目的。在撰写绪论部分时,一般要按照以下几点要求:①绪论的写作要精准、明确,能够开门见山,迅速进入论文的主题。②绪论内容要简洁且有力,字数不能过多。③绪论要能引人入胜,引发读者的兴趣。

(2)本论部分的内容则是论文正文的主体部分,既要分析问题还要进行论证,同时它也是作者研究成果和学术水平的重要体现。本论部分的写作要论证充分,要说服力强,结构还应严谨,条理清晰,自己的观点要和所列举的材料相统一。本论部分的主要目的就是论证自

己所提出的观点是正确、可信的。因此,在写作时务必围绕中心论点,运用论据展开充分的论证。

(3)结论部分在整篇论文中属于收尾,是点睛之笔,也是对自身研究方向提出的相应建议并揭示未来研究的发展趋势。因此,要以研究的成果和讨论为前提,进行严密的逻辑推理和论证,最后将得出的结论进行总结。结论部分要对整篇论文中所论证的内容进行总结、归纳,然后提出自己对这个问题的看法和意见。

(四)修改贯穿论文写作始终

修改从形式上看是写作的最后一道工序,是文章的完善阶段,但是从总体来看,修改是贯穿整个写作过程的。写作一般可分为四个阶段,在每一个阶段都应该认真修改。

(1)第一阶段,酝酿构思中的修改。论文在动笔之前,要酝酿构思,进行反复修改。如确立中心、选择题材、谋篇布局等,都要经过反复思索、不断修改,确定严密的提纲,建立完整的框架,从而确定准确的研究方向。

(2)第二阶段,撰写过程中的修改。在撰写过程中要进入细致的思索,有事理的推断,层次的划分,段落的衔接,句式的调整,词汇的斟酌、推敲。各方面都可能经过分析、对比、抉择和修改,在反复阅读内容中改换或取舍一些词语、句式、层次、段落之后完成初稿。

(3)第三阶段,初稿后的修改。论文初稿完成后,要逐字逐句、逐层逐段地审读,作通盘的修改。在修改中不仅要字斟句酌,还要考虑材料取舍、层次安排、结构组织、观点的表达等。

(4)第四阶段,在指导老师指导下的修改。指导老师审阅后,对初稿的优点给予肯定,并指出全文的不足。学生在听取指导老师的评讲后,进一步发现初稿中的优缺点,然后进行思考并修改。这时候的修改难度增加,但论文质量会得到一定程度的提高。

在这四个阶段中,初稿之后的修改更为重要。在初稿完成后,作者的着眼点从局部写作转到总体审视,可以总体检查、推敲中心论点的表达是否突出,各层次、段落的安排是否妥当。另外,作者的立足点可以从撰写者转换到读者,能够进行更客观、更严格的思考,反复推敲,使论文进一步趋于成熟和完美。

二、经管类专业型硕士学位论文写作误区

(一)论文结构不合理

学位论文的篇章结构是学位论文的脉络框架,只有建构起科学、合理的学位论文"章、节、目"体系,再分别充实相应的研究内容,才能形成一篇较为规范的专业型硕士学位论文。不少专业型硕士学位论文在篇章结构上存在不少写作误区,主要体现在以下三方面。

1.学位论文的主体章节缺失

不同类型学位论文的基本构成的要求有所不同,常常会看到"缺胳膊少腿"的学位论文出现。案例分析型论文就得把案例讲清楚,把分析做透彻。在某学位论文《C市领导干部绩效分类量化考核的案例研究》中,缺少对C市领导干部绩效分类量化考核这一案例的案情描述章节,让分析显得突兀又单薄,成为该篇学位论文的一大缺陷。又如,调研报告型论文

没有调研结果的实情描述部分,就开始进行调研结果的分析,这使得分析缺乏前提条件,论文结构显得不合理。除此之外,政策分析型论文未对政策进行相关描述,就展开政策分析,让分析找不到原点和基础依据。总之,从学位论文的类型就能够直接判断学位论文的重点在哪里、主要篇章是什么,因此要合理安排论文结构,杜绝论文中出现主体章节缺失的问题。

2.学位论文的逻辑混乱

学位论文的篇章结构一般由章(一级标题)、节(二级标题)、目(三级标题)构成结构性骨架。清晰的逻辑结构是学位论文最基本的要求,但有个别学位论文没有遵守基本原则,主要表现为内容逻辑混乱和层次逻辑混乱。

(1)内容逻辑混乱。在学位论文盲审评阅中常常看到一些论文是文字的堆砌,看不出内容之间的逻辑关系或论证的逻辑推理。在学位论文中出现前后观点矛盾,前后章、节、目彼此割裂,内容和标题处于相互独立的状态。比如,学位论文《C市领导干部绩效分类量化考核的案例研究》,该学位论文的重点是在充分描述案例的基础上,对案例进行深入的分析研究,但该学位论文的章标题却是"我国基层领导干部绩效考核运行实践的现状分析""C市G区领导干部分类量化绩效考核的现状分析""对其他基层地区改进领导干部绩效考核的对策建议"等,显然,这样的篇章构成没有很好地实现"文、题"统一。

(2)层次逻辑混乱。学位论文的章标题与节标题、节标题与目标题应该是一种统属关系,犹如树干与树枝一样,主次清楚,脉络分明。章、节、目标题要清楚明白,不能观点不明、模糊不清。但有不少学位论文在章与章、节与节、目与目,或章与节、节与目之间,主次不分,层级不明。既没有并列式的逻辑过渡,也没有由总到分的逻辑关联,直接出现了断崖式的行文现象。总之,在论文撰写中要注意内容、结构的逻辑关系。

3.学位论文的篇章结构安排不合理

篇章结构安排不合理主要指学位论文在篇章布局、篇幅长短上,缺乏整体设计理念,存在着明显的不合理现象。比如,某学位论文《XD企业财务管理问题及对策的研究》,通常情况下该学位论文的重点内容应该是XD企业财务管理存在的问题分析、成因分析、解决思路、对策建议等,但在本篇学位论文中,"存在问题及原因分析"部分,仅仅占四页,在近5万字的学位论文中这部分内容的总字数不足5 000字,这是比较典型的结构安排欠合理的现象。因此,在篇幅安排上要有一定的重视。

(二)论证分析不充分

学位论文的论证分析就是对学位论文选题主题是否合理、论点是否正确的论证与分析。而在不少专业型硕士学位论文中,并没有进行充分且有效的论证分析,主要存在以下三种问题。

1.资料不充分

学位论文中的事实、数据、图表等资料,是用来作为论证中心论点的支撑材料,这些资料是论证论点的重要论据。但不少专业型学位论文的论证资料很不充分,表现在两个方面:一方面,有些专业型硕士学位论文选题较大,需要很多的资料支撑,由于学生获取资料的能力与范围有限,在论证时就以"自说自话"的主观表述为主;同时,使用描述性的资料或数据,缺乏客观事实以及实证证据支撑;或者问卷调查的问题设计的深度、广度不够,样本数量少且无代表性、科学性和典型性,难以代表研究对象的整体情况。因此,资料准备不充分可能会影响论证分析。另一方面,资料本身囫囵一堆,未按照论文的结构划分为不同的部分和层次。一部分学位论文收集的资料不能满足于选题的主题范围,只关注资料的数量,这使得收集的资料并不能运用到论文撰写中。因此,在收集资料时,要收集有效且实用的资料,从而进行有效论证。

2.方法不妥当

学位论文的逻辑推理、结果论证需要运用一定的方法。因此,必须运用正确的研究方法对学位论文进行研究,才能确保研究结论的有效性和可靠性。而在论文撰写中,存在运用方法不妥当的问题。方法失当的问题主要有:方法罗列但没有运用,在论文绪论部分罗列几个研究方法,但在后续的论文中看不到方法的使用;方法乱用,不考虑研究方法的性质和使用范围,随意列举几个研究方法进行应用;方法简单,不少学位论文突出表现为论证方法单一,方法单一会制约分析研究的深度和广度,出现论证过程缺乏科学性、方法典型性及综合性不足等问题。

此外,还有以偏概全的问题,即把个别现象作为普遍现象,由此得出一般性结论。这种论证分析方法既不科学也不严谨。这种情形主要集中在案例分析型论文和调研报告型论文中。案例分析型论文所选案例缺乏典型性或代表性,致使分析研究发现或结论缺乏科学性。调研报告型论文对其调查对象的选取和调研过程的设计,没有以调查的信度与效度为前提,从而影响调查结论的科学性。因此,在进行论证时,要注意方法的运用。

3.论证分析浅显

在撰写论文过程中,论证分析是确保论文严谨性、可靠性、科学性的关键部分,而部分论文中会出现论证分析浅显的现象。论证分析浅显主要表现为理论分析不深入,即在论证分析过程中没有对理论基础进行必要的分析,没有对问题进行深层次探究和解答。同时,理论深度不够且缺乏学术性,没有根据论文主题,结合相关学术材料进行充分论证与阐释,使得论证分析不严谨、不充分、不切题,甚至跑题、偏题。因此,在论文撰写过程中,要进行有效且有深度的论证。

(三)语言表达不准确

学位论文的篇章结构、论点、论据,甚至如何展开论证等若干内容,都属于思维构想层面,需要用语言文字精确且有效地表达出来。而学生在论文撰写过程中,其语言表达上主要存在以下问题。

1.学术专业表达能力欠缺

在撰写专业型硕士学位论文中,学术专业表达水平直接影响读者对论文内容的理解和评价。一方面,在论文中使用了许多专业术语和概念,却没有详细解释和定义,导致读者难以理解相关内容。另一方面,在论文中存在大量重复论述和冗长的句子,使得论文显得乏味、没有权威性。此外,一些学位论文在论证中使用了大量实例、数据资料,但是无法做到精准表达,这显得论述单薄。没有进行充分论述与阐释,导致文章缺乏思想和灵魂。因此,在学术论文写作时要培养学术专业的语言表达能力。

2.字、词、句使用不规范

在学位论文的写作中,遵循学术语言规范是十分重要的。它不仅有助于确保论文内容的清晰,同时也能使论文得到学术界的认可。但在论文中常常会出现用字不规范、用词不规范以及语法运用不规范的情况。用字不规范主要是形似字的错用和成语用字的错误,使用被简化了的繁体字、被淘汰了的异体字。用词不规范主要是不适当地使用方言词和口语词、近义词的误用以及成语的错用。语法运用不规范主要是词类误用、成分残缺、搭配不当等。这些情况都会影响论文的规范性。因此,应该重视在论文写作中字、词、句以及语法的规范性。

3.语言口语化色彩较浓

在学术论文写作中,语言表述上的一个误区则是口语化表述。口语化常常包括口头禅、俚语、缩略语、感叹语和不当语气等。使用口语化表述会让文章的理论性和学术性大打折扣,从而使论文从外在语言表述上给人一种"不像是在写学术论文"的感觉,这可能造成与优秀论文失之交臂的遗憾。因此,在论文撰写过程中要注意语言表达,避免口语化的表述。

三、走出写作误区

(一)构建合理框架

一篇经管类专业型硕士学位论文需要有合理、完整的框架,其框架结构要能体现论文的主题思想,凸显内容的脉络。一个好的专业型硕士学位论文框架要满足以下三个条件。

1.论文结构要完整

针对专业型硕士学位论文,无论是案例分析、调研(调查)报告、专题研究还是组织(管理)诊断,都要有一个完整的结构。一篇论文要有引言、主要论点和结论,它们应该是连贯的,即有一个引人入胜的开头、有材料和分析论据,以及一个清晰而有力的结论。同时,还要考察各部分的章、节顺序是否合适。对于缺失的部分,要及时补充,确保整篇论文结构的合理和完整。

2.论文结构的逻辑性要强

学位论文的结构是学位论文最终成型的"总体架构",也是学位论文全部论点的汇总。为了确保整篇论文的逻辑性,需要在结构之间进行良好的过渡。一个部分的结束和下一部分的开始都应该有一个明显的过渡,便于读者理解论文是如何逐步发展的。在撰写有逻辑性的论文结构时,要使用清晰的标题和标题级别,以便读者可以迅速了解论文结构和主要论点。在进行观点阐述时,确保每个段落都有明确的主题句和支持句,并且使用适当的过渡词和短语,如"因此""然而""另外"等,以帮助读者理解论点与论据之间的关系。避免无意义的重复和冗长的句子,保持语句简洁明了。总之,一个有逻辑性的论文结构是确保研究成果得以清晰传达的关键。通过引言、文献综述、方法、结果、讨论和结论等部分的有机组织,可以帮助读者更好地理解论文的观点并展示其研究贡献。

3.论文篇幅安排要合理

在论文结构完整的前提下,在篇章的构成上有其侧重点,每一部分的字数也和该部分的重要性成正比。特别是论文的正文部分,它是论文的核心,也是最能体现研究成果的地方。在这个部分要有数据分析、方法研究、对策建议、改进措施等,提出自己的观点并能进行强有力地证明,要能体现出论文的研究价值,同样该部分所占篇幅要相对较大。因此,在论文撰写过程中,要合理安排论文的篇幅大小,确保论文整体篇幅的合理性。

(二)进行有效论证

马克思指出:"研究必须充分地占有材料,分析它的各种发展形势,探寻这些形式的内在联系。"马克思的这一概括,同样适用于学位论文中的有效论证。结合学位论文中论证分析存在的误区,归纳、总结了进行有效论证的三种方法。

1.准备充足的资料

准备的资料主要包括三种:首先是体现作者研究对象的资料。尽可能多地掌握相关资料来论证文章的研究价值,包括相关数据、案例分析、经验总结等,还包括在实践调研中获取的相关材料。这些内容是支撑论文研究内容的理论依据。其次是前人的研究成果。论文写作不是空口说白话,一定是在前人研究基础之上的,所以应该查阅并分析前人的研究成果,将此作为出发点,从中得到参考和借鉴。最后是经管类专业相关学科的文献材料。有时对于本学科的研究,可参考的资料可能是有限的,但其实知识肯定是融会贯通的,很多学科是交叉相融的,所以可以掌握相关边缘学科的材料,大大拓宽研究的深度和广度,通过不同学科的理论和方法的相互渗透,可以更好地带来新的发现和新的突破。因此,准备充足且有效的资料有助于进行有效论证。

2.合理运用论证方法

首先,前文所提及的研究方法在论证中要合理运用,避免出现研究方法的遗漏。其次,要考虑所运用的方法在论文以及研究方向中是否恰当,保证论证分析的有效性。最后,研究方法要有一定的深度和广度,避免运用简单且老套的方法,从而保证论文的质量。总之,在论文中进行有效论证是一个重要的环节,需要选用合适的论证方法和技巧,并注重证据的可靠性和权威性,以确保论文的质量和可信度。

3.进行深度的论证分析

首先,写作之前需要进行充分的准备和研究。要写出有深度的分析性论文,必须对所要讨论的主题有足够的了解。包括阅读相关的文献、书籍和研究资料,以便获取全面的信息和观点。同时,需要进行系统性的思考和分析,以确定自己的立场和观点,并找到支持这些观点的论据。其次,需要有清晰的结构和逻辑。在写作过程中,应该注意论文的组织和段落的衔接。一般来说,论文应该包括引言、主体和结论三个部分。引言部分应该明确提出研究问题和研究目的,并概述论文的结构。主体部分是论文的核心,应该按照逻辑顺序展开论证,并用合适的论据加以支持。结论部分应该对主要观点进行总结,并提出自己的观点和建议。最后,需要有充足的论据支持。由于观点、结论是从大量的材料中形成的,所以各个观点、结论都要有充实的材料加以佐证。在选择论据时,要注意其目的性、典型性和真实性。如果目的性不明确,材料等论据和观点、结论就统一不起来;如果使用的材料等论据不具有典型性,就缺少说服力,就无法得出全局性、普遍性的观点和结论;如果使用的材料不具有真实性,相关研究就会变得毫无意义。因此,在论证撰写过程中要进行深度的论证分析,从而保证研究的有效性和可靠性。

(三)规范语言表达

在撰写专业型硕士学位论文中,需要用语言文字精确且有效地表达出来。结合语言表达方面存在的误区,归纳、总结了规范语言表达的三种方法。

1.语言专业性

学位论文语言要有学术性表达,要能够准确描述研究对象和理论概念。在平时学习中,要阅读大量文献,学习作者的语言表达方式,训练逻辑思维能力。在论文写作时,应当确保正确使用专业术语,不仅要理解其含义,还要遵循学术界的规范。此外,对于不确定的专业术语和专业方法,可以向导师和同学寻求帮助,从而提高自身的专业写作能力以及专业素养。

2.字、词、句精确性

首先,语句应具有主谓宾、定状补的基本结构。无论何种表达,语法结构都应当规范,语句逻辑都应当清晰明了。其次,字、词应当规范使用,在论文写作中,要求学生反复阅读论文并找出错别字或者词语不恰当的地方,做到及时修改。最后,要注意标点符号的规范性,在写作构思、遣词造句过程中,避免"一逗到底"或"一句到底"的情况,从而提高论文格式的规范性。因此,撰写论文时应当重视选用字、词的合理性和语言表达的准确性,实现学术观点的精准表达,提高论文的准确性和严谨性,从而提升论文整体的质量。

3.避免口语化表述

首先,应使用更正式、准确的词汇代替口语化词汇,确保与学术写作要求相符。其次,使用学科相关的术语和专业词汇,以准确地传达论文的观点,通过引用他人的研究成果或提供具体的例证来支持观点,增强论文的可信度。最后,应当使用逻辑连接词和短语来表达观点之间的关系,以增强文章的逻辑性和准确性。总之,为避免口语化的表述,在写完论文之后,应当反复通读论文并检查全文是否出现口语表述,杜绝此类低级错误。若在此方面的能力有所欠缺,可以阅读大量学术论文来增加学术词汇的输入量,尽可能地掌握具有学术文体特征的词汇,扩充学术词汇量,从而避免口语化表述,撰写符合学术论文标准的专业型硕士论文。

◉ 拓展阅读

研究生论文写作的六大关切

摘　要：论文写作的根本任务是发展已有知识，提出新概念、新命题、新理论、新学说。为此，需要做到：在作为学科前沿的交叉地带选题，以及"热门冷做"和"冷门热做"；充分占有资料，并以聚焦问题和观点创新为导向消化资料；通过引进自然科学、技术科学和相邻人文社会科学的方法实现方法创新；构思论文框架的关键是找到一根能够有机串联材料的红线，最好形成"演绎式"框架；"给自己找茬"，注重修改环节。

关键词：研究生；论文写作；发展知识；"新文科"研究方法

资料来源：马来平.研究生论文写作的六大关切[J].学位与研究生教育，2020(7)：1-6.

思 考 题

依据你所感兴趣的论文方向，思考在专业型硕士学位论文写作过程中应该注意哪些问题？

讨 论 题

本章介绍了经管类专业型硕士学位论文写作的几种类型，讨论这几种类型的主要区别有哪些？你对哪种类型写作方法更感兴趣？

第七章　经管类工商管理硕士学位论文的撰写

● **开篇案例**

J 商业银行零售业务数字化转型优化策略研究

在"十四五"时期,我国努力推动经济由高速增长阶段向高质量发展阶段转变,而推动经济高质量发展的关键在于推动数字经济的发展。我们应当以习近平新时代中国特色社会主义思想为指导,全面贯彻《中共中央关于制定国民经济和社会发展第十四个五年规划和二〇三五年远景目标的建议》(以下简称《建议》)要求,立足新发展阶段,贯彻新发展理念,服务构建新发展格局。《建议》指出未来我国将加快数字化发展,努力推动数字产业化和产业数字化,推动数字经济和实体经济深度融合,打造具有国际竞争力的数字产业集群。在此背景下,中国人民银行印发了《金融科技发展规划(2022—2025 年)》,规划明确了金融机构的八项重点任务和五项保障措施,将数字化转型作为金融机构发展重点,深化数字技术金融应用,健全兼具安全性与效率性的科技成果的应用体制、机制。在数字经济背景下,商业银行应当深化供给侧结构性改革,通过数字化转型,构建零售业务标准、规范的数字化运行体系,创新金融产品的同时,做好数字化人才培养,努力构建数字化的金融生态圈,实现银行零售业务的高质量发展。因此,对商业银行零售业务数字化转型进行研究是十分有必要的。J 商业银行作为国内排名靠前的地方性城市商业银行,虽然近些年的发展迅速,但是其零售业务的发展中存在一些局限性。因此,研究 J 商业银行零售业务数字化转型优化策略,有利于推动其零售业务发展。

本文以 J 商业银行零售业务数字化转型为例,分析其零售业务数字化转型中存在的问题,并设计出其数字化转型优化方案。本文首先界定了相关概念,并阐述了客户关系管理理论、金融创新理论、7Ps 理论的基本观点;其次,通过调查问卷和访谈的方式,分析了 J 商业银行在零售业务数字化转型现状;再次,探究 J 商业银行零售业务数字化转型中存在的问题及其原因。最后,本文在确定 J 商业银行零售业务数字化转型优化目标、原则的基础上,提出优化对策和保障措施。本文不仅可为 J 商业银行零售业务数字化转型提供详细思路,还能为我国其他商业银行零售业务数字化转型提供参考和借鉴。

资料来源:刘禹孜.J 商业银行零售业务数字化转型优化策略研究[D].西安:西安科技大学,2023.

第七章 经管类工商管理硕士学位论文的撰写

企业合规改革背景下康美药业财务舞弊动因及防范研究

摘　要：近年来，随着我国国民经济的迅速发展，我国资本市场应运而生，相较于国外资本市场，我国资本市场的成立时间较晚，发展历程也较短，在市场环境、相关机制监管等方面均有不足之处。虽然多年来，市场监管层在不断完善监管制度和手段，但与此同时，企业在市场化运营中采取的手段也在不断升级，尤其是进入新世纪以来，企业所有权和经营权逐渐呈现分离状态，由此引发了委托代理、信息不对称等新问题，这些问题给企业财务舞弊行为提供了可乘之机。国家一直以来对企业财务舞弊问题高度重视，为更好地防范企业财务舞弊事件的发生，国家近期出台关于企业合规改革的指导意见。其目的在于通过企业合规改革，优化法治化营商环境，提升企业核心竞争力。由此可见，在未来我国企业合规改革不断深化发展的进程中，对企业财务舞弊行为的防范成为一项不可松懈的长期任务。

康美药业财务造假行为属于一次有组织、有预谋的行为，并且该事件持续时间长、影响较为恶劣，引起了社会大众的广泛关注。本文在梳理相关文献的基础上，结合企业合规背景，以康美药业的财务舞弊事件为例，系统分析了该企业中的财务舞弊的行为、动因，并以此基础提出相应的防范对策。首先，本文对财务舞弊的相关概念及理论进行了梳理；其次，本文对康美药业的基本情况、企业股权结构、财务概况、财务舞弊曝光过程以及财务舞弊的具体手段进行介绍；然后，运用 GONE 理论对康美药业实施财务舞弊行为的动因进行了分析，通过分析发现，康美药业实施财务舞弊行为的动因中主要有规避退市风险、管理者诚信观念薄弱、外部审计机构同康美药业同流合污、内部股权机制不完善、内部审计制度不完善、惩罚监督机制不完善等诸多成因；最后，基于上述财务舞弊动因，通过需要因子、贪婪因子、机会因子、暴露因子等多方面研究，提出防范建议，并对此次研究的成果进行总结，希望能为今后康美药业以及其他上市公司有效规避财务舞弊行为、实现健康可持续的发展提供一定的参考和借鉴。

资料来源：顾晨骋.企业合规改革背景下康美药业财务舞弊动因及防范研究[D].西安：西安科技大学，2022.

阅读上述两篇工商管理硕士学位论文的摘要，你觉得这两篇摘要有什么相似之处？请说明理由，并简要分析摘要的作用。

第一节　经管类工商管理硕士学位论文概述

一、基本概念

(一)经管类工商管理硕士学术论文的概念

《学术论文编写规则》(GB/T 7713.2—2022)对学术论文编写规则做出规定，经管类工商管理硕士学术论文是对工商管理学科领域中的学术问题进行研究后，记录科学研究的过程、方法及结果,用于进行学术交流、讨论或出版发表,或用作其他用途的书面材料。工商管理领域涉及广泛,包括但不限于企业管理、财务管理、会计、旅游管理、市场营销、人力资源管理、战略管理、供应链管理等学科领域。因此,经管类工商管理硕士学术论文的概念可以理解为在上述领域中,研究者选择一个研究问题、主题或方向,运用相关理论、方法和工具进行深入分析,并进行系统性的探索和研究,以解决实际管理问题。

(二)经管类工商管理硕士学位论文的概念

工商管理硕士学位论文是工商管理研究生提交的用于其获得硕士学位的论文。硕士学位论文表明该研究生在工商管理学科上掌握了坚实的基础理论和系统的专业知识,对所研究课题有新的见解,并具有从事科学研究工作或独立承担专门技术工作的能力。

二、经管类工商管理硕士学位论文撰写的意义

经管类工商管理硕士学位论文的写作,是工商管理硕士学生学习过程的一个重要组成部分,也是其能力培养的一个重要环节。工商管理硕士学位论文的写作与其他学位论文的写作相似,同样有论题、论点、论据等,同时,工商管理硕士论文又有其自身的特点和要求,其论文主要针对现实经济、管理问题开展研究。因此,撰写经管类工商管理硕士学位论文具有以下几个方面的意义。

(一)提高解决企业管理问题的能力

撰写工商管理硕士学位论文,需要进行大量的文献阅读,学生在阅读过程中,可以掌握很多理论知识,从而针对企业管理问题提出独特见解。由于工商管理硕士学位论文注重实战、调研和案例,偏向于研究现实问题的解决方案,学生可通过撰写学位论文,将理论与现实问题结合起来,以便更好地解决实际问题,从而提高解决企业管理问题的能力。

(二)培养学生进行独立科研的能力

撰写工商管理硕士论文可以训练学生独立进行科学研究的能力。通过撰写学位论文,学生可以了解科学研究的过程,掌握如何收集、整理和利用材料,如何选择和分析案例以及如何利用图书馆检索文献资料,从而用所学知识独立地提出问题、分析问题和解决问题,由此来培养学生进行独立科研的能力。

(三)检验学习成果

工商管理硕士学位论文是对在职学生学习期间所掌握知识进行的检验,也是对其综合能力的考核。学位论文应在学生调查研究的基础上,紧密结合我国改革与建设、企业经营管理及学生所在单位的实际需要,同时需要注重前瞻性、实用性和重要性。在此过程中,可以考查学生运用所学知识对某一问题进行探讨和研究的能力,并以此来检验学生的学习成果。

三、经管类工商管理硕士学位论文的要求

经管类工商管理硕士学位论文应遵循以下基本要求:

(1)论文需要学生在导师指导下独立完成,要求学生掌握基本知识,运用相关的工商管

理理论解决实际问题,具有独立承担工商管理类专门技术工作或解决实际业务问题的能力。

(2)论文必须体现本学科、本专业的最新研究成果,要求学生坚持理论与实践相结合,能够运用所学理论和相关专业知识,以科学的研究方法解决管理问题以及相关专业问题。

(3)论文应体现"问题导向"。通过对现实工商管理等相关问题的描述或揭示,明确提出拟研究的问题。论文研究应提出解决问题的方法、措施或实施方案,而且需要具有一定的可操作性。

(4)政策建议或应用建议应具有参考价值,应对经济社会发展、学科与专业发展具有一定的指导意义和实践价值。

(5)论文的写作格式规范,应符合学校硕士学位论文的写作要求。

第二节 经管类工商管理硕士学位论文写作要求

一、工商管理硕士的特点

工商管理硕士是一种专业硕士学位,在培养对象、培养方式和培养目标上与一般硕士学位有所不同。

(一)培养对象

工商管理硕士的培养对象一般为大学本科毕业生,并具有三年以上工作经验的国家机关、事业单位干部和工商企业管理人员及技术人员。

(二)培养方式

工商管理硕士教育从本质上讲是一种职业训练,特别强调在掌握现代管理理论和方法的基础上,通过商业案例分析、实战观摩、分析与决策技能训练等培养学生的实际操作技能,使学生接受知识与技能、个性与心理、目标与愿望等方面的挑战,更具有职业竞争的实力。而其他硕士培养则侧重于理论学习、学术研究。

(三)培养目标

工商管理硕士培养的是能够胜任工商企业和经济管理部门高层管理工作需要的务实型、复合型和应用型高层次管理人才,而其他硕士培养的是具有扎实理论基础与较强的科研和教学能力的高层次科研型、教学型人才。

二、工商管理硕士学位论文的写作要求

工商管理硕士学位论文写作,是工商管理硕士学习过程的一个重要组成部分,既是对相关知识的一次总结,也是实践经验和理论知识的结合。一方面,工商管理硕士学位论文的写作与其他论文的写作相似,同样有论题、论点、论据等。另一方面,工商管理硕士学位论文又有自身的一些特点和要求,针对现实经济、管理问题开展研究,特别面向微观问题,面向工作中的实际问题,是对学生综合能力的检验和发掘。

工商管理硕士学位论文的类型与经管类专业型硕士学位论文的类型基本相同,共有四

种：案例分析、调查报告、专题研究与企业诊断。另外，工商管理硕士学位论文与经管类专业型硕士学位论文在研究内容、研究方法、研究成果和撰写要求上基本相同，主要根据选题方向的不同来区分两者的差别。因此，本节将不再介绍工商管理硕士学位论文的具体写法与要求（详见经管类专业型硕士学位论文写作方法），主要以举例的形式来呈现与经管类专业型硕士学位论文的区别。

三、工商管理硕士学位论文的框架示例

论文题目：资源型企业核心竞争力评价研究

1 绪论
  1.1 研究背景
  1.2 研究意义
    1.2.1 现实意义
    1.2.2 理论意义
  1.3 研究方法和技术路线
  1.4 论文框架结构
2 资源型企业核心竞争力理论研究综述
  2.1 资源型企业概念研究综述
  2.2 资源型企业评价研究综述
  2.3 文献研究述评
3 资源型企业核心竞争力评价模型构建
  3.1 资源型企业核心竞争力要素维度分解
    3.1.1 资源型企业核心竞争力的概念界定
    3.1.2 资源型企业核心竞争力的特征分析
    3.1.3 资源型企业核心竞争力的影响因素分析
    3.1.4 资源型企业核心竞争力的要素维度分解
  3.2 资源型企业核心竞争力测评指标体系的构建
    3.2.1 测评指标体系的构建思路
    3.2.2 测评指标体系的构建原则
    3.2.3 指标体系设计及释义
  3.3 带权重的测评指标体系的构建
    3.3.1 基于 Dephi 法的维度精简和指标筛选
    3.3.2 基于 AHP 法的指标体系确定
      3.3.2.1 AHP 方法的基本原理
      3.3.2.2 AHP 方法的求解过程

3.3.3 测评指标体系的求解过程
　　3.3.3.1 确定评价对象
　　3.3.3.2 构造层级模型
　　3.3.3.3 计算判断矩阵
　　3.3.3.4 确定指标权重
4 TBGS 企业核心竞争力实证分析
　4.1 TBGS 企业概况
　4.2 TBGS 企业核心竞争力要素分析
　　4.2.1 资源综合利用水平分析
　　4.2.2 人力资源水平综合分析
　　4.2.3 企业文化建设水平分析
　　4.2.4 企业战略能力综合分析
　　4.2.5 企业组织运转灵活性分析
　　4.2.6 企业市场营销能力分析
　4.3 基于模糊综合评判法的企业核心竞争力测评研究
　　4.3.1 模糊综合评判法
　　　4.3.1.1 模糊综合评判法介绍
　　　4.3.1.2 模糊综合评判法计算步骤
　　4.3.2 TBGS 企业核心竞争力实证分析研究
　　　4.3.2.1 受众样本选取及分析
　　　4.3.2.2 问卷调查结果统计分析
　　　4.3.2.3 企业核心竞争力的模糊综合评判
　4.4 评价结果分析
　　4.4.1 企业核心竞争力总体评价结果分析
　　4.4.2 企业核心竞争力优势分析
　　4.4.3 企业核心竞争力劣势分析
5 资源型企业核心竞争力提升路径分析
6 结论与展望

论文题目：平阴县农村信用合作联社网点优化研究

1 绪 论
　1.1 研究的背景和意义
　　1.1.1 研究的背景
　　1.1.2 研究的意义
　1.2 研究的思路与方法

1.2.1 研究思路

  1.2.2 研究方法

 1.3 国内外研究现状

  1.3.1 国外研究现状

  1.3.2 国内研究现状

2 银行网点设立的相关理论

 2.1 网点设立的基本原则

  2.1.1 利润最大化原则

  2.1.2 需求与供给相平衡

  2.1.3 市场细分原则

  2.1.4 可持续发展的原则

 2.2 相关技术分析工具

  2.2.1 波特五力分析模型

  2.2.2 SWOT 分析模型

3 平阴联社网点管理现状及分析

 3.1 网点管理的研究思路

 3.2 网点管理现状

  3.2.1 网点布局现状

  3.2.2 网点功能定位现状

  3.2.3 网点软件建设现状

  3.2.4 网点硬件建设现状

  3.2.5 网点产品建设现状

  3.2.6 网点考核现状

 3.3 运用相关技术分析工具对现状进行分析

  3.3.1 运用波特五力分析模型进行分析

  3.3.2 运用 SWOT 分析模型进行分析

4 平阴联社网点管理中存在的问题

 4.1 网点布局中存在的问题

  4.1.1 城区各金融机构网点过度集聚

  4.1.2 内部竞争影响整体经营效益

  4.1.3 城区网点占地多采用租赁制,经营成本大

  4.1.4 乡镇网点按行政区划设立,未充分考虑经营利润

 4.2 网点功能定位存在的问题

  4.2.1 功能定位不准确

  4.2.2 信贷管理部门设置不理想

4.3 网点软件建设存在的问题
    4.3.1 信息系统架构有待优化
    4.3.2 人员素质有待加强
4.4 网点硬件建设存在的问题
    4.4.1 网点硬件投入不足
    4.4.2 便民服务机具选址不尽合理
4.5 网点产品建设存在的问题
    4.5.1 未对客户进行有效的市场细分
    4.5.2 城区市场缺乏有竞争力产品
4.6 网点考核中存在的问题
    4.6.1 任务的下达未考虑当地经济增速
    4.6.2 考核未考虑网点之间的差异
    4.6.3 考核未到个人容易出现分配不均

5 网点优化的思路及对策
  5.1 网点优化的思路
    5.1.1 优化的原则
    5.1.2 优化的目标和规划
    5.1.3 分析影响网点业务发展的主要因素
  5.2 网点优化的对策
    5.2.1 网点布局优化
    5.2.2 网点功能优化
    5.2.3 网点软件优化
    5.2.4 网点硬件优化
    5.2.5 网点产品优化
    5.2.6 网点考核优化
  5.3 网点优化的保障措施
    5.3.1 决策保障
    5.3.2 人力保障
    5.3.3 资金保障
    5.3.4 制度保障
    5.3.5 科技保障
    5.3.6 安全保障

6 结　论

致　谢

参考文献

附录A 影响营业网点业务发展的影响因素调查问卷

第三节 经管类工商管理硕士学位论文写作技巧与误区

一、经管类工商管理硕士学位论文写作技巧

(一)论文选题

选题是撰写论文的关键。在选题时,首先应该根据自己的兴趣和对选题的熟悉程度来选择。"兴趣是最好的老师",只有对选题产生强烈的兴趣,才会更有动力去学习、探索与实践;同时,写好论文需要一定的理论知识和实践能力,选择自己熟悉的选题可以更好、更快地完成一篇高质量论文。其次,选题应选择便于深化研究的论题。工商管理硕士学位论文大多以案例研讨为主,在选择案例时,需要做到"行业—公司—工作",遵循"宜小不宜大"原则,从小处着手,进行深入研究。再次,选题应精确掌握标题的"主语"和落脚点。"主语"为论文研究对象,即论文主体,落脚点为研究目的,论文应做到"文对应题"。最后,题目应准确表达内容。题目要做到精炼、简洁,准确概括内容,把握核心概念,精准表达论文主题,让人一目了然。

(二)梳理和使用高质量文献

高质量文献是研究的基础,也是写好论文的必备材料。阅读大量高质量文献可以了解与论文主题相关的前沿研究成果、研究现状和研究不足,也可以更明确地体会工商管理硕士论文的写作要求和标准,从而减少写作阶段的弯路。在整理文献时,要注意文献梳理和使用两个问题。首先,对文献进行梳理时,作者应选择以下几种方式进行文献梳理:①选择代表性文献,即在权威刊物上发表的论文和权威论著,这可以正确了解学术发展基本现状;②阅读权威学者的论文,可以了解学术发展的基本态势;③根据研究视角梳理文献,有利于作者结合具体问题更好地把握文献;④在正文撰写的过程中,可以对具体的观点进行文献追述,这种方式要求作者非常了解前人的学术观点,且论文写作技术娴熟。其次,文献使用体现着一个学者治学是否严谨、研究是否下功夫。正确使用文献应该做到以下几点:①不要把文献简单堆砌在一起,要说明论文使用了哪些文献;②不要"张冠李戴",保证所用文献与所引用观点具有一致性;③不要只用网络文献、报纸文献,要多使用权威学者的文献。

(三)资料搜集

资料是撰写论文的依据。在资料搜集过程中,可以遵循以下五字原则,即"定、广、新、精、真",具体如下所述:

(1)"定",指在确定选题后,有针对性地搜集材料。学生应围绕论文选题方向查找资料,保证资料可以充分论证观点,以提升论文写作质量。

(2)"广",指资料收集应力求全面。学生要通过多种渠道收集资料,使资料尽可能全面、详尽,以保证论文的广度和深度。

(3)"精",指资料使用应力求精练、恰当。学生要选用典型性、有代表性的资料,以反映

客观事物的本质和共性,触及问题的实质,提升论文说服力。

(4)"新",指资料收集应力求新颖。学生要掌握最新的研究动态、观点、发展趋势和研究结果,尽可能获得第一手资料,捕捉新情况和新问题,以保证论文的新颖性。

(5)"真",指资料收集要真实、准确。学位论文的特点是学术性与科学性,学生必须选择可靠无误、符合客观事实的资料,以得出正确的论文结论。

(四)写作逻辑

研究是一个论证的过程,论证是一个严密的逻辑思维过程。写作逻辑主要体现在以下几个方面:①层次感;②缜密性;③科学性;④学理性;⑤严谨性;⑥围绕核心问题展开论证。在正文写作中,需要注意以下几点:

(1)清晰布局。案例论文必须有合理的论文框架,一般为"现状—问题—处理方案"。

(2)客观描述。现状描述需要"直接、客观、相关",一般需要引用公司原始材料,且必须与论文主体相关。

(3)信息查询。论文中现状和问题分析需要公司有效信息,如人力资源的薪酬、市场营销等,可以通过问卷进行调查,也可以通过网络、电话等工具向亲朋好友开展有效查询。

(4)创新务实。创新可以将多种观点进行整合、归纳,也可以用旧方法和传统理论解决新问题,还可以延伸、拓展其他学者的观点;务实在于解决实际问题,即将论文提出的解决方案运用到实际工作当中。

(五)论文修改

"文章不厌百回改"。在初稿完成后,还需要对其进行反复修正和改进,唯有不断地修改,方能成就一篇高品质的工商管理硕士学位论文。修改论文主要把握以下几点:

(1)梳理论文逻辑,检查逻辑是否存在不连贯性。

(2)梳理文章结构,检查结构是否存在不合理现象。

(3)核对论文数据,检查数据有无遗漏或错误。

(4)查证文献,检查是否存在引用错误问题。

(5)阅读论文,检查是否存在语句表达问题。同时,可以请同学阅读文章,并标注有问题的地方,之后进行相应的修正,不断完善论文,提高论文质量。

(六)格式规范

细节决定成败。格式、标注、图表、参考文献的标注、附录等细节部分会影响评审老师的第一印象,细节到位可以提高老师对论文的印象分。细节主要包括以下几方面:

(1)排版和格式。一般学校会有论文标准模板,可以参照学校要求自己进行修改,也可以选择专业的打印社帮助。

(2)切勿有错别字。

(3)语句要通顺,论文每部分都应该格外注意,"致谢"也要认真撰写,不放过任何一个细节。

(4)图表佐证。论文有适当的图表和数据会更有说服力。

二、经管类工商管理硕士学位论文写作误区

(一)选题误区

经管类工商管理硕士学位论文选题常见误区如下:

(1)选题范围过大,缺乏针对性。确定论文选题、拟定标题是撰写论文首先要考虑的问题,学生容易陷入选题范围过大、涉及面广、难以驾驭的误区。学生论文中会出现一个研究主题包含多个研究问题的现象,导致对多个问题的研究广而不精、空洞无物、有叙无论。

(2)对开展研究的可行性考虑不充分,致使行文困难。确定研究问题是问题意识形成的起点,这对于论文设计是至关重要的。研究生在论文写作中常常遇到行文不畅的问题,是因为之前没有充分考虑选题的可行性,没能准确评估自身的研究能力,再加上资料搜集困难、人力物力不足或其他物质条件欠缺,导致研究工作无法展开,难以行文。

(3)选题陈旧,未找出独特视角。论文选题的切入点是从新颖独特的视角观察某种现象,并能从现象中提炼出科学命题,可以在已有研究的基础上尝试创新或者提出新观点。研究生容易忽视经济社会发展的时代背景以及社会现象的特质,难以把握学术研究的关注点,导致选题过于陈旧,缺乏创新性。

(二)标题误区

经管类工商管理硕士学位论文标题常见误区如下:

(1)论文标题空泛、笼统,深层信息表述模糊。标题空且大直接表现为题目所表述的研究问题过于宽泛、研究对象不明确,未表达出论文的核心观点或概念等深层信息。

(2)语言文字运用不当。标题是论文的文眼,非常重要,但研究生论文标题经常出现用词不当的情形,所用词汇过于笼统,存在语病,容易引起歧义。

(3)题文不符。行文内容与题目的对应性不强,且偏离题目所涵盖的研究对象和研究范围。

(三)关键词误区

经管类工商管理硕士学位论文关键词常见误区如下:

(1)揭示信息不全,遗漏重要词汇。关键词一般来源于题目的拆分和原文中其他具有关键信息的词汇,学位论文中存在随意选取关键词、关键词不足、遗漏重要观点词汇等问题。

(2)选用过多无意义词汇。常见误区之一是将外延意义范围较大的泛意词作为关键词,此类词汇并不能揭示与文献有关的价值信息,在说明文献主旨内容上无任何作用且不具备检索意义,反而会减弱关键词的检索作用,降低文献检索的准确率。

(3)对词性的把握不准确。关键词词性一般为名词,主要是合成词或专业术语,研究生常常将补充解释类的动词和形容词误选为关键词。选取的词语数量过多或过少,都会导致关键词所涵盖的原文信息不全面、关键性的信息词汇缺失、文献检索的难度增加等问题。

(四)文献综述误区

经管类工商管理硕士学位论文文献综述常见误区如下:

(1)资料搜集范围狭窄,遗漏代表性文献资料。文献综述建立在广泛阅读文献的基础上,文献资料的数量及质量直接决定了文献综述的质量。有些研究生在文献检索时只将主题作为关键词直接检索,不注重转换关键词或关键词的近位词,不能熟练运用逻辑符等,从而出现搜索范围狭窄、文献类型不全、数量不足、优质文献少等问题,进而造成对研究观点的阐述不够全面。

(2)缺少必要逻辑,文献回顾缺乏系统性。研究生未对数量庞大的原始资料进行系统分类、整理,难以准确把握不同阶段文献研究的内在关联,没有深度探究文献内容和结构框架背后的逻辑层次,将不同研究阶段、类型及层次的研究成果混杂起来,导致文献综述内容缺乏条理和内在联系,缺少串联不同阶段研究成果的逻辑主线,层次不清,研究观点易出现断层。同时,文献回顾缺乏系统性,可能导致现有研究的历史演进过程展现不完整、遗漏重要研究成果、前后观点脱节等。

(3)"有述无评",简单列举材料。研究生容易机械地罗列材料,片面堆砌文献,没有对文献主要内容进行综合评述,文献阅读工作流于表面形式,缺乏必要的思考和归纳总结,导致文献综述有形式而无意义。观点汇总缺少对文章全面理解、融会贯通的评述部分,这种"有述无评"的文献综述只能称为形式上的文献综述,并没有算清"学术账"。

(4)语言文字运用宽泛,言之无物。文献综述用词宽泛、空洞,常常运用涉及范围大、内容空泛的词汇,比如,在阐述研究成果的学术价值及不足时经常使用"里程碑式意义""不全面"等空泛的词汇,并未表达出实质内容,也未触及现有研究深层次的学术价值和不足之处。

三、走出写作误区

(一)走出选题误区

在撰写经管类工商管理硕士论文时,通常采用如下方法走出选题误区:

(1)多阅读,善观察,勤思考,培养问题意识。选题来源于文献阅读和对现实生活的观察,确定选题首先要具有一定的问题意识,能够基于现实问题,提炼出合适的研究主题。研究者要善于观察生活,勤于思考,思考的过程是将客观现象上升为研究问题、找出研究方向的过程,也是培养自身问题意识的过程;研究生要有意识地探索精读与泛读相结合等阅读技巧,同时提高将所观察到的现象有效地与自身知识结构相结合的能力,逐步形成问题意识。

(2)根据研究的主客观条件全面衡量,综合考虑,再确定选题。要全面考虑论文研究的主客观条件,主观层面要考虑自身能力、知识储备水平、兴趣爱好、技能特长等方面,客观层面要全面衡量研究问题是否具备可行性、人力物力是否具备支撑条件、数据资料的搜集是否具有完备性。论文写作需要充足的时间,广泛搜集相关数据资料,全面了解选题的历史背景、研究现状,在自身实际能力的基础上衡量实施研究的可行性,综合考虑研究的实践价值和理论意义。

(3)"小题大做""以小见大"。论文选题要"小题大做",寻求新颖、独特的切入视角,对研究主题进行深入研究;论文选题讲求"以小见大",以某个切入点为突破口,深入剖析问题原委,深度挖掘问题本质,以一个小问题展示社会大现象。

(二)走出标题误区

在撰写经管类工商管理硕士论文时,通常采用如下方法走出标题误区:①标题应高度概括、准确表达出论文的核心。②标题的内涵要素主要包括研究范围、研究对象、主要观点和研究主题。③标题应以研究对象或核心议题做主语,用简洁、凝练的文字将内涵要素展现出来,长度一般不超过20个字,要求清晰表达研究学科、方法和视角。

(三)走出关键词误区

选取专业性较强的词汇作为关键词,主要方法包括:①提炼标题中的核心词汇;②从摘要中选取适当词汇;③从原文论述中选取关键词。在提取关键词时,应注意控制关键词数量,一般选取3~5个具备检索意义的合成词或专业词汇即可,同时要体现关键词之间的层次和内在关联,有条理、清晰地展现全文主旨。

(四)走出文献综述误区

撰写经管类工商管理硕士论文时,通常采用如下方法走出文献综述误区:

(1)全面搜索高质量文献。研究生在检索文献时要尽量涉及期刊、经典著作、政策文件等类型,并适当选取英文文献资料,以免遗漏重要文献资料,还要善于运用国家及各地政府官方网站公布的数据资料,为论文研究提供数据支撑,从而保证文献的质量和数量。

(2)基于一定逻辑主线,系统梳理文献。文献综述应以研究问题为主线串联不同文献,揭示不同文献间的逻辑关联性,从不同角度阐释某一研究问题,这就是"问题先导式"文献综述。同时,文献综述应以研究对象、研究问题、研究假设、研究主体为逻辑线索,全面阐述该研究主题的前人做了哪些方面的研究、研究程度如何、哪些方面有待考察等。

(3)"综""评""述"相结合,避免"流水账"式综述。在文献综述中,要区分作者的观点与自己的观点,全面归纳作者的观点,并对作者观点加以评析后形成自己的观点。另外,并不是所有的文献研究都有严密的逻辑体系和科学的结论,可以在文献综述中对研究进行批判,而已有研究的不足之处可作为创新研究的切入点。因此,研究生必须在充分理解文献资料的基础上用自己的语言概括原文,既要包括对文章观点的归纳,也要包含自己对文中观点的评述和对研究不足之处的批判。

(4)语言表达有理有据,言之有物。论文写作讲究有理有据,严谨性是学术论文的基本特征之一。文献综述的语言表达更要精确、严谨,避免使用空洞、宽泛的词语。比如,阐述某一学术研究选题在理论上具有重要意义时,应论证研究具体在哪些方面具有重要的理论意义、在实践中是否具有特定的意义。在文献综述中也可以运用客观数据展示研究成果或研究的具体进度,以弥补文献综述中语言文字空泛、缺少依据的不足。

拓展阅读

论学术论文写作训练：价值、方式和内容
——基于"学术论文写作和规范"课程的经验

摘　要：认为学术论文写作训练应聚焦于高质量学术论文写作十二条路径，通过"教"与"学"的有意义互动，促进"写作"—"学术"—"自我"的共生发展。具体而言：其价值在于帮助学生掌握写作要领、精耕学术领域、建构学术自我认同。其方式是两个主体（教师和学生）在四个环节（教、写、评、改）中进行的"教"与"学"的有意义互动。其内容应聚焦高质量学术论文写作十二条路径，从大逻辑、小逻辑、观点、论证和规范五方面让学生真正理解并写出一篇高质量学术论文。好的学术论文写作训练不仅有下乘的术，还有中乘的法，更有上乘的道，不仅关涉学术论文写作能力的培养，也是"教"与"学"互动的体现，更是以写助研、以写育人的重要途径，是学术自我养成的开端。

关键词：学术训练；写作训练；学术论文写作；以写育人；研究生教育

资料来源：朱旭东，郭绒.论学术论文写作训练：价值、方式和内容——基于"学术论文写作和规范"课程的经验[J].学位与研究生教育，2022(6)：6-15.

思　考　题

1.工商管理硕士学位论文与一般硕士学位论文有什么区别？

2.你的研究对实践有何意义？它能够解决业务或管理实践中的什么问题？是否可以为企业提供实际的指导和建议？

讨　论　题

1.如何在撰写论文过程中更好地进行资料收集？

2.在撰写论文过程中，还有哪些技巧可以使论文更加规范？你在写作中遇到过哪些困难？如何解决这些困难？

第八章 经管类硕士学位论文答辩

经管类硕士学位论文写作完成之后,接下来的工作就是论文答辩。而论文答辩的成功与否,直接关系到论文的价值和成绩的最后评定,更是决定学生是否能够顺利毕业的重要环节。它既是对学生素质和能力的综合检验,也是确保论文的真实性和实际效果的重要机制。因此,了解经管类硕士学位论文答辩的有关事项尤为重要。

第一节 经管类硕士学位论文答辩的必要性

经管类硕士学位论文为什么要进行答辩呢?究其原因在于答辩是审查学生所写论文的必要补充,是重要的综合性教学检查活动之一。这项成绩需要通过一个十分严肃、正式的审查程序给予确定。论文作者必须严肃、认真地对待,做好各方面的准备,争取达到答辩的最佳状态,取得满意的成绩。

一、答辩是检查经管类硕士学位论文真实性的必要手段

当前学位论文抄袭剽窃、请人操刀等不良行为屡禁不止,且急功近利的浮躁之风又使这种不良行为有蔓延之势。而答辩作为经管类硕士学位论文真实性的检查活动之一,成为检查经管类硕士学位论文写作的真实性、保证学位论文质量的关键程序。显然,如果没有答辩这一环节,将难以抵制捉刀代笔、抄袭、剽窃等不良学风。虽然经管类硕士学位论文答辩不能从根本上解决论文写作中出现的腐败问题,但从本科生学士学位论文的答辩开始,加强这方面审查的力度,还是能在一定程度上抵制学术造假的不良现象,也能对端正学术态度、提升学术道德水平发挥良好的教育示范作用。因此,经管类硕士学位论文答辩是审查其真实性的一项必然选择,而且是首要选择。

二、答辩是培养经管类硕士学位论文作者能力的重要途径

对于经管类硕士学位论文的作者来说,答辩本身是一个再学习和培养能力的重要途径。作者通过答辩,不仅可以提高其口头表达能力、演讲能力、思维能力、应变能力,也可以从答辩当中总结出说服他人的技巧和方法,这也是其答辩能力的一个重要培养机会。答辩可以为论文作者将来参与社会竞争提供一定的经验,因为未来社会竞争需要的是综合性人才,语言表达技巧、思维能力、应变能力无疑是重要的社会实践能力,且任何一方面能力的欠缺都

会影响未来的发展。不仅如此,通过经管类硕士学位论文答辩,作者可以明确自身独立进行科学研究的能力,也可以在答辩方法上获得进步并发现存在的问题,为今后研究其他问题提供一定的借鉴。因此,通过答辩可以培养经管类硕士学位论文作者的能力。

第二节 经管类硕士学位论文答辩准备

一、答辩的目的及意义

所谓答辩,就是有"问"有"答",也可以"辩"。经管类硕士学位论文答辩,要求研究生在答辩会上阐述自己的学位论文,并当面回答答辩专家提出的问题,可以就一些学术观点展开讨论。它可以反映研究生全部学业的综合水平,也是学校审查研究生学位论文质量、检验论文的真实性以及考察研究生的理论功底、应变能力、表达能力的手段之一。对经管类研究生而言,论文答辩有利于进一步陈述、补充论文内容,促进论文水平的提高,也有利于发挥和展示个人才能。经管类硕士学位论文答辩是整个论文写作的重要组成部分,一场精彩、成功的论文答辩,不仅可以引导研究生深化对研究内容的认识,还可以帮助研究生发现自己论文写作上的不足。

二、答辩前的准备工作

(一)全力消化自己的论文

在答辩之前,答辩者需要反复阅读、审查硕士学位论文的各个组成部分,全力消化自己所写的论文,因为只有非常熟悉论文的具体内容,才能自信地回答答辩专家提出的问题,保证论文答辩的顺利完成。答辩者可以从以下几个方面对论文进行审查:其一,熟悉主体部分和结论部分的内容,掌握论文的基本观点和主论的基本依据;其二,明确论文中主要概念的确切含义,所运用基本原理的主要内容;其三,仔细审查、反复推敲论文中有无谬误、片面、模糊不清甚至是自相矛盾之处,有无与党的方针政策和国家法律法规相抵触的内容等。

(二)准备答辩资料

在答辩之前需要准备参加答辩会所需携带的各种材料:

(1)经管类硕士学位论文的底稿。在答辩之前,答辩者需要将论文最终稿打印出来,分发至各个答辩专家手中,注意要留一份打印稿给自己备用,以便能及时、准确地记录答辩专家提出的问题。

(2)答辩PPT。在答辩之前,答辩者需要按照论文的行文结构,将自己论文的重点部分有逻辑地凝练出来,最终以PPT的形式呈现在答辩专家面前。切记要备份答辩PPT文件,以防出现文件打不开或其他意外情况,从而影响答辩的顺利进行。

(3)论文主要参考资料。答辩时虽然不能依赖这些资料,但这些资料可以起到很好的提示作用。当遇到回答不上来的问题时,及时翻阅一下有关资料,可能帮助答辩者有条理地回答答辩专家提出的问题。

(4)空白稿纸。答辩时准备空白稿纸记录答辩专家提出的问题和有价值的意见、建议，以便更好地吃透专家提问的重点和实质,给论文提供针对性的修改建议。

(三)调整好心态

成功的答辩离不开自信的陈述。而扎实的专业知识和细致周到的答辩准备工作是获得自信心的前提,因为扎实的专业知识,不仅可以帮助答辩者游刃有余地解决论文写作过程中的各种疑难问题,也可以及时、精准地把握答辩专家的提问方向;细致周到的答辩准备工作则可使答辩者对答辩专家可能提出的问题及其他情况进行深入剖析,预先提出解决方法,从而保证答辩的顺利进行。因此,经管类研究生要想从答辩中取胜,必须做到胸有成竹,避免紧张情绪的产生,调整好心态,要以必胜的信心,饱满的热情参加答辩。

三、制作答辩PPT

(一)答辩PPT的制作要求

(1)答辩PPT的篇幅。经管类硕士答辩所用的PPT一般在15～20页,时间控制在20分钟以内,除去首页、篇章标题页和致谢页等无实质内容的页面,真正需要陈述的PPT为15页左右。

(2)首页和最后一页。PPT首页和最后一页的内容一般选择特征性图片,最好是校园LOGO的风景照片,用于答辩前播放或者回答问题时播放。

(3)母版。在母版颜色的选择上,由于科学研究的严肃性,PPT母版应选择深底浅色;在母版内容的选择上,Office里面附带的母版较少且过于单调,最好自己设计或从网上下载PPT母版。

(4)内容。标题页的内容包括课题名称、导师姓名和研究生姓名。此外,由于经管类硕士学位论文答辩的PPT属于学术性PPT,除标题页外,各页必须列出论文的要点和关键内容。

(二)答辩PPT的制作顺序

由于经管类专业型硕士和学术型硕士的行文框架存在不一致的部分,所以答辩PPT的制作顺序也会有所不同,下面对经管类专业型硕士和学术型硕士答辩PPT的制作顺序分别进行介绍。

1.专业型硕士答辩PPT的制作顺序

(1)研究背景及研究意义。

(2)国内外研究现状。

(3)研究方案及研究路径。

(4)相关概念及理论基础。

(5)案例介绍。

(6)研究内容。

(7)建议、研究结论与研究展望。

(8)参考文献。

2.学术型硕士答辩PPT的制作顺序

(1)研究背景及研究意义。

(2)国内外研究现状。

(3)研究方案及研究路径。

(4)研究创新点。

(5)相关概念及理论基础。

(6)研究设计与模型构建。

(7)描述性统计分析。

(8)相关性分析。

(9)多重共线性检验。

(10)回归分析。

(11)稳健性检验。

(12)实证结果分析。

(13)结论、建议与展望。

(14)参考文献。

注:无论是经管类专业型硕士,还是学术型硕士,制作答辩PPT时,列出部分重要参考文献即可。此外,在答辩PPT的尾页建议写上"恳请各位老师批评指正,谢谢!"此类语句。

(三)答辩PPT的制作原则

(1)对论文的内容进行概括性整合。按照行文的逻辑结构,将论文内容精简出来以PPT的形式呈现。在展现每部分的内容时,原则是图的效果好于表的效果,表的效果好于文字叙述的效果。最忌满屏幕都是长篇大论,重点不明。能引用图表的地方尽量引用图表,的确需要文字的地方,要将文字内容高度概括,简洁明了,用编号标明。

(2)注意PPT的色调。背景用深色调的,例如深蓝色,字体用白色或黄色的黑体字,显得很庄重。值得强调的是,无论用哪种颜色,一定要使字体的颜色和背景形成明显反差。

注意:用一个简洁、明快的PPT模板吸引评委注意力。字体要略大,在光线不太亮的房间里小号字会看不清,影响整体答辩效果。PPT陈述时间不要太长,二十分钟的汇报,15页内容足够。

(四)答辩PPT的制作技巧

1.PPT模板的制作过程

经管类硕士学位论文答辩PPT的背景制作是一门艺术,好的PPT能给专家耳目一新的感觉。除了研究内容,如果要从视觉上吸引专家的眼球,就要靠 PPT 的制作。以下是制作 PPT 的两种常规方法(以 WPS 为例)。

(1)方法一是通过"新建或者打开一个新文件(见图 8.1),选择设计(见图 8.2)—背景(见图 8.2)—背景填充(见图 8.3)或图片—本地图片(见图 8.4)—插入—确定—全部应用"的流程来创建 PPT 模板。

图 8.1

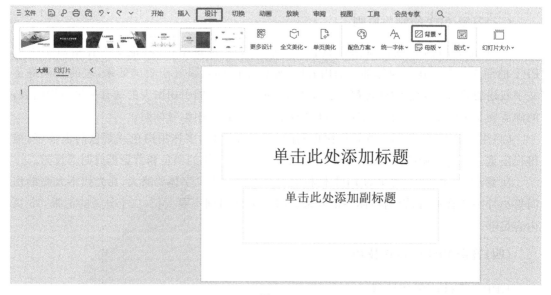

图 8.2

第八章 经管类硕士学位论文答辩

图 8.3

图 8.4

这样，背景图就制作完成。接下来是最关键的步骤：一定要记得保存，选择"文件"，点"保存"，在"保存类型"下拉菜单里一定要选"演示文稿设计模板"，而且不能改变默认的保存

· 145 ·

路径。这样想要的图片就创建成了一个 PPT 模板。当再次新建一个新的文稿时,会发现创建的这个模板已在备选模板之列。实际上,之前所创建的模板都保存在了 C:\Program Files \ Kingsoft \ WPS Office Personal\ office 6 \ templates 文件夹里面,可以将其复制到其他文件夹,也可以传给别人,与大家一起分享。

(2)方法二是通过"视图—幻灯片母版—PPT 母版,插入—图片—来自文件"的流程来创建 PPT 模板,此后的处理和方法一相似。这种方法还可以对图片进行修饰,比如调整图片大小、加入新的图片元素,也可以创建单独的标题模板等。

之后在已经创建好的模板上加入文字,具体操作如下:在创建好的 PPT 母版上点开文字框—输入文字—调整好位置—关闭母版视图(见图 8.5)。

图 8.5

如果需要在 PPT 模板上加入图片,具体操作如下:在创建好的 PPT 母版上插入图片—本地图片—打开(见图 8.6)。

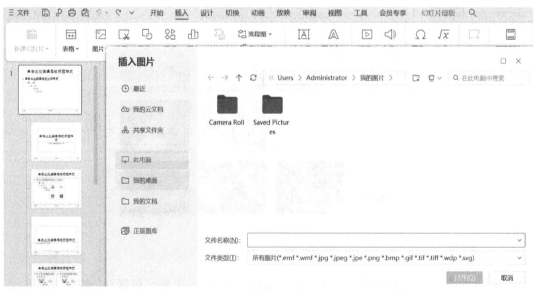

图 8.6

2. 研究思路图的制作过程

使用研究思路图是制作高质量PPT的一个关键程序,特别在描述研究过程的时候,最好用研究思路图进行说明。有许多专业软件可用于研究思路图的制作,PowerPoint本身自带的绘图工具,功能也很强大,可使用Office组件通用的绘图工具。这与Word里经常应用绘图工具方法相同:打开"视图"—"工具栏"—在"绘图工具栏"上打钩,就会在底下出现"绘图工具栏"。有绘图、自选图形、线条、箭头、文本框、艺术字体、组织结构图、剪贴画、插入图片等工具。其中利用组织结构图可直接制作研究思路图,但模式较为固定。剪贴画是制作者最喜欢插入的内容,但一般在学术PPT中,剪贴画不易插入太多,因为剪贴画会减少学术分量。而对于制作者最重要的是要学会利用自选图形制作直接需要的研究思路图。自选图形中有些是标注,可直接插入文字,图形则必须利用文本框才能插入文字。只要有足够的耐心,任何形式的研究思路图都可做出来。值得注意的是,在制作研究思路图之前一定要注意图形之间的连接次序,最有用的工具是"组合"和"叠放次序"。"组合"工具可把多个小图组合起来,减少重复劳动。因此,在完成一部分工作后尽量将其组合。"叠放次序"可以利用图形颜色的差异把不需要的部分遮盖。此工具若使用恰当,既能减少工作量,也可利用多个图形的相互关系创造出复杂且美观的图形。

(五)答辩PPT的制作规范

(1)字号以及字体标准。学位论文题目:黑体四号;一级标题:黑体三号;二级标题:黑体四号;三级标题:楷体四号;正文内容:宋体小四号。

(2)行间距标准。一级标题3倍行距,二级、三级标题二倍行距,四级标题以及正文内容1倍行距。

(3)排版标准。每页内容不宜过多,一般不超过页面大小的2/3。

(4)字体颜色标准。根据背景选择颜色,同一张PPT最好颜色一致,避免使用跟背景色相似的颜色。

(5)文字要求。文字作为PPT的主体,它的表达和处理非常重要,要求做到:①文本框内的文字,一般不必用完整句子表达,尽量用提示性文字,避免大量文字的堆砌。②在一张PPT内文字要比例适宜,避免缩在半张PPT内,也不要"顶天立地",不留边界。

(6)篇幅要求。一般应将正文内容做简要概括后制成PPT,严禁将论文内容大段复制、粘贴在演示文稿上。

(7)放映要求。建议按照PPT的默认效果放映,尽量少使用动画效果,以防出现个人陈述与PPT放映页面不一致的情况。

第三节 经管类硕士学位论文答辩技巧及专家提问

一、答辩技巧

答辩者在硕士学位论文答辩时,需要精心准备,做到万无一失。

(一)表述技巧

答辩者首先要介绍论文的概要,这就是所谓"自述报告",必须强调的一点是"自述"而不是"自读"。这里重要的技巧是不能照本宣读,把报告变成了"读书","照本宣读"是第一大禁忌。这一部分的内容可包括研究背景及研究意义、国内外研究现状、研究方案及研究路径、相关概念及理论基础等。不能占用过多时间,一般以 20 分钟为限。在表述过程中尽量做到词约旨丰,一语中的。要突出重点,把自己的最大收获、最深体会、最精华与最富特色的部分表述出来。值得注意的是,要避免:①主题不明;②内容空泛,东拉西扯;③平平淡淡,没有重点。

(二)听取技巧

在听取答辩专家提问时所要掌握的技巧如下:
(1)沉着冷静,边听边记。
(2)精神集中,认真思考。
(3)既要自信,又要虚心。
(4)实事求是,绝不勉强。
(5)听准听清,听懂听明。

(三)回答技巧

在回答问题时,所要掌握的技巧是了解每个问题所要作答的"中心""症结"和"关键"在哪里,从哪一个角度回答问题最好,应举什么例子来证明。回答问题实质上是一次有组织的"口头作文",这就要做到:
(1)一问一答,有问必答。
(2)条理清晰,层次分明。
(3)用词恰当,语言流畅。
(4)口齿清楚,语速适度。
(5)心态平和,态度谦虚。

二、专家提问

(一)预设答辩委员会专家可能提出的问题

在答辩者陈述结束后,答辩专家将提出问题,由答辩者进行答辩,时间为 10~20 分钟。一般包括需要进一步说明的问题、论文所涉及的有关基本理论和专业知识、考查答辩者综合素质等方面。

答辩者应提前对答辩专家提出的问题做出简单的预设,答辩专家可能提出的问题一般来源于以下几个方面:

(1)来自论文内容的问题:论文的研究方法是否可行、论文框架是否合理、实证分析的过程是否正确、研究结论是否有参考价值、研究案例是否具有代表性、政策建议是否和研究结论相关等。

(2)来自论文格式的问题:论文格式、参考文献的规范性、语法、语句、措辞的正确性等。
(3)来自PPT的问题:PPT的内容和正文的一致性等问题。

(二)回答答辩委员会专家问题的技巧

针对前面可能遇到的问题,在回答答辩专家的现场提问时,应注意从以下几个方面入手。

(1)遇到论文内容的问题:根据答辩专家提出的具体问题,应结合论文内容,一一进行回答,做到有理有据。对于答辩专家提出的正面问题,可以做深入、细致的回答,如果提出的是反面问题,首先阐述自己的见解,如果确实有误,应虚心接受答辩专家的意见,事后与导师共同商讨解决。

(2)遇到PPT和论文格式的问题:先承认自己的错误,虚心接受批评,按照正确的格式进行修改。

(3)其他问题:到了提问环节,专家提问不管妥当与否,都要耐心倾听,不要随便打断别人的话。对专家提出的问题,当自我感觉回答得不错时,不要流露出骄傲情绪。如果确实不知如何回答,应直接向专家说明,不要答非所问。

(三)经管类硕士学位论文答辩常见问题举例

在经管类硕士学位论文答辩中,通常会遇到以下一些问题:
(1)自己为什么选择这个论题?
(2)研究这个论题的意义和目的是什么?
(3)全文的基本框架、基本结构是如何安排的?
(4)全文的各部分之间逻辑关系如何?
(5)在研究本论题的过程中,发现了哪些不同见解?对这些不同的意见,你是怎样逐步认识的?又是如何处理的?
(6)论文的主要观点是什么?理论依据是什么?
(7)调查问卷的发放对象、数量以及效度、信度的分析。
(8)模型构建的依据是什么?
(9)实证结果是如何得出的?
(10)实证的立论依据是什么?
(11)研究结论是如何得出的?
(12)研究假设验证结果是否得当?
(13)对策建议是否和研究结论相关?
(14)参考文献的篇数、新旧、规范性是否符合要求?
(15)还有哪些问题自己还没有搞清楚,在论文中论述得不够透彻?
(16)论文虽未谈及,但与其较密切相关的问题还有哪些?

对以上问题应仔细想一想,必要时要用笔记整理出来,写成发言提纲,在答辩时备用。这样才能做到有备无患、临阵不慌。

第四节 经管类硕士学位论文正式答辩

一、答辩流程

经管类硕士学位论文答辩是经管类硕士研究生获得学位的重要途径,其重要性不亚于考试,所以了解经管类硕士学位论文答辩流程是非常必要的。下面将从四个方面对经管类硕士学位论文的答辩流程进行具体介绍。

(一)陈述论文

在答辩前的准备工作中,答辩者已将论文的重点内容做成了PPT。所以,在专家提问之前,答辩者需要用15~20分钟的时间陈述学位论文的基本内容,以此来帮助答辩专家尽快获取论文的重点,进而提出针对性的意见、建议。这就要求答辩者在自我陈述时需根据事先准备的演讲稿,借助PPT,边演示边介绍。尽可能做到脱稿陈述、逻辑清晰、口齿清楚,争取用最短的时间让答辩专家了解论文的重点内容。

答辩稿的内容主要包括:

(1)论文的目的、意义、内容和相关参考资料。

(2)硕士学位论文的研究方法。

(3)研究结论。

(二)专家现场提问

在自我陈述之后,答辩委员会专家一般会针对论文内容进行提问。他们一般是以答辩者学位论文的研究内容为基础,同时兼顾相关知识来进行提问。他们所提的问题难易程度适中,先易后难、逐步深入,呈现考查而非询问的特点。所以,答辩者在自我陈述后,要集中注意力记录答辩专家提出的问题,以答辩专家容易理解的方式进行完整的回答,同时,回答问题时要有深度、有逻辑性。通常,答辩者需要用大约10分钟的时间对专家的提问做出认真回答。

答辩专家一般的提问类型:

(1)对选题意义提问。

(2)对重要观点及概念提问。

(3)对论文数据来源提问。

(4)对论文新意提问。

(5)对论文写作细节提问。

(6)对论文薄弱环节提问。

(7)对论文结论提问。

(8)对相关建议提问。

(9)对论文摘要、关键词部分中英文提问。

(10)对论文中有异议部分提问。

答辩者应对专家提问：
(1)沉着冷静,尽量用相关专业术语,思考清楚后再做回答。
(2)回答问题要有逻辑性,以简洁的语言,清晰、透彻地回答专家的问题。
(3)遇到不会的问题时,不要慌张,要保持沉着、清醒的头脑。如果实在不了解相关内容,直接向专家说明即可,千万不要答非所问。

(三)专家表决

答辩完成后,答辩者暂时离开会场,答辩委员会根据论文质量和答辩情况进行讨论,并对论文和答辩过程中的情况进行小结,对答辩者的优点加以肯定,同时也会指出其答辩过程中的错误或不足之处。答辩委员会的小结内容包括评述论文内容和论文结构、提出论文存在的问题、评价学位论文和论文答辩情况等。最后,答辩委员会以无记名投票表决的方式决定论文答辩是否通过。通常,至少要有三分之二的答辩委员会成员同意通过,才能确定答辩者通过论文答辩。此外,答辩委员会的投票结果会记录在案。

(四)宣布结果

学位论文答辩作为研究生教育的重要组成部分,在不知道答辩结果之前答辩者千万不能掉以轻心,因为这关系到答辩者能否顺利拿到学位证书,是其顺利毕业的关键。在答辩专家表决之后,答辩者需要重新进入答辩会场,由答辩委员会主席宣读答辩委员会对其论文答辩的决议书内容和投票表决结果。对不能通过答辩的硕士生,答辩委员会会提出论文修改意见,允许答辩者在半年内修改论文后另行答辩。

二、现场答辩

现场答辩是经管类硕士学位论文答辩的关键所在,答辩者能否通过答辩,全靠现场答辩的表现。所以,经管类硕士生在答辩时必须做到脱稿汇报。在脱稿汇报时,要达到观点明确、重点突出、时间合理、声音洪亮、态度诚恳等要求。

以下是现场答辩的顺序：

(一)开场白

答辩者在答辩开始时要向各位答辩专家问好,开场白是整个论文答辩的正式开始。好的开始是成功的一半,要切合主题、符合答辩基调、运用适当的语言进行答辩。因为它可以起到吸引注意力、预告答辩的目的,所以答辩者应避免负面开头,如自我辩解(如"我最近找工作压力太大,准备不充分……""我工作太忙,准备不太好……")。这既体现出对答辩委员会专家的不尊重,也是个人自信心不足的表现。答辩者需避免过度的自我表现。因为过度的表现,会引起答辩委员会专家的反感。如"经过这么多年的思考,我认为我的这种制度设计已经达到最科学、最完美的……"

(二)自我陈述

答辩者在陈述时应注意：掌握时间、扼要介绍、沉着冷静、声音洪亮、吐字清晰、抑扬顿挫，做到内容上紧扣主题。表达时要淋漓尽致，语气上要用肯定的、富有感染力的语言，这样能增强胆量、减少怯场，也能使自己更富激情，引起专家的注意力，进而感染答辩专家。当然，要想实现语言的流畅性、信服力，需要看临场发挥。同时，注意答辩并非纯粹是学术答辩，也有少许的非学术成分。自我陈述时要注意分寸，运用适当的辩术，以取得答辩的最佳效果。此外，在自我陈述中，应态度诚恳，表现出对专家的尊重。在陈述结束之后，要对答辩专家表达感谢。

(三)回答专家问题

自我陈述结束后，答辩委员会专家将会随机提出问题，这些问题可能包括质询问题。质询问题是盲审专家提出的问题，一般针对论文中的主要内容来进行提问，也有根据论文的细节问题和数据来源问题来进行提问。一般情况下，质询问题难度适中，就是考查答辩者对自己论文通篇内容是否熟悉、是否理解。所以应答此类问题时，不要太过紧张，在头脑中组织好语言，有逻辑地进行回答。此外，对于专家提问不管妥当与否，都要耐心倾听，不要随便打断别人的问话，同时对于专家提出的问题，应当回答完整，力求准确，以此证明自己已具备一定的学术研究能力。

第五节 经管类硕士学位论文答辩成绩终评标准和方法

在经管类硕士研究生进行硕士学位论文正式答辩之后，答辩专家会对其学位论文答辩成绩进行终评，即经答辩委员会"合议"评定后，报答辩领导小组审定通过的论文答辩成绩的评定。

一、终评标准

答辩前的答辩专家互评或评审小组的初评成绩、答辩中答辩专家对答辩效果的总评，以及答辩委员会根据各委员的无记名投票，最后经答辩委员会综合这三种形式各自评定的成绩，都是学位论文答辩成绩的重要组成部分。这三种形式所评定的成绩，在实质上可归结为论文质量和答辩水平两个方面。论文答辩成绩的终评标准，应以论文的质量为基础，以答辩水平为依据，把答辩水平作为评判论文答辩成绩的一个硬性标准，最后将论文答辩成绩分为优秀、良好、及格、不及格四个档次。

1.优秀(相当于90~100分)

第一，能综合运用所学理论和本专业的有关知识来观察社会，联系社会实际，正确、全面地分析问题，具有一定深度或有所创新，对指导实际工作有一定的意义。第二，重点突出，论据充分，结构严谨，层次分明，文笔流畅，文字、口头表达能力强。第三，答辩贴切，言简意赅，逻辑性强，说理透彻，甚至还有独到见解。论文材料丰富新颖，数据可靠，能用科学的思维方法鉴别、加工和整理。具备以上几点，答辩成绩基本可以评定为优秀。

2.良好(相当于80~89分)

第一，能较好地综合运用所学理论和本专业的知识来观察社会，联系社会实际，正确、全面地分析问题,具有一定深度,对实际工作有一定的参考作用。第二,重点明确,论据较充足,层次较分明,文字、口头表达能力较好。第三,答辩贴题,思路清晰,说理较透彻。论文材料较丰富、可靠,能较好地运用科学的思维方法进行鉴别和整理。具备以上几点,答辩成绩基本可以评定为良好。

3. 及格(相当于60～79分)

第一,能基本正确理解、掌握和运用所学理论与本专业知识,说明本社会现实问题,在理论上,对党和国家政策的理解没有原则性的错误。第二,重点基本明确,论述基本有据,文字、口头表达能力尚好。第三,答辩基本说明了问题,论文中使用了一定材料并做了一定的整理。具备以上几点,答辩成绩基本可以评定为及格。

4. 不及格(相当于59分以下)

第一,能运用科学理论与专业知识说明一些问题,对社会现实问题进行了思考并提出了一些想法,但在阐述中有明显错误。第二,有照搬、大量采用别人成果的现象。第三,答辩离题,东拉西扯,没有切中研究内容。文章所用材料陈旧、所述无中心,逻辑结构差。第四,论文很好(内容抄袭或别人代写),但对内容不熟甚至不理解,答非所问,只会念论文或者照本宣读别的现成材料。具备以上几点,答辩成绩基本可以评定为不及格。

二、终评方法

论文答辩成绩的终评方法,总的说来是以论文的质量为基础,以答辩的水平为依据,从质和量的统一性上进行具体衡量。而对论文质量的评定离不开对学位论文写作成绩的评定,对答辩水平的评定离不开论文答辩各阶段成绩的量化。接下来,本节将分析论文写作以及答辩各阶段成绩的量化方法。

(一)将论文写作各阶段的成绩进行量化

答辩专家从经管类硕士学位论文选题的重要性、研究资料的新颖性、研究方法的科学性、研究成果的创新性以及论文写作的规范性出发,把论文写作各个阶段的成绩依照"学位论文写作成绩评定指标体系"进行量化,以判断论文质量的优劣。例如:如果学位论文的研究成果明确、具有可信度,以十分为限,答辩专家就可以对其研究成果的可靠性进行评定。

(二)将论文答辩各阶段的成绩进行量化

从答辩开始,答辩者PPT的陈述、质询问题的回答、答辩专家其他问题的回答以及对论文的熟悉程度都会影响论文答辩成绩的评定,同时,答辩者的答辩态度等因素也可能会影响其答辩成绩的判定,最后答辩委员会将互评或评审小组的初评、答辩专家对答辩效果的总评和答辩委员会各委员的评定成绩全部量化为百分比,再加上论文质量进行答辩成绩的终评。

以上两种方法,在正常情况下可以综合参照并灵活运用。遇到特殊情况,就须实事求是,从实际出发,并采取与之相应的终评方法,公正地做好论文答辩成绩终评工作。

思 考 题

1. 答辩时要注意哪些问题？
2. 论文答辩中应注意哪些细节？
3. 答辩PPT制作需要注意什么？

讨 论 题

1. 谈谈如何应对论文答辩中普遍存在的问题。
2. 熟悉经管类硕士学位论文的评分标准。
3. 见习2～3次论文答辩后，请谈谈你的体会。

附　　录

附录一　西安科技大学关于研究生学位论文开题报告的规定

学位论文开题报告是研究生完成学位论文、保证学位论文质量的一种集体把关形式。它有助于研究生做好论文的各项准备工作,有助于研究生较好地了解论题中应注意处理和解决的主要问题,有助于加强本学科的学术交流。为了保证和促进研究生按期完成开题报告,特制定本规定。

一、选题的原则

1. 选题应紧密结合学科发展,硕士研究生的选题应对科技发展或经济建设有一定的理论和实用价值。
2. 要充分结合指导教师的研究方向和研究生自身的基础,以利于发挥指导教师专长和调动研究生的主观能动性和创造性。
3. 要充分考虑开展工作的必要条件以及在规定的学习年限内取得创造性成果的可能性。

二、开题报告的内容

1. 选题的背景及研究的意义。
2. 本论题研究领域国内外的研究动态及发展趋势。
3. 本论题拟采取的研究方案、技术路线。
4. 本论题在研究过程中可能遇到的困难和问题,提出解决的初步设想。
5. 本论题预期达到的目标。
6. 论文工作量与经费的来源。
7. 本论题研究的进度安排。
8. 参考文献。

三、组织与管理

1. 硕士研究生开题报告以学科专业为单位由学科负责人组织进行,组成5～7人的评审小组。
2. 硕士研究生的开题报告在第三学期或第四学期初进行,因故不能按期进行开题报告,必须及时办理延期手续,经指导教师和院(系、部)主管领导同意签字后,报研究设国内部批准。

3.开题报告拟采用两级制:通过,不通过。对未通过者,必须在三个月内在学科所在学位评定分委员会重做开题报告。仍未通过者,按《西安科技大学研究生中期考核筛选办法》处理。

4.开题报告通过后,可进入论文工作阶段。原则上不再随意更改题目,如确有特殊原因需更改题目时,须由研究生写出书面报告,经指导教师同意签字,院(系、部)负责人审批后,报研究生部备案。并在1~2月内重新作开题报告。

5.开题报告完成后,经指导教师、学科及所在院(系、部)签署意见,研究生应在3日内将开题报告和选题情况报研究生部审批并备案。

四、开题报告撰写要求

开题报告字数为1万字左右,用A4复印纸小四号宋体打印。研究生论文的参考文献应为50篇以上,其中外文资料应占1/3以上。

附录二　西安科技大学硕士学位论文写作规范

为适应我国社会主义现代化建设的需要,培养社会主义市场经济所需的高层次人才,不断提高我校研究生学位论文质量,特制定本规范。

一、学位论文用字、打印、用纸

(1)学位论文用纸一律为A4纸。

(2)论文打印要求加页眉,页眉在每一页的最上方,用5号楷体,居中排列。页眉之下双划线。页眉应写章次及章标题,页码写在页脚居中。

(3)论文要求打印。汉字一律使用规范的简化字,不得使用不合规定的繁体字、简化字、复合字、异体字或自造汉字。论文正文用小四号宋体字。文内标题采用3级标注,即1,1.1,1.1.1。

(4)论文版心要求:每页页边距上边35 mm,下边30 mm;左、右留边25 mm。每页字数为34(行)×38(字);页眉为25 mm,页脚为20 mm。

二、论文顺序和装订

论文顺序依次为:封面、声明、中文摘要、英文摘要、目录、主要符号表、正文、结论、致谢、参考文献、附录、攻读学位期间发表的论文、专利、获奖及社会评价情况。主要符号表和附录可按需列入。

硕士学位论文装订11本:评阅2本,答辩5本,指导教师1本,研究生1本,交校图书馆1本(含电子版),交研究生院学位办1本。

装订后论文规格为206 mm×293 mm。

三、学位论文前置部分

前置部分包括封面、声明、中文摘要、英文摘要、目录及主要符号表。

(一)封面

按国家规定的格式前往研究生院指定印刷点印制。

密级:秘密、机密、绝密、内部事项。

分类号:按学科类别,利用《中国图书资料分类法》确定论文的分类号,或前往图书馆查阅。

论文题目:中文(包括副标题和标点符号)不超过20字;英文为中文标题的正确译文。

指导教师:为招生时所确定的指导教师(或经研究生院同意更换的指导教师)姓名及职称、协助指导的指导教师不填。

学科门类:填"法学""理学""工学""管理学""经济学"。

(二)声明

学位论文独创性说明

本人郑重声明:所呈交的学位论文是我个人在指导教师指导下进行的研究工作及其取得研究成果。尽我所知,除了文中加以标注和致谢的地方外,论文不包含其他人或集体已经公开发表或撰写过的研究成果,也不包含为获得西安科技大学或其他教育机构的学位或证书所使用过的材料。与我一同工作的同志对本研究所做的任何贡献均已在论文中做了明确的说明并表示了致谢。

学位论文作者签名:　　　　　　　　　　　　　　日期:

学位论文知识产权声明书

本人完全了解学校有关保护知识产权的规定,即:研究生在校攻读学位期间论文工作的知识产权单位属于西安科技大学。学校有权保留并向国家有关部门或机构送交论文的复印件和电子版。本人允许论文被查阅和借阅。学校可以将本学位论文的全部或部分内容编入有关数据库进行检索,可以采用影印、缩印或扫描等复制手段保存和汇编本学位论文。同时本人保证,毕业后结合学位论文研究课题再撰写的文章一律注明作者单位为西安科技大学。

保密论文待解密后适用本声明。

学位论文作者签名:　　　　指导教师签名:　　　　日期:

(三)摘要

1.中文摘要

在论文的第一页,简要说明研究工作的目的、方法、成果和结论,重点说明本论文的成果和新见解。中文摘要字数为500~1 000字。中文摘要中除个别英文缩写外,一律用汉字写成,不得出现公式、图、表和参考文献等。

2.英文摘要

(1)用词应准确,使用本学科通用的词汇。

(2)关键词按相应专业的标准术语写出。

(3)中、英文摘要的内容一致。

3.学位论文中英文摘要排版要求

(1)学位论文中文、英文摘要不加页眉和页脚,不标页码。

(2)版心与正文要求相同。

(3)中文摘要排版要求:

(以下标题和内容为四号黑体,1.5倍行距)

论文题目:

专业:

硕士生:×××(签名)

指导教师:×××(签名)

摘要

……(摘要正文部分采用小四号宋体字,单倍行距。)

(以下标题为小四号黑体,1.5倍行距,内容为小四号宋体)

关 键 词:

研究类型:

(4)英文摘要字体及排版要求:

1)英文摘要字体采用 Times New Roman。

2)英文摘要排版要求如下:

(以下标题和内容为四号字体加黑,1.5倍行距)

Subject:

Specialty:

Name:×××(Signature)

Instructor:×××(Signature)

ABSTRACT

(英文摘要内容采用小四号字体,单倍行距。)

(以下标题为四号加黑,内容为小四号字体,1.5倍行距)

Key words:

Thesis:

(四)关键词

(1)关键词应选取能反映论文主体内容的词或词组,每篇选取 3~5 个。

(2)关键词应尽可能从《汉语主题词表》中选取,新学科的重要术语也可选用。

(3)中外文关键词应一一对应,分别排在中外文摘要下方。

论文的类型:论文类型分理论研究、应用研究、用于生产、其他四种,作者根据自己的工作,选择一种。

(五)目录

(1)目录中章、节号均使用阿拉伯数字,如章为 1,分层次序为 1.1 及 1.1.1 等 3 个层次。章为小四号黑体字,节为小四号宋体字。

(2)目录中章节应有页号,页号从正文开始至全文结束。

(3)目录页号另编,并加页眉。

(六)主要符号表

(1)全文中常用的符号及意义在主要符号表中列出。

(2)符号排列顺序按英文其他相关文字顺序排出。

(3)主要符号表页号另编,并加页眉。

四、学位论文主体部分

主体部分包括绪论(引言、前言)、正文、结论、致谢及参考文献。

主体部分层次格式：
1　X X X（三号黑体、三倍行距）……（居中排）章节层次
1.1　XXX（四号黑体、二倍行距）……（不接排）节级层次
1.1.1　XXX（四号楷体、二倍行距）……（不接排）
（1）XXX（小四号宋体）XX（接排）条款层次
①XXX（小四号宋体）XX（接排）
硕士学位论文为3万～5万字（含图表）。

（一）绪论

绪论应简要说明研究工作的目的、范围，相关领域的前人工作和知识空白，理论基础和分析，研究设想、研究方法和实验设计，预期结果和意义等。应言简意赅，不要与摘要雷同，不要成为摘要的诠释。一般教科书中有的知识，在绪论中不必赘述。

（二）正文

学位论文的正文是核心部分，占主要篇幅，包括理论分析、数据资料、实验方法、仪器设备、材料原料、实验结果、现场试验与观测，以及图表、形成的论点和结论。

由于研究工作涉及的学科、选题、研究方法有很大的差异，对正文内容不能作统一的规定。但是，必须实事求是，客观真实，合乎逻辑，层次分明。论文不得混淆研究生与他人的工作界限，参考或引用了他人的学术成果或学术观点，必须在引用处注出参考文献序号，严禁抄袭、占有他人的成果。

（三）结论

结论是最终和总体的结果，不是正文中各段小结的简单重复。结论应该准确、完整、明确、精练。语句不能模棱两可，含糊其词。

可以在结论中提出建议、研究设想、仪器设备改进意见、尚待解决的问题等。

（四）致谢

可以在正文后对下列方面致谢：
（1）指导教师。
（2）国家科学基金，合同单位，资助或支持的企业、组织或个人。
（3）协助完成研究工作和提供便利条件的组织或个人。
（4）在研究中提出建议和提供帮助的人。
谢词谦虚诚恳，实事求是。

（五）参考文献

1.一般要求

（1）参考文献一般应是作者直接阅读过的、对学位论文有参考价值的、发表在正式出版物上的文献，除特殊情况外，一般不应间接使用参考文献。

（2）参考文献应具有权威性，要注意应用最新的文献。

(3)引用他人的学术观点或学术成果,必须列在参考文献中。

(4)参考文献在整个论文中按出现的次序列出。

(5)参考文献的数量。硕士学位论文参考文献一般在30～50篇,其中外文参考文献应在10篇左右。

2.参考文献的著录格式(依据国家标准GB/T 7714—2015)

A. 连续出版物

[序号]主要责任者.文献题名[J].刊名,出版年份,卷号(期号):起止页码.

[1]程远平,李增华.煤炭低温吸氧过程及其热效应[J].中国矿业大学学报,1999,28(4):310-313.

B. 专著

[序号] 主要责任者.文献题名[M].出版地:出版者,出版年:页码.

[3] 马沛生.化工热力学[M].北京:化学工业出版社,2005:5.

C. 会议论文集

[序号] 析出责任者.析出题名[C]//编者.论文集名.(供选择项:会议名,会址,开会年)出版地:出版者,出版年:起止页码.

[6]孙品一.高校学报编辑工作现代化特征[C]//中国高等学校自然科学学报研究会.科技编辑学论文集(2).北京:北京师范大学出版社,1998:10-22.

D. 专著中析出的文献

[序号] 析出责任者.析出题名[M]//专著责任者.书名.出版地:出版者,出版年:起止页码.

[12]罗云.安全科学理论体系的发展及趋势探讨[M]//白春华,何学秋,吴宗之.21世纪安全科学与技术的发展趋势.北京:科学出版社,2000:1-5.

E. 学位论文

[序号] 主要责任者.文献题名[D].保存地:保存单位,年份.

[7]董丁稳.基于安全监控系统实测数据的瓦斯浓度预测预警研究[D].西安:西安科技大学,2012.

F. 报告

[序号] 主要责任者.文献题名[R].报告地:报告会主办单位,年份.

[9]冯西桥.核反应堆压力容器的LBB分析[R].北京:清华大学核能技术设计研究院,1997.

G. 专利文献

[序号] 专利所有者.专利题名[P].专利国别:专利号,发布日期.

[11]姜锡洲.一种温热外敷药制备方案[P].中国专利:881056078,1983-08-12.

H. 国际、国家标准

[序号] 标准代号.标准名称[S].出版地:出版者,出版年.

[1]GB/T 16159—1996.汉语拼音正词法基本规则[S].北京:中国标准出版社,1996.

I. 报纸文章

[序号]主要责任者.文献题名[N].报纸名,出版年-月-日(版次).

[13]谢希德.创造学习的思路[N].人民日报,1998-12-25(10).

J. 电子文献

[序号]主要责任者.题名:其他题名信息[文献类型标识/文献载体类型].出版地:出版者,出版年.引文页码(更新或修改日期)[引用日期].获取和访问路径.数字对象唯一标识符.

[20]萧钰.出版业信息化迈入快车道[EB/OL].(2001-12-19)[2002-04-15]. http://www.creader.com/news/20011219/200112190019.html.

附:参考文献著录中的文献类别代码

普通图书:M 会议录:C 汇编:G 期刊:J 学位论文:D 报告:R
标准:S 专利:P 数据库:DB 计算机程序:CP 电子公告:EB

(六)论文的插图、表格、公式

1.插图

(1)所有插图按章编号,如第1章第3张图为"图1.3",所有插图均需有图题(图的说明),图号及图题应在图的下方用5号宋体居中标出。

(2)一幅图如有若干分图,均应编分图号,用(a),(b),(c)……按顺序编排。

(3)插图须紧跟文述。在正文中,一般应先见图号及图的内容后再见图,一般情况下不能提前见图,特殊情况需延后的插图不应跨节。

(4)图形符号及各种线形画法须按现行的国家标准。

(5)坐标图中坐标上须注明标度值,并标明坐标轴所表示的物理量名称及量纲(沿坐标轴指向顺序标出),应国际标准(SI)标注,例如:kW,m/s,N·m等。

(6)提供照片应大小适宜,主题明确,层次清楚,照片一定要有放大倍数。

(7)图应具有"自明性",即只看图、图题和图例,不阅读正文,就可理解图意。

(8)插图中须完整标注条件,如实验条件、结构参数等。

(9)图中用字最小为5号字。

(10)使用他人插图须注明出处。

2.表格

(1)表格应按章编号,如表2.1,并需有表题(表的说明),表格应为三线表(特殊情况例外)。表内同一栏的数字必须上下对齐。表内不宜用"同上""同右""//"和类似词,一律填入具体数字或文字。表内"空白"代表未测或无此项。

(2)表号标题(5号宋体加黑)应从表格上居中排列。

(3)表格的设计应紧跟文述。若为大表或作为工具使用的表格,可作为附表在附录中给出。

(4)表中各物理量及量纲均按国际标准(SI)及国家规定的符号和法定计量单位标注。

(5)使用他人表格须注明出处。

3.数学、物理和化学式

(1)公式均需有公式号。

(2)公式号按章编排,如式(2.3),公式居中,编号右对齐。

(3)公式中各物理量及量纲均按国家标准(SI)及国家规定的法定符号和法定计量单位标注,禁止使用已废弃的符号和计量单位。

(4)公式中用字、符号、字体要符合科学规范。较长的公式,转行时居中排列,转行只能在＋、－、×、÷处,上下式尽可能在等号"＝"处对齐。

五、附录部分

附录是作为论文主体的补充项目,并不是必须的。

1.附录

附录的内容包括：

(1)正文中过长的公式推导与证明过程可在附录中依次给出。

(2)与本文紧密相关的非作者自己的分析,证明及工具用表格等。

(3)在正文中未列出的实验数据。

2.攻读学位期间所发表的论文、专利、获奖及社会评价

在学位论文的最后,应附上研究生本人在攻读学位期间所发表的论文(写法同参考文献),获得的专利、获奖、鉴定及工程实践的社会评价及有关资料(一般只写目录清单即可)。

六、学位论文详细摘要

学位论文详细摘要仅要求硕士研究生撰写。

学位论文详细摘要可供答辩委员会成员和出版学位论文摘要汇编时使用。

详细摘要应具有独立性,应能概括论文的要点和主要结论,充分反映论文的研究成果和价值。这种摘要应控制在5 000字左右,它实际上是硕士学位论文的缩影,包括以下内容：

(1)从事研究工作的目的和重要性。

(2)研究内容和过程的概括性叙述。

(3)获得的主要结论、论文的新见解,这是本摘要的中心内容。

(4)必要的少量图表。

(5)结论的意义。

附录三 西安科技大学硕士学位论文的管理办法

一、学位论文流程规范

学位论文是研究生获得学位的重要依据,也是衡量研究生教育质量的重要指标之一。学位论文从选题、定稿到通过答辩,一般要经过若干环节。通过规范学位论文的撰写与答辩流程,有助于学院(培养单位)、指导教师和学生依照流程完成学位论文工作的各个环节,有效保证学位论文的质量。会计学术型硕士、会计专业型硕士和工商管理硕士学位论文的撰写和答辩基本一致,一般应遵循附图1所示的流程。

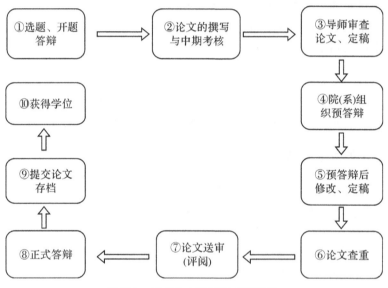

附图1 学位论文撰写和答辩流程

1.选题、开题答辩

学生应及时与指导教师沟通,讨论学位论文方向与选题。一般需考虑指导教师的研究领域或专长,学生实习经历、个人兴趣和工作意向,选择并确定学位论文选题;根据培养单位要求,由学生填写开题报告(一般包括文献梳理、问题提出和论文大纲),由本学科5名专家召开论文开题会,对学生的论文选题、研究方法、研究框架等内容是否合理提出指导意见,得出是否同意其开题的结论。原则上论文开题至正式答辩的间隔期不应少于3个月。

2.论文撰写与中期考核

在论文开题基础上,进一步对中外文献进行深度梳理、搜索、收集数据,设计调查问卷、开展实地调查或进行实证分析,撰写论文初稿;在论文计划进度过半时,由培养单位组织5名专家对学生学位论文进展情况进行中期考核或检查,了解学位论文进展以及存在的问题,提出改进、完善的建议。

3.指导教师审查论文、定稿

学生根据开题报告的要求进行撰写,并按计划提交让指导教师修改。指导教师具有对学生学位论文质量把关的责任和义务。指导教师认为学生论文达到质量要求时,可同意学生论文定稿。

4.院(系)组织预答辩

学生按照学位论文基本要求完成学位论文初稿,由学科负责组织5名专家对学位论文进行预答辩,做出是否同意继续后续研究的结论,并对学位论文中存在的问题提出修改意见。

5.预答辩后修改、定稿

学生针对预答辩中存在的问题进行修改,进一步完善学位论文。在定稿环节,学生应认真审视论文题目及文题是否相符,核实数据,厘清层次,修饰语言和规范格式。预答辩和正式答辩的间隔时间一般为一个月以上。

6.论文查重(重复率检测)

按照培养单位的规定,对定稿后的学位论文进行形式审查和查重(重复率检测)。重复率控制在20%以下。

7.论文送审(评阅)

论文作者签署不违反学术道德承诺书,由培养单位将通过审查的论文提交3名校外专家进行答辩前的论文匿名评审,并做出是否同意其参加论文答辩的结论,同时提出两到三个质疑问题。

8.正式答辩

由培养单位组织4名校内专家和1名校外专家组成答辩委员会,对通过评阅的学位论文进行正式答辩,并由答辩委员会做出学位论文是否通过答辩的决议。

9.提交论文存档

通过答辩的学位论文,由学生按照规定时间提交培养单位研究生教务管理部门存档。需要适度修改的论文在修改后提交存档。论文存档后将提交培养单位学院、学校两级学位委员会会议。

10.获得学位

通过培养单位学位委员会会议的论文申请人,由培养单位授予硕士学位。

二、论文各阶段的管理办法

研究生学位论文是研究生毕业阶段的重要环节。为加强我校研究生培养过程的管理,保证研究生培养的质量,进一步提高研究生学位论文水平,结合我校实际情况,特规定以下管理办法。

(一)选题、开题答辩

1.选题

(1)加强领导,认真做好选题组织工作。进一步规范程序,明确标准,严格执行,精心做好思想动员工作,使广大师生统一认识,端正态度,积极参与,正确对待学生学位论文工作。广泛征集形式多样的高质量选题,并结合学生个性发展和就业需要,加强与企事业单位联系,争取实践机会,以满足学生发展需要。

(2)注重创新,确保选题质量。学位论文选题应满足教学基本要求,符合专业培养目标,体现时代特点,符合社会发展、科技进步的需要,并具有创新性;80%的选题力争来自生产和社会实际,反映所实习企业实际情况,并能解决实际问题;选题难度不能低于培养目标的基本要求,并能使多数学生在规定的时间内完成规定的任务;选题应重视综合训练,培养学生文献检索、外语水平、计算机应用、写作水平等各方面能力,从而达到培养目标的要求。

(3)强化管理,规范选题程序。由指导教师初步确定学位论文候选题目,论文指导委员会就候选题目难易程度、工作量大小及所具备的条件等方面进行审题,审查通过后确定为学位论文选题,供学生选择。题目一经确定,不得随意更改。

2.开题答辩

(1)开题答辩委员会成员组成。开题答辩委员会由5名本校专家组成。

(2)开题答辩的组织实施。开题答辩时间一般放在研究生第三学期十一月份到第四学期三月份之前,由答辩秘书提前通知具体时间和地点,分组情况一般按二级学科或导师所属系确定。

(3)开题报告的程序。

1)个人申请。符合开题要求和条件的研究生可申请开题,获导师认可同意后,符合开题,并做好开题前相关准备工作。

2)答辩汇报。开题报告会由答辩小组组长主持,采取PPT汇报和答辩相结合的方式进行,个人阐述时间不少于15分钟。由答辩小组对论文选题、研究思路以及论文撰写计划进行点评和提问。

3)审查评议。开题报告结束后,考核小组进行集体评议,根据考核内容严格审核,并填写学位论文开题报告审查意见。开题报告会的考核过程和相关材料,由考核小组秘书负责记录汇总。

4)备案抽查。开题报告工作完成后,学院应在一周内将开题报告完成情况报研究生院备案。研究生院将组织专家对开题报告进行抽查。

(4)开题结果的处理。

1)开题报告通过者,在一周内根据考核小组的评议意见对原报告进行修改完善,经导师同意签字后将开题报告送交所在学院保存,至学位论文答辩结束后,一同归入学位档案。未通过者,在1~2个月内重新做开题报告,如仍未通过,需在下一年开题,学位论文答辩时间同时顺延。

2)开题报告通过后,原则上不再变动。研究生若要更改选题须本人写出书面报告,经导师同意签字,所在学科负责人以及学院主管领导审批后,报研究生院备案,并在1个月内严格按照开题报告程序重新进行开题。研究生更改选题后论文工作开始时间从上交新开题报告之日算起。

(二)预答辩

预答辩形式与正式答辩形式相同,学位论文可以暂不装订,但是论文排版格式和内容必须符合学位论文的要求。

1.预答辩委员会成员组成

预答辩委员会成员与开题答辩委员会人员构成相同。

2.预答辩的组织实施

(1)预答辩要求时间。一般放在研究生第五学期结束前的最后一周进行,由答辩秘书提前通知具体时间和地点,分组情况一般按二级学科或导师所属系确定。

(2)预答辩要求材料。①预答辩秘书应认真做好预答辩记录;②预答辩结束后,各培养单位应按要求提交预答辩小组成员名单、预答辩记录(重点为预答辩小组给出的论文完善或修改意见)和预答辩结论等信息。

3.预答辩的程序

(1)预答辩委员会主席宣布预答辩开始,并介绍预答辩委员会组成人员,宣布预答辩学生顺序。

(2)论文预答辩人开始陈述其学位论文的核心内容。内容采用PPT演示,陈述时间20分钟。要求陈述清楚,条理清晰,内容精炼。

(3)论文预答辩人陈述完毕后,预答辩委员会委员就论文提出修改意见,论文预答辩人记录下所提出的问题后,继续修改论文不足之处。

4.预答辩结果的处理

(1)通过预答辩的研究生,根据答辩组专家的意见修改论文,准备正式申请论文答辩。

(2)未通过预答辩(论文内容差、工作量少等情况)的研究生,经过院学术委员会审议,延期6个月进行论文答辩申请;未参加预答辩的研究生,没有资格申请正式的学位论文答辩。

(三)正式答辩

1.正式答辩委员会成员组成

由培养单位组织4名校内专家和1名校外专家组成答辩委员会,校外专家担任答辩主席。

2.答辩组织实施

(1)正式答辩要求时间。一般放在研究生第六学期六月份进行,由答辩秘书提前通知具体时间和地点,分组情况一般按二级学科或导师所属系确定。

(2)正式答辩要求公开进行。在正式答辩前一周,张贴海报公布学位论文题目、答辩时间、地点、报告人等,要求组织相关学科教师和研究生参加。

(3)正式答辩要求材料。①答辩秘书在答辩前负责每位研究生三本论文及三份论文评阅意见表的送达及评阅意见的回收。②答辩秘书检查答辩材料,主要材料包括:申请硕士学位论文答辩资格审查表、硕士学位论文答辩申请书、五本学位论文、硕士学位论文答辩情况表、硕士学位论文送审意见表、硕士学位论文答辩委员会成员审批表,研究生期间的学习成果和学术研究成果材料等。

(4)答辩会议的会务工作。由答辩秘书安排、执行。

3.答辩程序

(1)答辩委员会主席介绍答辩委员会组成情况,主持答辩委员会各项议程。

(2)宣读论文外审专家的评阅意见,答辩人回答外审专家的问题。

(3)论文答辩人用PPT展示论文的主要内容,要求详略得当、重点内容突出,陈述口齿清楚、声音洪亮、条理清晰,时间为20分钟。

(4)委员提问,答辩人回答相应问题,提问时间一般不少于15分钟。

(5)休会,答辩人和导师回避(导师如为答辩委员不必回避)。

(6)答辩委员会举行内部会议,画圈评议,表决论文的写作水平及答辩情况,形成答辩委员会决议,并就是否建议授予硕士学位进行不记名投票表决。在答辩委员会成员三分之二以上(含三分之二)同意时方可做出建议授予硕士学位的决定。

(7)复会,答辩委员会主席宣布答辩委员会决议及投票表决结果。

(8)答辩委员会主席宣布答辩委员会答辩结束。

4.正式答辩结果的处理

(1)硕士学位论文答辩委员会,对是否通过学位论文答辩、是否建议授予学位进行不记名投票表决,经全体委员三分之二以上同意为通过。

(2)答辩委员会对是否推荐为优秀论文进行不记名投票表决。经全体委员半数以上同意推荐为优秀论文。答辩委员会决议推荐为优秀论文的,方可参加校级、省级优秀硕士学位论文的评选。

(3)经答辩和投票未通过,但答辩委员会认为可以进一步修改的论文,经不记名投票,过半数委员通过,可在一年内继续修改、重新答辩。如果答辩委员会未做出修改论文、重新答辩的决议,则本次申请无效。

5.学位论文成绩评定

学位论文最终成绩=学位论文写作成绩×70%+学位论文答辩成绩×30%

评价结果分为优秀、良好、中等、及格、不及格五种。优秀:优秀成绩≥90分;良好:90分>良好成绩≥80分;中等:80分>中等成绩≥70分;及格:70分>及格成绩≥60分;不及格:不及格成绩<60分。

学位论文写作的成绩评定指标体系分为4个一级指标、10个二级指标,具体见附表1。

附表1 学位论文写作成绩评定指标体系

一级指标	二级指标	评价观测点	成绩评定
1.选题(20分)	1.1 选题价值(10分) 1.2 选题意义(10分)	选题来源于会计或相关管理实践 选题具备前沿性	
2.资料及方法(35分)	2.1 理论与文献综述(5分)	文献资料搜集的全面性、新颖性;总结归纳、评述的客观性、正确性	
	2.2 研究方法(10分)	运用科学、合理的研究方法和研究工具;研究过程设计与论证合理、充分	
	2.3 数据与资料(10分)	具有第一手资料、调查数据或统计数据;研究资料翔实,资料运用合理、得当	
	2.4 研究深度与工作量(10分)	工作量饱满(论文数据量、分析程度及篇幅等);研究工作深入,有难度	
3.成果(30分)	3.1 成果的可靠性(10分)	研究成果明确、具有可信度	
	3.2 成果的实用性(10分)	研究成果具有实践应用价值预计可产生经济效益或社会效益	
	3.3 结论的创新性(新颖性)(10分)	具有运用新思路、新视角、新方法解决问题的能力	
4.写作(15分)	4.1 基础理论和专业知识(5分)	论文以相关学术理论为支撑,合理运用专业知识分析问题	
	4.2 论文写作规范性(10分)	恪守学术道德和学术规范;逻辑严谨,文字通顺流畅;引注、参考文献(中外文)、图表等准确、规范	

学位论文答辩的成绩评定指标体系分为5个一级指标、14个二级指标,具体见附表2。

附表2 学位论文答辩成绩评定指标体系

一级指标	二级指标	成绩评定
1.内容陈述(30分)	1.1 声音洪亮(5分) 1.2 吐字清楚(5分) 1.3 条理清晰(10分) 1.4 论文熟练程度(10分)	
2.PPT制作(25分)	2.1 制作效果的美观性(5分) 2.2 制作结构的合理性(10分) 2.3 制作内容的完整性(10分)	
3.外审回答(20分)	3.1 回答思路清晰(10分) 3.2 回答内容正确、不偏离问题(10分)	

续表

一级指标	二级指标	成绩评定
4.答辩问题(20分)	4.1 回答逻辑清晰(10分)	
	4.2 回答内容正确、不偏离问题(5分)	
	4.3 态度谦虚、诚恳(5分)	
5.其他(5分)	5.1 时间把控程度(3分)	
	5.2 着装得体(2分)	

附录四 西安科技大学优秀硕士学位论文开题报告范例

西安科技大学
学术型硕士研究生学位论文开题报告

题目：政府补助对创业板上市公司创新绩效的影响研究
——基于内部控制的调节作用

学 科 专 业： 工商管理

研究生学号： 20202098059

研究生姓名： 贾茹芸

导 师 姓 名： 杨利红

日 期： 2022 年 3 月

西安科技大学研究生院制
2022 年 3 月 21 日填写

填 写 说 明

1. 研究生应根据开题报告各栏目的具体要求,认真撰写开题报告。
2. 开题报告一式四份,学院、学科、导师、研究生各一份。

论文题目	政府补助对创业板上市公司创新绩效的影响研究 ——基于内部控制的调节作用			
论文类型	基础研究	应用研究	综合研究	其他
		√		

1 研究背景与意义

1.1 选题背景

近年来,随着全球经济局势愈加动荡,世界各国间的竞争日趋激烈,尤其体现在核心技术和创新能力的竞争上。为了在激烈的竞争中实现经济稳定发展,各国均致力于提升创新能力,努力把本国建设成为创新型国家。我国为了早日进入创新型国家行列,在2021年"十四五"规划中明确提出,要深入实施创新驱动发展战略,完善国家创新体系、加快建设科技强国,并制定了2035年进入创新型国家前列的远景目标。创新型企业作为实现这一远景目标的重要力量,其创新能力的提高是提升我国核心竞争力、推动国家创新发展的重要保证。而创业板上市公司作为创新型企业极为重要的主体之一,会对国家创新体系产生较大影响,因此,近年来国家出台了相关政策鼓励创业板上市公司的创新发展。2020年,中央全面深化改革委员会发布了《创业板改革并试点注册制总体实施方案》,其明确提出创业板公司要"深入贯彻创新驱动发展战略,主要服务于成长型和创新型企业,支持传统产业与新技术、新产业、新业态、新模式的深度融合。"可见,创业板上市公司承载着助力我国产业升级和支持国家创新驱动发展战略的历史重任,因此,增加创业板上市公司创新活动投入、提高创业板上市公司创新绩效对加快我国创新发展具有重要意义。

然而,由于创业板上市公司以中小企业为主,且创新活动具有资源投入多、风险高、周期长等特点,单纯依靠企业自有资金远远无法满足企业创新活动的需求。此外,2020年初新冠疫情爆发导致大多数企业停工停产,不少企业因此陷入资金周转困难、甚至亏损倒闭的困境,进而降低对创新活动的投入力度。基于此,为了维持创业板上市公司创新活动的稳定进行,全国各地政府相继出台财政补贴和税收优惠政策(即政府补助),为创业板上市公司提供资金支持。然而,政府补助会对企业创新投入产生"挤入效应"或"挤出效应"两种截然不同的结果,从而进一步对企业创新绩效产生不同影响。因此,本文以创业板上市公司作为研究样本,探究政府补助对其创新绩效的影响作用。

根据信息不对称理论,在实施政府补助之后,政府缺乏有效的方法对获得支持的企业进行监控,不能确保资金被用在企业的创新活动中。此时,内部控制作为一项制衡和监督的控制机制,在促进企业合理配置资源中起着重要作用,且对政府补助能否有效地促进创新绩效的提高具有重要影响。因此,本文在研究政府补助对创新绩效的影响时,将内部控制也纳入到该研究框架中,进一步探究在内部控制的调节作用下,政府补助对创新绩效的影响作用。

基于上述背景分析,本文将选取我国创业板上市公司2017—2021年的数据为研究样本,运用多元回归分析法探究政府补助对创新绩效的影响及内部控制在二者关系中的调节效应,并以此为基础,按照企业所有制性质不同,将样本划分为国有控股企业和非国有控股企业,分组研究政府补助对创新绩效的影响,进一步探讨内部控制对政府补助与创新绩效关系的调节效应在不同所有制企业中是否存在差异,以期为政府合理实施补助提出可行性建议,同时促进创业板上市公司合理运用政府补助、建立健全内部控制制度,从而提高企业创新绩效。

1.2 研究意义

创新能力的提高对促进企业自身健康、持续发展,推动整个社会创新水平提升具有重要意义。本文基于内部控制视角研究政府补助对创业板上市公司创新绩效的影响效果,为提高创业板上市公司创新绩效提出可行性建议,具有一定的理论意义和现实意义。

1.2.1 理论意义

(1)有利于完善将政府补助、内部控制与创新绩效三者相结合进行的研究。虽然国内外学者关于政府补助和创新绩效之间关系的研究取得了一定的成果,但鲜有将内部控制放入同一体系进行实证研究。因此,本文将三者放入同一体系,对内部控制在政府补助和创新绩效之间的调节作用进行分析,可以完善将政府补助、内部控制和创新绩效三者相结合进行的研究。

(2)有利于拓宽政府补助对创新绩效影响的研究思路和视角。关于政府补助对创新绩效的影响研究,多数学者仅针对具体行业进行分析,较少有学者区分样本的所有制性质进行进一步探究。因此,本文在以创业板上市公司为样本进行分析的基础上,将样本划分为国有控股企业和非国有控股企业,分组研究政府补助对创新绩效的影响,有利于为政府补助对创新绩效影响的研究提供新的思路与视角。

(3)有利于为改善创业板上市公司创新绩效提供相应的理论支撑。本文选取创业板上市公司作为研究样本,探讨政府补助对创新绩效的影响作用,并深入研究内部控制对政府补助实施效果的调节效应,在一定程度上可以为改善创业板上市公司创新绩效提供理论依据。

1.2.2 现实意义

(1)有利于为促进创业板上市公司提高创新绩效提供一定的参考。本文通过引入内部控制机制分析政府补助对创新绩效的影响,在研究政府补助与创新绩效之间关系的基础上,深入剖析内部控制在此过程中的调节效应,有利于优化企业内部控制活动,从而监督企业合理运用政府补助,进一步提高企业创新绩效。

(2)有利于在一定程度上为实施政府补助提供建议。虽然近年来政府鼓励企业进行创新研发活动、不断加大政府补助实施力度,但政府补助能否对企业创新绩效产生预期的助推作用尚不可知。因此,本文对政府补助与创新绩效之间的关系进行研究,并分析政府补助对不同所有制性质企业创新绩效的影响,有助于厘清政府补助对创业板上市公司以及不同所有制企业创新绩效的影响作用,从而在一定程度上为实施政府补助提供建议。

2. 国内外研究进展

2.1 国外研究现状

2.1.1 财政补贴对创新绩效的影响研究

国外学者已经就财政补贴对创新绩效的影响进行了研究,但得出的结论不尽相同。部分学者认为财政补贴对创新绩效具有促进作用,然而也有学者认为前者对后者具有抑制作用。以下分别从促进作用和抑制作用两方面进行总结。

(1)财政补贴对创新绩效的促进作用

部分国外学者认为加大财政补贴力度对企业创新绩效具有正向促进作用。Carboni等(2017)[1]基于欧洲七个国家和地区制造业企业相关数据,采用非参数匹配法进行研究,发现财政补贴对企业的传统投资和创新活动投入都具有显著的正向影响。Cin等(2017)[2]、Szücs(2018)[3]分别选取韩国制造业中小企业和欧盟FP7计划下获得政府补贴的企业为样本,运用双重差分法探讨了财政补贴对企业创新绩效的影响,均发现:财政补贴对企业研发支出具有显著的正向影响,加大财政补贴力度有利于提高企业的创新绩效。与此同时,Mateut(2018)[4]以东欧和中亚地区30个国家的上市公司数据为样本,探究财政补贴与企业创新之间的关系,实证结果显示:两者之间存在正相关关系,此外,对于受到财务约束的企业来说,财政补贴对企业创新的促进作用更强。Kim等(2021)[5]选取2015—2019年韩国中小企业为样本,同时运用匹配技术和带有广义倾向评分的响应函数来进行实证研究,结果表明:政府补助能促进中小企业加大研发投入力度,同时提高企业创新绩效。考虑到研究的全面性,相关学者开始从不同视角进行分析,Sofka等(2021)[6]基于德国公司的纵向数据,就东道国财政补助政策对外国跨国子公司创新绩效的影响进行研究,结果发现:外国跨国子公司在财政补贴下的研发投入高于国内同类公司;此外,研究还发现财政补贴对跨国公司子公司创新绩效的影响相对较强,即东道国财政补助政策有利于促进跨国子公司创新绩效的提高。

(2)财政补贴对创新绩效的抑制作用

部分学者认为财政补贴抑制了企业创新绩效的提升。研究起步较早的Wallsten(2000)[7]认为每增加一单位财政补贴,便会挤出一单位企业自主创新投入,进而抑制了企业创新。随后,Link等(2009)[8]通过对财政补贴和创新绩效进行深入研究后发现,获得财政补贴的企业创新绩效更低。Bernini等(2011)[9]基于意大利南部地区数据实证得出财政补贴对创新绩效有抑制作用的结论。随着研究方法的不断成熟,Gustafsson等(2016)[10]运用基于匹配的因果处理效应对瑞典公司的数据进行分析,结果发现:政府的直接创新补贴对企业短期内的创新绩效具有促进作用,而长期来看,政府直接补助并不能显著促进企业创新绩效的提高。Catozzella等(2016)[11]通过建立双变量内生切换模型来研究政府财政补贴对意大利企业创新的影响,研究结果表明:虽然财政补贴增加了企业的创新支出,但并没有促进创新绩效的提高,甚至对创新绩效产生了负向影响。

2.1.2 税收优惠对创新绩效的影响研究

与财政补贴类似,国外学者就税收优惠对创新绩效的影响研究也得出了不同的结论,主要集中在促进作用和抑制作用两个方面。

(1)税收优惠对创新绩效的促进作用

关于税收优惠对创新绩效的促进作用,早期学者Bernstein(1986)[12]以加拿大企业为研究对象,重点探究税收政策对企业创新的影响,结果发现税收激励政策可以提高企业创新绩效。此后,Tassey(1997)[13]对美国企业进行研究发现,税收激励能够有效促进企业创新,但会受到其技术研发能力、研发范围以及其他国家激励政策的影响。Koga(2003)[14]基于223家日本企业的面板数据进行研究发现:税收优惠可以激励大规模企业的研发活动。与之相似的结论在近年来的研究中也得到了验证,Šeligová(2016)[15]以葡萄牙、意大利、希腊和西班牙四国2002—2014年间的企业数据为研究对象,采用面板数据进行回归分析发现:R&D强度与税收优惠对企业创新均有积极影响。Kao(2018)[16]利用美国的数据对研发税收抵免与创新之间的关系进行了研究,结果表明:虽然研发税收抵免降低了企业税前盈利能力,但是该政策可以有效促进企业参与更多的创新项目,从而使企业增加研发支出、提高创新质量。Sterlacchini等(2019)[17]选取欧盟各国的中小企业进行研究,结果显示:多数国家的税收优惠政策有助于企业增加研发投入,同时,这一激励作用在小企业中更明显。

(2)税收优惠对创新绩效的抑制作用

少数国外学者通过研究发现,税收优惠对创新绩效具有抑制作用。具有代表性的学者Backus等(1987)[18]通过对加拿大企业相关数据进行实证研究发现,税收优惠无法有效激励技术创新。此后,Bloom等(2002)[19]认为,企业创新对税收优惠变动的敏感性过大,因此税收优惠不利于企业创新的持续性。另外,Gokhberg等(2014)[20]以俄罗斯制造企业为研究对象,发现税收优惠政策对企业的研发活动并未产生积极影响,相反可能会对企业扩大创新研发活动的规模产生不利影响。Cowling(2016)[21]认为税收抵免不会对英国和西班牙的中小企业创新绩效产生显著影响。Chen等(2017)[22]经研究发现仅靠税收优惠政策无法有效地增加企业的创新支出。

2.1.3 政府补助对创新绩效影响的路径研究

在分别研究财政补贴和税收优惠对创新绩效的影响之后,国外学者开始将财政补贴和税收优惠结合起来,研究政府补助对创新绩效的影响。通过对国外文献进行梳理发现,关于政府补助对创新绩效影响的研究主要从直接影响和间接影响两方面进行,因此以下分别从直接影响和间接影响进行总结。

(1)政府补助对创新绩效的直接影响

关于政府补助对创新绩效直接影响的研究,学者们得出的结论不尽相同,其中,较早开始研究的学者David等(2000)[23]认为税收优惠容易使企业进行短期逐利,但不利于企业的长期创新活动行为,因此在具体政策上应选择财政补贴政策。随后不久,Lach(2002)[24]根据规模大小将以色列制造业划分为大、中、小企业分别进行研究,实证结果表明,财政补贴和税收优惠对小企业有显著激励效应,对大型企业的研发投入存在抑制效应。近年来,也有学者进行了相关研究,Busom等(2014)[25]选取2003—2008年西班牙上市公司数据为样本进行研究,结果发现:财政补贴更有可能提高初创期或以前没有研发活动的知识密集型企业,且与税收优惠相比,财政补贴更能刺激企业进行研发投入;而税收优惠可以维持甚至增加企业研发投入的强度。Guerzoni(2015)[26]利用欧盟组织开展的"创新晴雨表调查"中的企业数据,实证研究发现相较于未接受财政补贴和税收优惠的企业,接受财政补贴、税收优惠的企业研发投入分别会增加7.8%和10%。而且财政补贴和税收抵免具有互补性。Sastre(2019)[27]基于厄瓜多尔企业数据,采用逆概率加权法,研究发现,与政府采购相比,财政补贴和税收优惠能更有效地鼓励企业的创新投入。Ghazinoory等(2020)[28]将伊朗高科技企业分为中小企业和大型企业进行研究,结果表明:对于中小企业来说,财政补贴和税后优惠均对研发投入产生显著影响;而对于大型企业来说,仅财政补贴对研发投入产生显著影响。从而得出结论:财政补贴政策比税收优惠政策更能提高企业的研发投入。

(2)政府补助对创新绩效的间接影响

在研究了政府补助对创新绩效的直接影响之后,相关学者开始加入中介或调节变量进行深入探讨。Yu Feifei(2013)[29]以生物制药企业为例,研究了政府研发补贴和政治关系对科技型中小企业创新活动的影响。实证结果显示:科技型中小企业获得大量政府研发补贴后,其创新活动会在一定时间内增加;其次,政治关系强的科技型中小企业会促进政府研发补贴对其创新绩效的积极作用,即政治关系在政府研发补贴和创新绩效中具有正向调节作用。Cosconati等(2015)[30]选取意大利企业的相关数据,探究政府补助与企业研发投入的关系,进而影响创新产出的问题,研究结果表明:财政补贴能促进企业研发投入,进而影响创新产出,即财政补贴通过研发投入的中介作用促进企业创新绩效;然而研究结果也表明,财政补贴对研发投入和创新绩效的影响均较弱。Li等(2017)[31]考察了内部控制质量与探索性创新、常规性创新和全面创新的关系,研究发现内部控制质量对企业创新活动,尤其是对探索性创新具有抑制作用。

2.2 国内研究现状

2.2.1 财政补贴对创新绩效的影响研究

近年来,国内学者就财政补贴对企业创新绩效的影响进行了大量研究,但并未得出统一结论。大多数学者认为财政补贴与企业创新绩效之间呈线性关系,但有少部分学者的研究结果与之相反。因此,以下将从线性和非线性关系两方面进行总结。

(1)财政补贴与创新绩效的线性关系

关于财政补贴对创新绩效的影响作用,较多学者认为两者之间呈线性关系。国内学者褚豪轩(2017)[32]以45家在上海证券交易所上市的A股上市的信息技术类企业为样本,分析了财政补贴对企业创新绩效的影响,实证结果显示:财政补贴力度越大,企业的研发支出越多,进而其创新绩效提升越快。随后,徐维祥等(2018)[33]以2011—2016年中国31个省、市规模以上工业企业的数据为样本,利用双对数回归模型进行实证研究,结果表明:增加财政补贴和研发投入均能显著提高工业企业创新绩效,同时,财政补贴与企业研发投入对企业创新绩效存在交互作用。许世飞等(2020)[34]以2013—2016年创业板231家上市公司数据为样本,采用回归模型就财政补贴对企业创新绩效的影响进行研究,实证结果显示:财政补贴越多,越有利于创新产出,从而提高企业的创新绩效,促进企业创新。

随着研究成果的不断积累,学者们开始从不同视角进行研究。左林丽等(2019)[35]以中国中小板上市公司2012—2016年面板数据为样本,将政治关联纳入研究框架,运用多元回归模型研究政治关联、财政补贴与创新绩效的关系。实证结果显示:财政补贴对创新绩效具有显著促进作用,政治关联对创新绩效没有显著性的影响。王旭等(2020)[36]以988家科技制造业上市公司2010—2017年数据为样本,从信息披露视角出发研究财政补贴对企业绿色创新的影响,通过回归结果可以发现,财政补贴能显著促进制造业企业绿色创新,此外,企业的信息披露质量对财政补贴具有显著诱导效应,即企业信息披露质量越高,获得的财政补贴就越多,进而导致企业绿色创新绩效越突出。此外,有学者从具体企业入手进行了进一步探究。沈羽嘉(2020)[37]以比亚迪公司为例研究新能源汽车行业财政补贴与创新绩效的关系,通过DEA模型进行实证研究,结果显示:财政补贴对比亚迪企业的创新投入有明显的促进作用。蒋睿(2021)[38]以长安汽车公司为例探究新能源汽车企业财政补贴对创新绩效的影响作用,研究结果发现:财政补贴对企业创新投入和创新产出都具有促进作用,但促进作用并不显著。

上述学者均认为财政补贴在一定程度上对创新绩效具有促进作用,然而,有学者得出了截然相反的结论。吴非等(2018)[39]通过对2007—2014年1603家上市企业的数据进行实证分析,来检验财政补贴及地方政府行为对企业创新的影响,最终得出结论:财政补贴降低了企业融资的主动性,降低了企业创新研发活力,进而对企业创新绩效产生负向影响。

(2)财政补贴与创新绩效的非线性关系

就财政补贴与创新绩效关系的研究,也有少部分学者得出的结论显示两者之间呈非线性关系。姚维保等(2020)[40]对2015—2018年中国实体上市制造企业面板数据进行了实证分析,结果显示:当政府补贴超过临界值后,对企业创新绩效由激励作用转变为抑制作用,即政府补贴和创新绩效呈倒"U"型关系。施建军等(2021)[41]选取2010—2018年中国A股上市公司数据,探究了政府补助对企业创新能力的影响,结果发现:在高市场竞争强度下,政府补助与创新质量之间是正向的线性关系,而大型企业及高知识产权保护下政府补助规模与企业创新呈浅"U"型关系。

2.2.2 税收优惠对创新绩效的影响研究

关于税收优惠对企业创新绩效影响的研究,相关学者得出的结论也不尽相同,且大多数学者认为税收优惠对创新绩效具有促进作用,较少有学者认为前者对后者具有抑制作用。以下主要从促进作用和抑制作用两方面进行总结。

(1)税收优惠对创新绩效的促进作用

在国内研究中,多数学者认为税收优惠能促进企业绩效的提高。张秋来等(2018)[42]以90家创业板上市公司2013—2015年数据为样本,运用实证模型就税收优惠对企业创新绩效的影响进行研究,结果显示:政府的税收优惠政策对企业创新绩效有正向促进作用;相比制造业企业,政府的税收优惠政策对信息技术业企业的影响更显著。随后,滕俊洁等(2020)[43]选取了2015年和2017年上海市高新技术企业的数据作为研究样本,运用多元回归分析进行实证研究,结果显示:税收优惠能够促进企业创新能力的发展。姚维保等(2020)[44]以2015—2018年中国342家上市医药企业面板数据为样本进行了实证分析,结果表明:研发费用加计扣除优惠总体上能显著提升企业创新绩效和财务绩效,但低税率减免优惠的激励效果不明显,此外,实证结果也可以看出,研发费用加计扣除和低税率减免组合优惠的激励效果未显著优于单一研发费用加计扣除优惠的激励效果。此外,翟佳雯(2020)[45]通过对2014—2018年沪、深上市交易的159家软件企业数据进行多元回归分析发现:税收优惠政策能有效提高软件产业的创新绩效,其中,所得税优惠政策对创新过程绩效、创新产出绩效均具有正向影响;流转税优惠政策对创新过程绩效具有正向影响,对创新产出绩效不具有显著影响。王凤燕等(2020)[46]建立古诺双寡头博弈模型来研究所得税政策对企业创新绩效的影响作用。结果表明:较低的所得税税率使企业创新活动的边际成本下降,针对高新技术企业的优惠税率使得企业可以用较少的创新资本投入获得较高的产出,研发投入税前加计扣除政策使得均衡条件下的创新资本投入增加,这些所得税政策均提升了企业的创新绩效。

(2)税收优惠对创新绩效的抑制作用

与上述学者的研究结论不同,少数学者认为税收优惠会抑制企业的创新绩效。祝皓晨(2018)[47]通过实证研究发现,无论是间接税费(总流转税费用)还是直接税费(总所得税费用、总财产税费用)均会对企业创新能力产生显著负向影响作用,因此政府部门应优化财税激励政策以降低税费负担对企业创新活动的抑制作用。谢颖珺(2020)[48]以2013—2018年在沪深A股上市的江苏省制造业企业数据为研究样本,就所得税优惠政策对企业创新绩效的影响进行实证检验,结果发现:所得税优惠对企业创新投入和创新产出均存在显著负向影响。

2.2.3 政府补助对创新绩效影响的路径研究

随着研究的不断深入,国内学者将财政补贴和税收优惠结合起来,研究政府补助对企业绩效的直接影响作用,此外,部分学者通过引入中介变量或调节变量来研究政府补助对创新绩效的间接影响。以下将从政府补助对创新绩效的直接影响和间接影响两个方面进行总结。

(1)政府补助对创新绩效的直接影响

①财政补贴和税收优惠均对企业绩效具有促进作用

关于政府补助对创新绩效的直接影响研究,大部分学者认为,在政府补助中,财政补贴和税收优惠均会促进企业创新绩效的提高。早期学者王遂昆等(2014)[49]选取2007—2012年在深圳交易所上市且进行研发创新活动的中小企业作为分析对象,利用多元回归模型研究了政府补助对中小企业研发创新的影响,实证结果表明:政府创新补贴和税收支持在促进中小企业研发创新方面起到了积极作用;且与国有企业相比,政府补贴对非国有企业研发创新的促进效应更大。随后,周海涛等(2015)[50]、王长君(2017)[51]、柯嘉倩(2020)[52]选取高新技术企业为样本,运用实证研究分析政府补助对企业创新绩效的影响,均得出结论:无论是财政补贴还是税收优惠,都会对高技术上市公司的创新绩效产生正向促进作用。此外,刘雷(2019)[53]、范孟露(2021)[54]选取我国制造业上市公司相关数据,实证分析了以政府补贴和税收优惠为代表的政府补助对制造业企业创新活动的影响,结果均显示:财政补贴、税收优惠均对制造业企业创新具有显著正向影响,且财政补贴对制造业创新活动的激励作用优于税收优惠。韩庆潇(2020)[55]选取A股战略性新兴产业上市公司的动态面板数据作为研究样本,就财税支持政策对企业创新绩效的影响进行实证检验,研究结果表明:财政补贴能够显著提升企业的创新绩效,而税收优惠的正向影响作用并不显著,即财政补贴在提升企业创新绩效方面的正面影响强于税收优惠政策。刘奕佳(2020)[56]选取2009—2019年我国创业板上市公司作为样本数据,实证检验了财税优惠对企业创新绩效的影响,实证结果显示:政府补助和税收优惠都有助于提高企业的创新绩效。

在分析行业研究政府补助对创新绩效的影响后,相关学者从不同视角进行了更深入的探讨。闫华红等(2019)[57]以2012—2016年沪深两市A股上市公司作为研究对象,实证检验政府补助、税收优惠政策与企业创新绩效的关系,研究发现,政府补助与税收优惠政策均有助于企业提升创新绩效,总体而言,税收优惠政策对企业创新绩效的促进效果优于政府补助。但进一步研究结果表明:在国有企业中,政府补助对于企业创新绩效的促进效果要优于税收优惠政策。陈红等(2019)[58]从生命周期视角出发,以2012—2014年475家制造业和服务业上市公司数据为样本,就政府补助对企业开发性创新绩效和探索性创新绩效的影响进行研究,研究结果表明:财政补贴、税收优惠对企业的开发性、探索性绩效均有激励作用;此外,财政补贴更有利于激励制造业与服务业成长期企业的开发性创新活动,以及制造业成熟期企业的探索性创新活动;税收优惠更适用于支持制造业成熟期企业的开发性与探索性创新活动。黄暄(2021)[59]建立空间面板模型,将财政补贴与税收激励同时纳入该模型中,来分析财税激励政策对企业创新产出的空间溢出效应,实证结果发现:财政补贴与税收优惠政策均对提高企业创新产出有正向影响作用。

②财政补贴和税收优惠对企业绩效的影响作用不一致

上述学者认为财政补贴和税收优惠均会促进企业创新绩效的提高,但有少部分学者持有不同的观点。其中,有学者认为在政府补助中,财政补贴促进企业创新绩效,而税收优惠不影响甚至抑制企业创新绩效。如郑春美等(2015)[60]以创业板331家上市高新技术企业为研究样本,实证分析了政府财政激励政策对中小型高新技术企业创新绩效的影响,研究发现:政府补助对企业创新有显著激励作用,而税收优惠不仅不能增加企业创新绩效,甚至还会对其产生消极影响。张梦华(2019)[61]在同时考虑企业的创新投入和创新产出的基础上,就财税激励政策对企业创新进行实证研究,回归分析结果显示:在全样本企业中,研发补贴显著促进企业研发费用的投入,也促进了总专利、发明专利和外观设计专利的产出;而税收优惠对创新投入和创新产出均没有促进作用。另外,还有学者认为税收优惠对创新绩效的促进作用比财政补贴更显著,如李呵莉(2019)[62]利用新能源汽车产业上市公司微观面板数据,对政府补助的激励效应进行评价,实证结论表明:财政补贴对新能源汽车企业创新绩效的促进作用效果不佳,而税收优惠对新能源汽车企业创新绩效有明显促进作用。

(2)政府补助对创新绩效的间接影响

①中介变量在政府补助对创新绩效影响中的作用

关于政府补助对企业创新绩效的间接影响研究,国内学者较多从研发投入入手,探究其在两者之间的中介作用。孙莹(2015)[63]通过对301家企业数据进行实证研究发现:税收优惠对企业研发投入具有显著正向效应,且研发投入是税收优惠对企业创新绩效的影响过程中的完全中介变量。随后有学者认为,研发投入在政府补助对创新绩效影响过程中具有部分中介作用,如赵秀芳等(2016)[64]、简浩斌(2020)[65]通过数据收集和实证分析得出结论:政府补助对于企业创新绩效有正向促进作用,并能通过促进企业研发投入来提高企业创新绩效,即研发投入在政府补助与企业创新绩效之间具有部分中介作用。冯昊(2020)[66]以2009—2016年我国A股上市公司为研究对象,对税收优惠、研发投入与企业创新绩效三个变量间的关系进行研究,实证结果显示:税收优惠可以有效提高企业创新绩效,同时研发投入在这一过程中具有部分中介作用。

考虑到样本企业之间的差异性对研究结论带来的影响,学者们分行业进行了研究。贾春香等(2019)[67]选取2014—2016年创业板高新技术企业数据作为样本,分析政府补助、研发投入与创新绩效间的关系,同时对研发投入的中介效应进行检验,结果表明:研发投入在税收优惠与创新绩效间起完全中介效应;在财政补贴与企业创新绩效之间存在中介作用,但是完全中介还是部分中介未能达成一致。王敏(2020)[68]以496家战略新兴产业上市公司2012—2017年的面板数据为样本,研究财政补贴对创新绩效的影响,实证结果显示:财政补贴可以有效促进企业研发投入强度与企业创新绩效,且企业研发投入强度在政府创新补贴与企业创新绩效之间发挥部分中介作用。刘星雨(2021)[69]选取了52家沪深A股上市的人工智能企业2015—2019年财务数据作为样本,运用回归模型研究政府补助对企业创新绩效的影响。实证结果显示:政府补贴显著正向激励了人工智能企业的创新绩效,同时,研发投入在该过程中发挥部分中介作用。高新伟等(2020)[70]、钱鑫(2021)[71]选取新能源上市公司作为研究对象,探究政府补助与税收优惠对新能源企业创新绩效的影响作用。实证研究结果显示:政府补助与税收优惠均对新能源企业创新绩效的提升具有促进作用,且研发投入在其中发挥中介效应。

随着研究的进一步深入,国内学者选取了其他变量来探究其在政府补助对创新绩效影响中的中介作用。李晓红等(2019)[72]以45家清洁能源上市企业2011—2017年的数据为样本进行实证研究,结果发现:财政补贴对清洁能源企业绩效的直接激励效应不显著,而税收优惠对清洁能源企业绩效与技术创新绩效都起到了正向的激励作用。此外,技术创新在财政补贴与企业绩效之间具有完全中介效应,在税收优惠与企业绩效之间具有部分中介效应。吕开剑(2020)[73]以2014—2018年318家沪深A股新能源上市公司数据为样本,分析政府补助对创新绩效的影响作用,通过实证分析得出结论:在政府补助中,无论是财政补贴还是税收优惠均会促进企业创新绩效的提升;此外,研发投入强度在政府补助与企业创新绩效之间发挥中介作用。杨艳琳等(2021)[74]选取2000—2015年全国规模以上工业企业的省级面板数据,采用中介效应分析方法,研究税收优惠对企业创新绩效的影响,结果表明:税收优惠一方面可以直接对创新绩效产生正向推动作用,另一方面可以通过研发投入对创新绩效发挥部分中介效应,间接提高企业的创新绩效。高新伟等

(2021)[75]以 2009—2018 年中国新能源汽车上市公司的面板数据为样本,运用双重差分倾向得分匹配法探究车辆购置税优惠对新能源汽车企业创新绩效的影响,结果表明:车辆购置税优惠能显著提升新能源汽车企业的创新绩效,且企业资金和市场需求在其中发挥了中介作用。

②调节变量在政府补助对创新绩效影响中的作用

随着研究的不断深入,国内学者开始选取不同变量研究其在政府补助对创新绩效影响中的调节作用。其中,郑烨(2017)[76]以简政放权与环境波动作为调节变量,实证研究其在政府补助对中小企业创新绩效影响中的调节作用,结果发现:政府补助能正向影响中小企业创新绩效,同时简政放权与环境波动均在政府补助与中小企业创新绩效关系间发挥调节作用。武志勇等(2018)[77]以 2012—2016 年东北高端装备制造上市公司面板数据为样本,同时选取高管人力资本作为调节变量,分析其在财政补贴对企业创新绩效影响中的作用,研究发现:财政补贴对企业创新绩效具有显著促进作用,且高管人力资本在这一过程中具有显著正向调节作用。此外,黎宜坤等(2020)[78]选取产业专业化和产业多样化作为调节变量,研究其在税收优惠和创新绩效关系中的调节作用,结果发现:税收优惠与技术创新绩效呈"倒 U 形"关系;同时,产业专业化正向调节税收优惠与装备制造业创新绩效的关系,产业多样化负向调节两者的关系。包睿男(2021)[79]引入了新型政商关系和所有权性质两个变量作为调节变量,就财税激励政策对企业创新绩效的影响进行实证研究,结果显示:政府补助能够激励企业增加创新绩效产出,从而显著提升企业创新能力;其次,新型政商关系和所有权性质均能正向调节政府补助对企业创新绩效的促进作用。宋清等(2021)[80]通过实证研究检验了税收优惠对企业创新绩效的影响路径,同时探究营商环境在其中的调节作用,实证结果表明:税收优惠对提高企业创新绩效具有显著正向影响,且营商环境在该路径中具有正向调节作用。李林利(2021)[81]运用多元回归模型就财政补贴对企业创新产出的影响进行实证研究,并探究市场竞争在其中的调节作用,结果显示:财政补贴和市场竞争对企业创新产出均具有显著正向激励效应,且市场竞争能够在一定程度上正向调节财政补贴对企业创新产出的促进作用。

除了上述变量外,有少部分学者选取内部控制作为调节变量进行研究,其中张娟、黄志忠(2016)[82]认为过于严苛的内部控制审批程序可能导致创新进程被搁置、高管的风险担当意识下降,从而限制企业的创新能力,不利于创新绩效的提高。许瑜等(2019)[83]以 2012—2016 年中国 A 股上市公司为样本,探究内部控制、政府补助与企业创新绩效三者的关系,研究发现:政府补助能显著提升企业创新绩效,同时内部控制能显著强化政府补助对企业创新的激励作用。赵莹等(2020)[84]选取 2015—2018 年我国沪、深两市 A 股上市公司作为样本,运用多元回归分析进行实证研究,结果表明:在全样本企业中,财政补贴正向促进企业创新投入,同时内部控制在两者之间发挥了积极的调节作用。

2.3 文献述评

通过对国内外相关文献进行梳理可以发现,大多数学者已经将财政补贴和税收优惠纳入同一体系中进行分析,且关于政府补助对创新绩效直接影响和间接影响的研究均取得一定进展,为本文的进一步探讨提供了充实的理论基础。现有研究主要集中在以下三个方面:一是关于财政补贴对创新绩效的影响研究,学者们并未形成统一的结论;二是关于税收优惠对创新绩效的影响研究,有学者认为前者对后者具有正向促进作用,但也有少部分学者持相反态度;三是关于政府补助间接影响创新绩效的路径研究,学者们分别选取不同的指标作为中介变量或调节变量,进一步探究政府补助对创新绩效的影响作用。

虽然现有学者就政府补助对企业创新绩效的影响研究已经取得了较为丰富的成果,但主要集中于对研发投入、政府补助与创新绩效三者的关系进行研究,鲜有学者从内部控制视角出发进行深入分析。与此同时,大多数学者就政府补助通过中介变量对创新绩效产生影响进行研究,少有学者选取调节变量研究其是否会对政府补助与企业创新绩效的关系产生影响。此外,在研究内部控制的调节效应时,较少有学者考虑到企业所有制性质对政府补助与创新绩效关系的影响。基于此,在总结前人研究成果的基础上,本文将选取创业板上市公司2017—2021年的数据为研究样本,对其按照企业所有制性质进行划分,运用多元回归分析法研究政府补助对创新绩效的影响作用,并从内部控制视角出发,探究其在二者之间的调节作用,旨在为促进企业建立、健全内部控制制度,提高创新绩效提供针对性建议。

3 主要研究内容

本文共分为五部分就政府补助对创新绩效的影响及内部控制在二者间的调节作用进行研究,具体内容安排如下:

第一部分:绪论。本部分首先从我国创新驱动发展战略的背景出发,强调企业创新的重要性,同时阐述本文的研究意义;其次通过对政府补助和创新绩效的相关研究进行文献梳理,总结前人的研究成果,并发现前人研究的不足之处,从而明确本文的研究方向;最后明确了本文的研究方法、内容和框架结构。

第二部分:概念界定与理论基础。本部分首先界定政府补助、内部控制和创新绩效的概念;其次对本文研究使用的外部性理论、市场失灵理论、政府干预理论、信息不对称理论和信号传递理论进行了阐述。本部分内容为本文实证研究的研究假设提供了理论基础。

第三部分:研究设计和模型构建。本部分首先根据理论分析提出本文的研究假设;其次结合研究内容确定样本和数据来源;最后,根据研究假设选取研究变量,并借鉴前人相关研究构建实证模型。

第四部分:实证分析。本部分以我国创业板上市公司2017—2021年的数据作为样本,首先对样本数据进行描述性统计分析和相关性分析;其次根据构建的实证模型,运用多元回归法实证检验政府补助对创新绩效的影响以及内部控制对二者关系的调节效应;最后进行稳健性测试,检验本文实证研究的稳定性。

第五部分:结论、建议与展望。本部分首先基于前文的实证结果得出研究结论;其次结合研究结论分别从企业层面和政府层面提出相关建议,最后针对本文研究提出展望。

4 研究方案和技术路线

4.1 研究方法

本文主要采用理论分析法、文献综述法与实证分析法，对政府补助、内部控制与创新绩效的关系进行研究。

(1)理论分析法

本文在对相关理论进行梳理的基础上，运用外部性理论、市场失灵理论、政府干预理论、信息不对称理论及信号传递理论，对政府补助、内部控制与创新绩效之间的影响机理进行分析，并基于理论分析提出研究假设，为后文的实证分析奠定基础。

(2)文献综述法

文献综述法是对相关文献资料进行系统、全面的归纳整理、分析研究的一种研究方法。本文通过梳理国内外相关文献，总结出前人研究的成果与不足之处，在前人的研究基础上，探讨政府补助、内部控制和创新绩效的关系，旨在为本文提供一定的研究基础。

(3)实证分析法

本文选取我国创业板上市公司为研究样本，在理论分析及相关研究假设的基础上，采用 Excel 2016、Stata 17 统计分析软件对政府补助与创新绩效之间的关系进行实证分析，并检验内部控制在其中的调节作用。

4.2 论文基本框架

本文的研究分五部分进行，研究框架如下：

1 绪论
 1.1 研究背景
 1.2 研究意义
  1.2.1 理论意义
  1.2.2 现实意义
 1.3 国内外研究现状
  1.3.1 国外研究现状
  1.3.2 国内研究现状
  1.3.3 文献述评
 1.4 研究方法与内容
  1.4.1 研究方法
  1.4.2 研究内容

2 概念界定与理论基础
 2.1 相关概念界定
  2.1.1 政府补助
  2.1.2 内部控制
  2.1.3 创新绩效
 2.2 理论基础
  2.2.1 外部性理论
  2.2.2 市场失灵理论

2.2.3 政府干预理论
2.2.4 信息不对称理论
2.2.5 信号传递理论
3 研究设计和模型构建
　3.1 理论分析与研究假设
　　3.1.1 财政补贴对创新绩效的影响
　　3.1.2 税收优惠对创新绩效的影响
　　3.1.3 内部控制对财政补贴与创新绩效关系的调节作用
　　3.1.4 内部控制对税收优惠与创新绩效关系的调节作用
　3.2 样本选择与数据来源
　3.3 变量定义
　　3.3.1 被解释变量
　　3.3.2 解释变量
　　3.3.3 调节变量
　　3.3.4 控制变量
　3.4 模型构建
4 实证分析
　4.1 描述性统计分析
　4.2 相关性分析
　4.3 回归结果分析
　　4.3.1 财政补贴对创新绩效影响的回归分析
　　4.3.2 税收优惠对创新绩效影响的回归分析
　　4.3.3 内部控制对财政补贴与创新绩效关系调节作用的回归分析
　　4.3.4 内部控制对税收优惠与创新绩效关系调节作用的回归分析
　4.4 稳健性检验
　4.5 实证结果分析
5 结论、建议与展望
　5.1 研究结论
　5.2 建议
　　5.2.1 对政府层面的建议
　　5.2.2 对企业层面的建议
　5.3 研究展望

4.3　研究路径图
本文的研究路径图如图1所示：

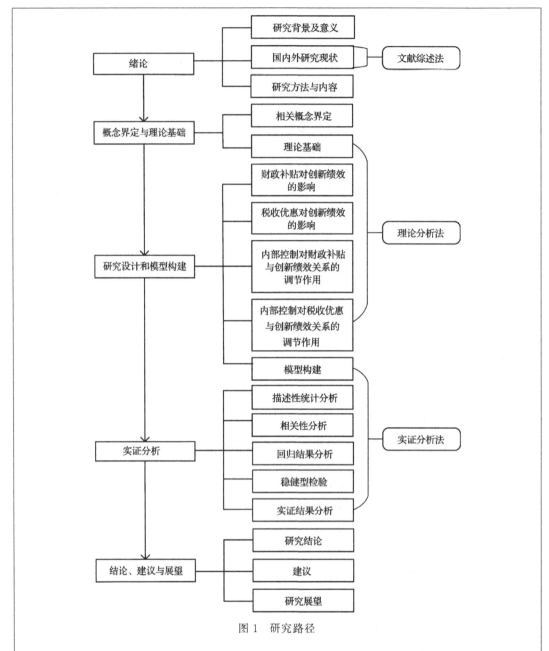

图1 研究路径

5 研究的特色与创新之处

(1)本文将选取内部控制作为调节变量进行研究。现有学者在探究政府补助对创新绩效的影响时,较多就政府补助通过中介变量对创新绩效产生影响进行研究,鲜有学者从内部控制视角出发进行深入分析,本文将内部控制作为调节变量,探究其是否会对政府补助与企业创新绩效的关系产生影响。

(2)本文将考虑企业所有制性质对政府补助与创新绩效关系的影响。现有学者在研究政府补助对创新绩效的影响时,较多选取全样本企业进行分析,鲜有学者将样本企业按所有制性质划分进行深入研究,本文将样本企业分为国有控股企业和非国有控股企业进行分析,探究不同所有制性质下,政府补助对创新绩效的影响是否存在不同。

6　预期研究成果

本文将根据我国创业板上市公司的特点,研究政府补助对创新绩效的影响作用,并探究作为调节变量的内部控制将对政府补助与企业绩效之间的关系产生何种影响。通过本文的研究,将得到：

(1)以我国创业板上市公司为研究对象,参考以往学者的研究成果,选择合适的被解释变量及解释变量等指标,运用实证分析的方法,探究政府补助对企业创新绩效的影响,并进一步检验内部控制对二者关系的调节作用。

(2)根据本文的研究结论,对创业板上市公司合理实施政府补助提出指导建议,以期更好地促进企业创新绩效的提高。

7　主要参考文献

[1] CARBONI O A. The effect of public support on investment and R&D：An empirical evaluation on European manufacturing firms[J].Technological Forecasting and Social Change,2017,117(4):282-295.

[2] CIN B C,KIM Y J,VONORTAS N S. The impact of public R&D subsidy on small firm productivity：Evidence from Korean SMEs[J].Small Business Economics,2017,48(2):345-360.

[3] Szücs F. Research subsidies, industry-university cooperation and innovation[J]. Research Policy,2018,47(7):1256-1266.

[4] MATEUT S. Subsidies, financial constraints and firm innovative activities in emerging economies [J].Small Business Economics,2018(50):131-162.

[5] KIM K,YU J. Linear or Nonlinear? Investigation an Affect of Public Subsidies on SMEs R&D Investment[J] Journal of the Knowledge Economy,2021(13):2519-2546.

[6] SOFKA W,GRIMPE C,HASANOV F,et al. Additionality or opportunism：Do host-country R&D subsidies impact innovation in foreign MNC subsidiaries? [J]. Journal of International Business Policy,2022,5(3):296-327.

[7] WALLSTEN S J. The effects of government-industry R&D programs on private R&D：The case of the small business innovation research program[J].RAND Journal of Economics,2000,31(1):82-100.

[8] LINK A N,SCOTT J T. Private investor participation and commercialization rates for government-sponsored research and development：Would a prediction market improve the performance of the SBIR programme?[J].Economica,2009,76(302):264-281.

[9] BERNINI C,PELLEGRINI G. How are growth and productivity in private firms affected by public subsidy? Evidence from a regional policy [J].Regional Science

and Urban Economics,2011,41(3):253-265.

[10] GUSTAFSSON A , STEPHAN A , HALLMAN A ,et al. The "sugar rush" from innovation subsidies: a robust political economy perspective[J]. Empirica,2016(4):729-756.

[11] CATOZZELLA A , VIVARELLI M .The possible adverse impact of innovation subsidies: Some evidence from Italy[J].International Entrepreneurship and Management Journal, 2016, 12(2):351-368.

[12] Bernstein J I. The effect of direct and indirect tax incentives on Canadian industrial R&D expenditures[J].Canadian Public Policy,1986,12(3):438-448.

[13] TASSEY G. The economics of R&D policy [M]. Westport: Quorum Books,1997.

[14]KOGA T. Firm size and R&D tax incentives[J].Technovation,2003,23(7):643-648.

[15] SELIGOVA M. The effects of R&D intensity and tax incentives on firms growth of PIGS countries[J].European Financial and Accounting Journal,2016,11(2):53-67.

[16] KAO W C. Innovation quality of firms with the research and development tax credit [J].Review of Quantitative Finance and Accounting,2018(51):43-78.

[17] STERLACCHINI A,VENTURINI F. R&D tax incentives in EU countries: does the impact vary with firm size? [J].Small Business Economics, 2019(53):687-708.

[18] MANSFIELD E. The R&D tax credit and other technology policy issues[J]. The American Economic Review,1986,76(2):190-194.

[19] BLOOM N , GRIFFITH R , REENEN J V .Do R&D tax credits work? evidence from a panel of countries 1979-1997[J].Journal of Public Economics,2002,85(1):1-31.

[20] GOKHBERG L , KITOVA G , ROUD V .Tax Incentives for R&D and Innovation: demand versus effects[J].Foresight-Russia,2014,8(3):18-41.

[21] COWLING M. You can lead a firm to R&D but can you make it innovate? UK evidence from SMEs [J].Small Business Economics,2016,46(4):565-577.

[22] CHEN M C, GUPTA S. The incentive effects of R&D tax credits: An empirical examination in an emerging economy[J].Journal of Contemporary Accounting & Economics,2017(13):52-68.

[23] DAVID P A , HALL B H , TOOLE A A .Is public R&D a complement or substitute for private R&D? a review of the econometric evidence[J].Research Policy,2000(4):497-529.

[24] LACH S. Do R&D subsidies stimulate or displace private R&D? Evidence

from Israel[J].The Journal of Industrial Economics，2002,50(4):369-390.

[25] BUSOM I, CORCHUELO B, ROS E M. Tax incentives or subsidies for business R&D? [J].Small Business Economics，2014,43(3):571-592.

[26] GUERZONI M, RAITERI E. Demand-side vs. supply-side technology policies: Hidden treatment and new empirical evidence on the policy mix [J].Research Policy，2015，44(3):726-747.

[27] FERNANDEZ-SASTRE J，MONTALVO-QUIZHPI F. The effect of developing countries' innovation policies on firms' decisions to invest in R&D [J].Technological Forecasting and Social Change，2019(143):214-223..

[28] GHAZINOORY S，HASHEMI Z. Do tax incentives and direct funding enhance innovation input and output in high-tech firms? [J].The Journal of High Technology Management Research，2020，32(1):100394.1-100394.20.

[29] YU F F. Government R&D subsidies, political relations and technological SMEs innovation transformation [J].Journal of Technology Management & Innovation，2013,5(3):96-109.

[30] COSCONATI M, SEMBENELLI A . Firm subsidies and the innovation output: What can we learn by looking at multiple investment inputs? [J].Italian Economic Journal，2015，2(1):31-55.

[31] LI P, SHU W, TANG Q Q, et al. Internal control and corporate innovation: Evidence from China [J]. Asia-Pacific Journal of Accounting & Economics，2017,26(5):622-642.

[32] 褚豪轩. 政府补助及补助意愿对企业创新绩效的影响基于上证A股信息技术类产业的实证研究[J]. 当代经济，2017(30)：78-80.

[33] 徐维祥,黄明均,李露,等. 财政补贴、企业研发对企业创新绩效的影响[J]. 华东经济管理，2018，32(8)：129-134.

[34] 许世飞,雷良海. 政府补助对企业研发投入和创新绩效的影响研究[J]. 农场经济管理，2020(7)：44-46.

[35] 左林丽,张琰飞. 政治关联、政府补助与创新绩效[J]. 上海管理科学，2019，41(4)：39-45.

[36] 王旭,杨有德,王兰. 信息披露视角下政府补贴对绿色创新的影响：从"无的放矢"到"对症下药"[J]. 科技进步与对策，2020，37(15)：135-143.

[37] 沈羽嘉. 政府补助对新能源汽车企业创新绩效的影响研究：以比亚迪为例[D]. 南昌：华东交通大学，2020.

[38] 蒋睿. 政府补助对新能源汽车企业创新绩效影响研究[D]. 赣州：江西理工大学，2021.

[39] 吴非,杜金岷,杨贤宏. 财政R&D补贴、地方政府行为与企业创新[J]. 国际金融研究，2018(5)：35-44.

[40] 姚维保,张翼飞. 政府补助、外部融资抉择与企业创新绩效:基于中国上市制造企业面板数据的实证[J]. 技术经济,2020,39(10):63-69.

[41] 施建军,栗晓云. 政府补助与企业创新能力:一个新的实证发现[J]. 经济管理,2021,43(3):113-128.

[42] 张秋来,李耀伟. 税收优惠对企业创新绩效影响研究:创业板制造业、信息技术业上市企业实证分析[J]. 科技创业月刊,2018,31(3):32-34.

[43] 滕俊洁,陶杰. 税收优惠对企业创新能力的影响研究:基于上海市高新技术企业数据[J]. 农场经济管理,2020(12):41-44.

[44] 姚维保,张翼飞. 研发税收优惠必然提升企业绩效吗?——基于上市医药企业面板数据的实证研究[J]. 税务研究,2020(7):95-101.

[45] 翟佳雯. 我国软件产业税收优惠政策对创新绩效的影响研究[D]. 上海:上海财经大学,2020.

[46] 王凤燕,冯华. 所得税政策对企业创新绩效影响的博弈分析:基于创新投入的中介效应[J]. 会计之友,2020(6):107-111.

[47] 祝皓晨. 税费负担对企业升级的影响研究[D]. 南京:南京财经大学,2018.

[48] 谢颖珺. 所得税优惠政策对江苏省企业创新绩效的影响:以制造业企业为例[J]. 中国商论,2020(19):146-148.

[49] 王遂昆,郝继伟. 政府补贴、税收与企业研发创新绩效关系研究:基于深圳中小板上市企业的经验证据[J]. 科技进步与对策,2014,31(9):92-96.

[50] 周海涛,张振刚. 政府研发资助方式对企业创新投入与创新绩效的影响研究[J]. 管理学报,2015,12(12):1797-1804.

[51] 王长君. 财税激励政策对高技术上市公司创新绩效的影响研究[J]. 中国集体经济,2017(6):84-85.

[52] 柯嘉倩. 政策性补贴对企业创新绩效的影响研究[D]. 杭州:浙江大学,2020.

[53] 刘雷. 经济区域视角下财税政策对我国制造业企业技术创新的影响研究[D]. 武汉:武汉理工大学,2019.

[54] 范孟露. 财税激励政策对制造业技术创新的影响[D]. 石家庄:河北经贸大学,2021.

[55] 韩庆潇. 财税支持、公司治理与创新绩效:基于战略性新兴产业的政策"穿透性"视角[J]. 南方金融,2020(1):37-47.

[56] 刘奕佳. 财税优惠对企业创新绩效的实证研究:以创业板上市公司为例[J]. 当代会计,2020(4):103-104.

[57] 闫华红,廉英麒,田德录. 政府补助与税收优惠哪个更能促进企业创新绩效[J]. 中国科技论坛,2019(9):40-48.

[58] 陈红,张玉,刘东霞. 政府补助、税收优惠与企业创新绩效:不同生命周期阶段的实证研究[J]. 南开管理评论,2019,22(3):187-200.

[59] 黄暄. 财税激励政策对企业R&D产出的作用机制及其有效性研究[D]. 蚌埠:

安徽财经大学,2021.

[60] 郑春美,李佩. 政府补助与税收优惠对企业创新绩效的影响:基于创业板高新技术企业的实证研究[J]. 科技进步与对策,2015,32(16):83-87.

[61] 张梦华. 财税激励与企业创新[D]. 济南:山东大学,2019.

[62] 李呵莉. 财政补贴和税收优惠对新能源汽车产业创新绩效的影响研究[D]. 株洲:湖南工业大学,2019.

[63] 孙莹. 税收政策对企业创新绩效影响的实证研究[J]. 上海市经济管理干部学院学报,2015,13(4):46-56.

[64] 赵秀芳,朱容成,任妮. 地方财税政策对中小型企业创新绩效的影响[J]. 绍兴文理学院学报(哲学社会科学),2016,36(4):78-83.

[65] 简浩斌. 政府补助对高新技术企业创新绩效的影响研究[D]. 泉州:华侨大学,2020.

[66] 冯昊. 税收优惠、研发投入与企业创新绩效[J]. 商业会计,2020(19):66-70.

[67] 贾春香,王婉莹. 财政补贴、税收优惠与企业创新绩效:基于研发投入的中介效应[J]. 会计之友,2019(11):98-103.

[68] 王敏. 政府创新补贴、企业R&D投入与企业创新绩效[D]. 无锡:江南大学,2020.

[69] 刘星雨. 政府补助对企业创新绩效的影响研究[D]. 南京:南京信息工程大学,2021.

[70] 高新伟,张晓艺. 税收优惠对新能源企业创新绩效的影响研究[J]. 中国石油大学学报(社会科学版),2020,36(6):1-10.

[71] 钱鑫. 政府补贴对新能源企业创新绩效的影响研究[D]. 贵阳:贵州财经大学,2021.

[72] 李晓红,孔令辉,赵烁. 清洁能源企业技术创新的财税激励效应研究[J]. 会计之友,2019(2):103-108.

[73] 吕开剑. 政府补贴、研发投入与新能源企业创新绩效的关系研究[D]. 乌鲁木齐:新疆大学,2020.

[74] 杨艳琳,胡曦. 税收优惠与企业创新绩效:基于研发投入和非研发创新投入的双重中介效应[J]. 产经评论,2021,12(1):85-103.

[75] 高新伟,周春燕. 车辆购置税优惠对新能源汽车企业创新绩效的影响分析[J]. 中国石油大学学报(社会科学版),2021,37(1):11-19.

[76] 郑烨. 政府支持行为对中小企业创新绩效影响机制研究[J]. 公共行政评论,2017,10(4):189-191.

[77] 武志勇,王则仁,王维. 政府研发补助对东北高端装备制造企业创新绩效的影响:研发投入与高管人力资本的中介调节作用[J]. 科技进步与对策,2018,35(16):47-53.

[78] 黎宜坤,高雨柔. 税收优惠对浙江省装备制造业技术创新绩效的影响:基于产业

集聚的调节效应[J].生产力研究,2020(8):36-39.

[79] 包睿男.政府财税激励、新型政商关系与企业创新绩效[D].西宁:兰州大学,2021.

[80] 宋清,杨雪.税收优惠、营商环境与企业创新绩效[J].中国科技论坛,2021(5):99-107.

[81] 李林利.政府补助、市场竞争与企业创新产出[D].重庆:重庆工商大学,2021.

[82] 张娟,黄志忠.内部控制、技术创新和公司业绩:基于我国制造业上市公司的实证分析[J].经济管理,2016,38(9):120-134.

[83] 许瑜,高敏.内部控制、政府支持与企业创新绩效[J].河南工业大学学报(社会科学版),2019,15(5):58-65.

[84] 赵莹,刘西国,李丽华.内部控制、研发补贴与研发投入[J].上海立信会计金融学院学报,2020,32(5):95-108.

课题来源及经费	论文经费主要来源于研究生科研经费。
研究进度安排	(1)2021年12月到2022年6月 资料的收集与深入学习相关理论知识阶段。 (2)2022年7月到2022年10月 开始论文主体的写作,到10月底完成论文主体。 (3)2022年11月到2023年3月 完成论文的初稿,并进行细节完善,准备预答辩。 (4)2023年4月 最后进行完善,准备毕业答辩。

导师意见:

签字:
年　月　日

开题评审小组意见(包括修改意见):			
组长签字: 组员签字:			
评价结果	通过	不通过	
			年　月　日

学科意见: 学科带头人签字: 　　　　　年　月　日	学院意见: 主管院长签字: 　　　　　年　月　日

注:开题报告完成后,交所在学院留存。

附录五　西安科技大学优秀硕士学位论文范例

论文题目:政府补贴对半导体企业创新绩效的影响研究——基于研发投入的中介效应
专　　业:会计学
学　　生:鲁文杰
指导老师:杨利红

摘　要

随着主要资本主义国家掀起的逆全球化形势愈演愈烈,全球各地的经济活动面临的挑战也越来越严峻,美国更是趁机加大了对我国半导体科技发展的技术封锁。半导体企业要想突破技术壁垒,实现更加快速、稳定的发展,就需要不断地提升企业的创新能力,进而不断提升企业的创新绩效。半导体企业作为我国实现创新发展的重要组成部分,已成为我国提升创新能力的支柱力量,政府也针对该行业制定了大量补贴政策。政府补贴作为半导体企业创新活动中重要的资金来源,不仅对半导体企业创新绩效具有直接影响,并且可能通过研发投入间接激励半导体企业开展创新活动。因此,本文认为研究政府补贴对半导体企业创新绩效的影响,探究研发投入在其中的中介效应,对提高该行业企业的创新绩效具有重要意义。

为了探讨我国政府补贴对半导体企业创新绩效的影响,本文首先对国内外相关文献进行梳理、归纳,总结出国内外学者的相关研究成果;其次,以沪深A股半导体行业上市企业2012—2022年数据作为本文的研究样本,并以文献综述法得出的结论与相关理论为基础,引出本文的研究假设,设立符合研究假设的实证模型,将数据通过Excel进行筛选整理,运用SPSS 28.0对样本数据进行处理,并采用多元回归分析法研究政府补贴对半导体企业创新绩效的影响,探究研发投入在其中的中介效应。本文得出的研究结论如下:第一,持续增加政府补贴可以不断提升半导体企业的创新绩效;第二,政府补贴可以促进半导体企业增大研发投入;第三,半导体企业研发投入在政府补贴与企业创新绩效之间发挥中介作用;第四,政府补贴对小规模半导体企业的政策效应更强。基于上述研究结论,本文分别对半导体企业和政府部门提出相关建议。

[关键词]半导体行业;政府补贴;创新绩效;研发投入;中介效应

[论文类型]应用研究型

Title:Research on the Effect of Government Subsidies on Innovation Performance of Semiconductor Companies — Based on Mediating Effect of R&D Investment

Major:Accounting

Name:Lu Wenjie

Supervisor:Yang Lihong

ABSTRACT

Semiconductor companies, as an important part of China's efforts to achieve innovative development, have become the backbone of China's ability to enhance innovation. As the situation of counter-globalization set off by major capitalist countries intensifies, economic activities around the world are facing increasingly severe challenges, and the United States has taken the opportunity to increase its obstruction of China's semiconductor technology development. For the listed companies in this industry to develop more rapidly and steadily, they need to continuously improve their innovation capabilities, which means that they need to continuously improve their innovation performance. Government subsidies, as an important source of funding for corporate innovation activities, can have a certain impact on corporate innovation performance. Government subsidies not only have a direct impact on firms' innovation performance, but also may indirectly motivate firms to carry out innovation activities through R&D investment. Therefore, this paper argues that it is important to study the impact of government subsidies on the innovation performance of semiconductor firms and to explore the mediating effect of R&D investment in it to improve the innovation performance of listed firms in this industry.

In order to explore the influence of government subsidies on the innovation performance of semiconductor enterprises in China, this paper firstly reads the relevant domestic and foreign literature, and composes and summarizes them to summarize the relevant research results of domestic and foreign scholars; secondly, the data of listed enterprises in the semiconductor industry in Shanghai and Shenzhen A-shares from 2012 to 2022 are used as the research samples of this paper, and the conclusions drawn from the literature analysis method are used as the basis to induce the research of this paper The hypothesis, the empirical model in line with this paper, the data are screened and organized by Excel, the sample data are processed by SPSS 28.0, and the multiple regression analysis is used to study the influence of government subsidies on the innovation performance of semiconductor companies and to investigate the mediating effect of R&D investment in it. The findings of this paper are as follows: first, continuous increase of government subsidies can continuously improve the innovation performance of semiconductor firms; second, government subsidies can promote semiconductor firms to increase R&D investment; third, R&D investment of semiconductor firms plays a mediating role between government subsidies and firms' innovation performance; fourth, the policy effect of government subsidies is stronger for small-scale semiconductor firms. Based on the above research findings, this paper puts forward relevant suggestions for listed pharmaceutical manufacturing firms and government departments, respectively.

[Key Words] Semiconductor Industry; Government Subsidies; Innovation Performance; R&D Investment; Mediating Effects

[Tape of Thesis] Applied Research

1 绪论

1.1 研究背景

随着主要资本主义国家掀起的逆全球化形势愈演愈烈，全球各地经济活动面临的挑战也越来越严峻，美国更是趁机加大了对我国科技发展的阻挠力度。为了应对全球形势对我国经济带来的冲击和美国对我国的科技封锁，保障国家经济高质量、可持续的发展，加快提升创新能力已经成为必然选择。二十大报告指出，创新是第一动力，为加快建设创新经济体系、不断提高我国经济实力和竞争力，必须积极探索新的发展路径，这也直观地体现出我国对科技创新的重视程度。因此，企业作为科技创新的核心主体，必须不断提升创新能力，以助力我国科技创新与经济高质量发展，而衡量企业的自主创新能力，即衡量应用新技术取得成果的重要指标是创新绩效。因此，探索如何提升企业创新绩效具有重要的现实意义。

高新技术企业作为我国实现创新发展的重要组成部分，已成为我国提升创新能力的支柱力量。半导体企业作为我国高新技术企业的重要代表，其创新绩效的提升尤为重要。由于信息科学的快速进步，我国半导体行业正迅猛崛起，半导体材料及其相关产品的需求日益攀升，使得我国成为世界上最大的半导体消耗国之一，其半导体消费总额高居世界水平，达到世界消费总额的40%以上。2022年，我国半导体行业的总体销售额突破12 613亿元，较上年增加了20.59%，这也表明我国半导体企业正处于蓬勃发展阶段。因此，提升半导体企业创新绩效，培育其核心竞争力极为关键。然而，由于半导体企业所涉及的技术具有典型的外部性，因此它们难以自发地进行技术创新。由此，政府正在努力通过不同维度的补贴帮助半导体企业实现自主创新。Wind数据显示，我国政府对半导体行业190家相关企业的补贴总额达121亿元，较10年前增长了10倍。这也从侧面反映出，我国政府对半导体企业补贴力度之大以及对半导体企业创新绩效的重视。因此，探究政府补贴对半导体企业创新绩效的影响显得尤为重要。

企业创新绩效的提升离不开研发投入的有力支撑，当企业研发投入充足时，企业会倾向于创造新的产品与服务，不断产出创新成果，继而提升创新绩效。然而，研发投入具有持续周期长、资源消耗大、收益不稳定等问题，使得企业的创新意愿降低，研发投入不足。考虑到此类问题，政府出台了多项补贴政策为企业提供支持，以缓解企业研发投入不足的问题，提升其创新意愿和创新主人翁意识，从而激励企业积极进行研发投入，以提升创新绩效。总的来说，政府补贴不仅对企业创新绩效具有直接影响，并且可能通过研发投入间接激励企业开展创新活动。因此，有必要探究研发投入在政府补贴与半导体企业创新绩效之间的中介效应。

基于上述背景，本文以半导体行业上市企业作为研究对象，采用多元回归的方法，深入探讨政府补贴对半导体企业创新绩效的影响，并着重考察了研发投入在此过程中的中介作用。同时，还基于企业异质性进一步研究政府补贴在不同规模企业中发挥的政策效应差异，以期评估目前政府补贴对不同规模半导体企业的补贴效果，为政府在不同情况下制定补贴政策提供一定理论依据，并且为半导体企业研发投入与创新发展提供切实建议。

1.2 国内外研究现状

1.2.1 国外研究现状

近年来，随着各国政府补贴相关制度的完善，越来越多的国外学者开始探究政府补贴、研发投入与创新绩效两两之间的关系,并且在这一领域的研究也取得了长足的进展。基于此,本文着眼于政府补贴、研发投入与企业创新绩效两两之间的关系,总结国外学者的相关研究。

(1)政府补贴与企业创新绩效研究

国外学者针对政府补贴与企业创新绩效的研究尚未达成一致,部分学者认为政府补贴可以促进企业创新,另一部分学者认为政府补贴会抑制企业创新。一方面,一部分学者认为政府补贴对企业创新绩效具有促进作用,Trinh and Adam(2017)[1]探讨了研发领域的政府补贴是否会提升企业的创新能力,研究结果表明,在竞争激烈的市场中,企业通常会优先考虑通过政府补贴的额外资金来获取更多的专利。Lin Boqiang(2020)[2]选取中国光伏行业上市企业数据作为样本,研究发现中国上市光伏企业的平均创新效率在 0.9 以上,相对较高,且政府补贴对光伏企业创新绩效产生积极影响。Murati-Leka(2022)[3]的研究结果表明,政府补贴可以从多个角度推动企业增加 R&D 投入,并且会对企业的创新表现产生积极的影响。另一方面,另外一部分学者持相反观点,认为政府补贴对企业创新绩效具有抑制作用。Tzelepis(2004)[4]以日本光伏企业为研究对象,考察了政府补贴政策在该行业内的实施效果,最终发现政府补贴对光伏企业的技术创新活动具有负向影响。Yu Feifei 等(2020)的研究表明,政府的事后补贴政策对新能源汽车企业的创新绩效产生了一定的抑制效应[5]。Shin 等(2019)[6]通过分析 2015 年至 2019 年韩国中小企业的面板数据,发现针对中小企业的政府补贴并没有防止市场失灵带来的问题,对企业的创新积极性起到一定抑制作用。

(2)政府补贴与研发投入研究

国外学者普遍认为政府补贴对研发投入具有促进作用。Rao(2016)[7]的研究表明,美国的税收优惠政策能够有效地鼓励企业投资于研发创新活动,从而促进企业创新绩效增长。Kiman(2022)[8]通过对韩国生物技术公司的数据进行全面调查,探究政府补贴对企业研发投入和产出的影响,建立面板数据模型分析了政府补贴对不同类型企业研发投入和产出的作用效果。研究结果表明,那些从政府补贴中获益的企业,在较短的时间内进行了更多的技术创新,其研发投入明显高于其他企业。Pless(2021)[9]采用双重差分模型对英国的中小企业数据进行了分析,发现税收抵免作为间接的政府补贴促使了中小企业增加自有研发投入。Ravšelj(2020)[10]将 3113 个斯洛文尼亚公司在 2012—2016 年的数据作为样本,进行回归分析,实证结果显示,政府补贴对企业的研发支出起到了重要的促进作用。Rehman(2020)[11]从经济危机前后对比的视角出发,选取 2008 年经济危机前后欧洲和亚洲经济体的企业数据为样本,建立高斯模糊模型进行分析,研究结果显示政府补贴的增加有助于企业在危机后立即增加研发投入。Chundakkadan(2020)[12]的研究结果显示,政府的补贴政策对于中小型企业的研发投入产生了积极的影响,特别是在企业融资限制较小的情况下。

(3)研发投入与企业创新绩效研究

大量国外学者认为研发投入对企业创新绩效存在显著的促进作用。其中 Sanchez-Bueno 等(2020)[13]关注到家族企业创新问题,将西班牙制造业的 27 438 家企业分为家族企业与非家族企业,选取其 1990 年至 2016 年的数据进行纵向分析,结果表明,家族企业的内部研发投入与创新绩效具有正向的线性关系。Disoska 等(2020)[14]将欧洲 2012 年社区创新调查的企业层面的数据拆分为金融危机前与金融危机后,建立 CDM 同步方程模型进行分析,结果显示金融危机对企业的创新意愿产生了负面影响,经济危机后研发投入对创新成果的影响更为积极。Alam 等(2020)[15]认为管理层建立的强有力研发保障措施能够显著提高企业的创新能力,并通过对 12 个新兴经济体中 423 家公司的面板数据进行高斯模糊模型估计和弹性测试,证实了这一结论。Parast(2020)[16]研究认为在国际供应链动荡的环境下,供应链中断企业的研发投入对创新绩效产生强大的激励作用。Tajaddini(2020)[17]应用国家和年份固定效应模型进行估算,结果表明,研发投入对创新产出的正向影响显著。Parrilli 等(2021)[18]选取区域创新记分牌(RIS)中 22 个欧洲国家的 220 个地区的数据,分析发现处于创新性较高地区的中小企业,其研发投入对创新成果的激励作用显著。

1.2.2 国内研究现状

国内学者对于政府补贴、研发投入和企业创新绩效的关系研究起步虽然较晚,但基于我国的社会主义市场经济体制,学者们对该问题的讨论也更为积极,且针对具体问题的研究视角更为新颖。本文围绕政府补贴与企业创新绩效、政府补贴与研发投入、研发投入与企业创新绩效三方面对国内学者的研究进行梳理。

(1)政府补贴与企业创新绩效研究

与国外情况类似,大量国内学者针对政府补贴对企业创新绩效的影响研究也尚未达成一致。部分学者认为政府补贴会抑制企业创新,李爽(2016)[19]指出,由于政府投入的力度不够,补贴的效果无法及时反映,导致大量资源的浪费,抑制了企业创新。杨晔等(2015)[20]将研究对象细分为创业板企业,选取了我国 2012—2016 年的创业板上市企业的数据,研究表明政府的财政投入无法显著改善非高新技术企业的创新表现。胡志军(2017)[21]提出政府的直接补贴使得企业更倾向于选择自主研发与技术采买结合的创新策略,该策略无法促进企业提升自主创新能力。另一部分学者认为政府补贴会促进企业创新,王倩等(2019)[22]以 463 家新三板的企业作为研究对象,研究表明,政府的投入能够为企业创新活动的开展、与其他相关方协同合作的建立提供必要的支持,有助于建立一个有益的创新生态系统,并有助于提升这些企业的创新表现。王轶(2022)[23]通过对 2019 年全国返乡创业企业数据进行实证研究发现,政府的补贴措施有助于激发企业家的创造力与责任感,从而促进企业进行技术创新。黄世政(2022)[24]根据珠三角地区的 295 家企业的问卷数据进行研究,结果表明,政府针对企业创新活动的投资可以改善企业的创新管控水平,从而有助于改善其经营状况,而这种改善又会对企业的创新活动产生积极的作用。

(2)政府补贴与企业研发投入研究

近年来,越来越多国内学者的研究结论表明,政府补贴与企业研发投入的关系并不是单纯的线性关系,而多为非线性关系。程华(2020)[25]对我国纺织行业上市企业进行调查,得出结论:当政府补贴达到某个临界值时,可能引起企业研发投入的增长,而当这个值超过某个临界值,可能导致企业的研发投入的减少。樊利(2020)[26]通过分析 2016—2018 年沪深股市的制造业上市公司,探讨了政府补贴如何影响其研发活动,并得到了相应的结论:当资本结构发生改变时,政府补贴与企业研发投入的关系也相应改变。夏玲(2020)[27]通过熵值法得到了更准确的政府补贴指标,并以此进一步分析,结论表明直接补助对研发投入的影响要比间接税收优惠更加显著,并可能抑制企业的研发投入。根据刘超(2020)[28]的研究,2009—2018 年不同地域的政府补贴措施可以显著激励当地的 A 股上市企业的研发活动,但是,当涉及我国西部地区时,这种激励作用却会出现一定的减弱。睢华蕾(2021)[29]对2014—2018年陕西省1万多条针对高新技术企业的观测数据进行研究后发现:尽管政府的补助措施促进了这些企业增大研发投资,但是在达到某一临界值时,政府补贴却没能起到预期的作用。任宇新等(2022)[30]从2013—2020年的496家中国制造业上市企业的数据出发,采用ACF方法进行了深度分析,得出的结果是:当受到融资约束时,政府补贴与企业研发投入的关系呈现非线性。

(3)研发投入与企业创新绩效研究

国内学者针对研发投入与企业创新绩效的研究成果较多,研究角度较广,他们同样认为研发投入会促进企业创新绩效的提升。陈岩(2018)[31]通过对沿海地区家族企业2012—2015年上市期间的面板数据进行分析,研究发现,研发投入对该地区家族企业创新产出产生了显著的积极影响。梅冰菁(2020)[32]基于西北农林科技大学科技型企业专项数据库进行研究,发现国有企业研发投入扩张可以创造更多的创新绩效。龚红(2021)[33]的实证研究表明,"专家效应"指导下的技术独立董事能够有效地激励企业加大研发投资,从而提升企业的创新绩效。韩纪琴(2021)[34]利用多元线性回归模型分析了2015—2019年40家主要新能源企业的面板数据,并将企业的产业链地位作为调节变量,研究结果显示,在这段时期内,R&D投入加大的同时,中、下游企业的创新成果产出会逐渐增多。杜雯秦(2021)[35]基于2010—2019年国内A股上市企业的面板数据,运用GPS技术,深入探究了企业R&D投入和创新绩效之间的关系。根据实证结果,人力资本、财务状况、行业背景以及股权集中度等因素虽然都会对企业R&D投入和创新绩效的关系造成不同程度的影响,但总体上企业R&D投入和创新绩效的关系是显著正相关的。谢林海等(2022)[36]通过细化财政货币激励政策和创新绩效的评价指标,构造中介效应回归模型,得到以下主要结论:研发投入对企业创新绩效的促进作用在成立时间长,总体规模大的企业中十分显著。

1.2.3 文献综述

本文通过梳理和总结国内外学者围绕政府补贴与企业创新绩效、政府补贴与研发投入、研发投入与企业创新绩效三方面的相关研究成果,得出以下结论:第一,国内外学者针对政府补贴与创新绩效的研究尚未达成一致,部分学者认为政府补贴可以促进企业创新,部分学者认为政府补贴会抑制企业创新;第二,越来越多国内外学者的研究结论表明,政府补贴与企业研发投入的关系并不是单纯的线性关系,而多为非线性关系;第三,国内外学者基本达成了研发投入能够显著提升企业创新绩效的共识。

尽管学术界针对政府补贴对企业创新绩效的影响展开了大量的研究,但根据现有研究,首先,鲜有学者依托高质量发展背景,以推动高质量发展的重要组成部分——半导体行业作为研究对象,探究政府补贴对其创新绩效的影响;其次,少有学者将政府补贴、研发投入与企业创新绩效纳入统一框架,研究研发投入在其中如何发挥中介作用;最后,学者们较多根据产权异质性进行研究,较少学者根据企业规模异质性,探究政府补贴、研发投入与企业创新绩效三者的关系。因此,本文以我国半导体行业上市企业数据为研究样本,探究政府补贴对半导体企业创新绩效的影响,并验证研发投入的中介效应,进一步根据企业规模这一变量进行分组回归,来分析政府补贴对不同规模半导体企业创新绩效的影响差异,以期丰富政府补贴与企业创新绩效领域的相关研究,同时为我国半导体企业有效利用政府补贴提供参考。

1.3 研究目的

为了培育我国在全球经济合作与竞争中的新优势,我国政府正不断通过各种形式的补贴刺激半导体企业技术崛起。本文为了厘清政府补贴对半导体企业创新绩效的影响效果与路径,为政府制定差异化补贴政策提供参考依据,为半导体企业高效运用政府补贴以提升创新绩效提出切实可行的建议,基于信息不对称理论、信号传递理论和外部性理论,选取2012—2022年半导体上市企业作为研究对象,探究政府补贴对半导体企业创新绩效的影响效果,并将研发投入作为中介变量,重点探讨研发投入在政府补贴与企业创新绩效间的中介效应。

1.4 研究意义

1.4.1 理论意义

(1)本文丰富了政府补贴影响效应的研究对象

此前,学术界内关于政府补贴对创新绩效的影响研究主要以全行业为对象,虽然近年来学者们已经将研究对象拓展到新能源企业、医药企业和软件企业等,但是鲜有学者将半导体企业作为研究对象。所以本文以整个半导体行业上市企业的数据为样本,来探究政府补贴对半导体企业创新绩效的影响以及研发投入的中介效应,以期丰富政府补贴影响效应的研究对象。

(2)本文拓展了政府补贴对企业创新绩效影响的研究视角

学术界关于政府补贴、研发投入与创新绩效两两变量的讨论较多,但对三者之间关系的研究较少。此外,虽然很多研究能够证实政府补贴对于企业创新绩效的影响,但鲜有将企业规模作为异质性标准进行检验。基于此,本文探讨研发投入在政府补贴与半导体企业创新绩效关系中的中介效应,并将企业规模作为一个重要的指标,通过分组回归,来分析政府补贴如何影响不同规模的企业,以丰富政府补贴对企业创新绩效影响的研究视角。

1.4.2 现实意义

(1)本文能够启示半导体企业在开展创新活动中合理进行补贴资源配置

半导体企业在创新过程中面临着严峻的挑战,政府补贴作为其创新资源补给,是保障其顺利进行创新活动的重要资源,所以合理、高效地利用补贴是半导体企业提升创新绩效的关键。基于此本文利用2012—2022年半导体上市企业数据,将企业规模作为异质性标准,来实证检验政府补贴与半导体企业创新绩效之间的关系,从而帮助企业更加清晰地了解政府补贴的影响机制,有利于启示半导体企业,通过科学的补贴资源配置,优化各类创新资源的利用效率,减少资源浪费,从而提升自身的创新表现。

(2)本文能够为政府完善半导体企业补贴机制提供现实依据

经过多年的发展,半导体企业创新能力的提升依然面临着一些问题,基于此,本文利用2012—2022年半导体上市企业数据,实证探究政府补贴对半导体企业创新绩效的影响,并验证研发投入在其中的中介效应,同时将企业规模作为异质性标准,探究政府补贴对不同规模半导体企业创新绩效的影响,有助于政府有针对性地对创新资源进行调整和优化,最大限度地发挥补贴促进创新的作用,为政府优化相关资源的配置,完善半导体企业补贴机制提供现实依据。

1.5 研究内容

本文的主要研究内容为:基于信息不对称理论、信号传递理论和外部性理论,采用多元回归分析方法,选取 2012—2022 年我国半导体上市企业作为研究对象,探究政府补贴对其创新绩效的影响,并验证研发投入在其中的中介效应,为政府在不同情况下制定具有针对性和高效性的补贴政策提供可靠依据,同时为半导体企业合理利用政府补贴提升研发和创新能力提供可行建议。本文主要分为以下五个部分:

第一部分:绪论。首先阐述本文的研究背景,并对国内外相关研究进行全面综述,明确本文的研究目标、意义、方法和内容,最终提出可行的技术路径。

第二部分:相关概念与理论基础。阐述政府补贴、研发投入和企业创新绩效概念,结合相关文献和研究现状,详细阐明其背后的理论依据,以期为本文的深入探讨提供有力的理论支撑。

第三部分:研究设计。首先,根据已知理论与学者研究成果,构建研究假设和实证模型,其次选择合适的研究样本和数据,以便获得可靠的数据结果。最后,参考相关研究,界定本文的研究变量,为多元回归分析奠定基础。

第四部分:实证研究。基于第三部分的研究设计内容,本文选择沪深 A 股上市的半导体企业作为研究对象,并使用回归模型来探讨政府补贴如何影响半导体企业的创新绩效,探究研发投入是否在该过程中发挥中介效应。此外,本文还考虑了不同企业规模下的回归差异,进一步采用了替换解释变量和替换检验方法的方式对实证结果进行稳健性检验。

第五部分:研究结论及对策建议。该部分基于前文的实证研究结果,提出本文的研究结论。基于研究结论,一方面,为半导体企业高效利用政府补贴以提升创新绩效提出建议,另一方面,为政府完善半导体企业补贴机制提供经验参考。

1.6 研究方法与技术路线

1.6.1 研究方法

本文主要采用文献综述法、理论分析法和实证分析法来研究政府补贴对半导体企业创新绩效的影响。

(1)文献综述法

本文通过中国知网、谷歌学术等数据库对相关文献资料进行搜集、整理,从而梳理了相关研究的研究成果。本文围绕政府补贴与企业创新绩效、政府补贴与研发投入、研发投入与企业创新绩效三方面对相关研究成果进行阐述,在此基础上探究政府补贴对半导体企业创新绩效的影响,进而为本文的研究奠定相应的基础,确定本文的研究思路和相应的研究范式。

(2)理论分析法

本文已有研究成果的基础之上,运用信息不对称理论、信号传递理论和外部性理论,剖析了政府补贴影响企业创新绩效的作用机理,并将企业规模作为异质性分类,分析了政府补贴对不同规模半导体企业创新绩效产生的影响,提出本文的相关假设。

(3)实证分析法

本文主要通过国泰安数据库、万得数据库和国家统计局网站收集了在沪深 A 股上市的半导体企业 2012—2022 年的数据,采用 SPSS 28.0 对数据进行整理分析,主要包括描述性统计、相关性分析、回归分析和稳健性检验等,并得出相关研究结论,进而从政府和企业的角度提出相应的建议。

1.6.2 技术路线

本文的技术路线如图1-1所示：

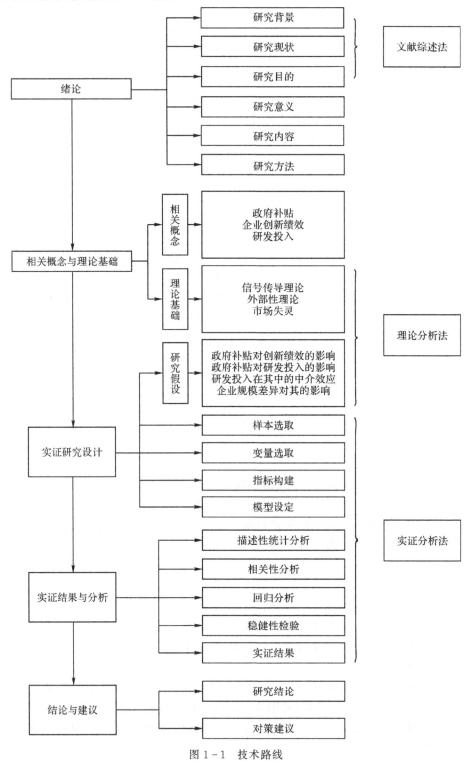

图1-1 技术路线

2 相关概念与理论基础
2.1 相关概念
2.1.1 政府补贴

政府补贴是一种非营利性的政策,它通过直接或间接的方式,为特定的受益者提供物质上的支持,这些受益者可能是某一特定的产业、项目或企业等。庇古在《福利经济学》一书首次探讨了政府补贴的作用,他指出,由于外部环境的影响,资源的分布很难达到帕累托最优,这就需要政府采取一系列的宏观和微观调节手段,如实施补贴、实施税收优惠等,缓解经济的失衡[37]。政府补贴被视为一种有效的政策手段,旨在鼓励和促进企业进行技术竞争,其主要表现为政府提供的财政拨款和贷款贴息等。

根据我国财政部颁布并执行的《企业会计准则第 16 号——政府补助》中对企业获得的政府补助披露的明确规定,本文中的政府补贴数据以计入当期损益的政府补助金额计量,新准则及以后年度选取企业损益表中"营业外收入"项与"其他收益"项中政府补助金额之和作为本文探讨的政府补贴的衡量指标。

2.1.2 企业创新绩效

企业创新绩效是指企业在进行研发创新活动后所获得的效益,不仅涉及企业的经济效益,还包括企业积累的技术资源和市场竞争力的提高。《中国科学技术指标》指出,企业创新绩效是衡量企业业绩的指标,可以从整体上衡量企业的研发创新活动表现。由于学者对企业创新绩效的定义各不相同,衡量企业创新绩效的方法也各不相同。在学术领域,衡量一家企业的创新绩效通常采用两种不同的方式。一是侧重于衡量其产出,例如产出的专利、市占率、收益率等。通过对这些指标的分析,能够更好地了解该企业的研发与创新工作的实际情况。二是从流程的角度衡量创新绩效,通过对生产、销售和管控流程的全面评估,可以有效地评估出企业的创新能力。虽然这些单一变量能够较为直观地反映技术创新活动给企业带来的效益,但技术创新活动包括创新思路产生、投入研发以及产品问世,经历的时间较长,单一变量的局限性在于其无法全面评估企业创新活动对整体效果的影响,因此需要综合考虑多方面因素才能得出准确的结论。

综上所述,本文结合现有研究,运用因子分析法而非单一变量法,从创新投入、创新直接效益和创新间接效益三个维度构建综合评价企业创新绩效的指标,以期更加全面地反映企业创新绩效。

2.1.3 研发投入

"R&D",即 Research and Development,是一种提升知识储备、充分利用资源优势、有效利用知识的活动,旨在开发出具有创新性、可持续性的产品、服务和项目。经济合作与发展组织(OECD)认为研发投入是在为增加人类、社会和文化等知识存储量进行的创造性工作中所投入的各种人力、时间和财力。但由于时间投入较难用指标进行衡量,所以学者们往往选择用创新活动的资金来衡量企业研发投入,本文沿用大多数学者的方法,用研发资金投入度量研发投入。根据以往的研究结果,本文通过分析企业年报中的研发支出来衡量企业研发投入。为了更准确地利用数据,本文选择了研发支出加 1 的自然对数来作为研发投入的衡量指标。

2.2 理论基础

2.2.1 信息不对称理论

信息不对称理论源于20世纪70年代美国经济学家Akerlof(1982)[38]对二手车市场案例进行的分析和研究。该案例中,买卖双方通过拍卖方式获取了大量关于二手车价格和品质方面的信息。根据案例分析,二手车市场中的交易双方所掌握的信息存在差异,导致买方因缺乏获取信息的渠道而处于信息劣势,最终可能会选择购买质量较低的二手车;卖方拥有更多获取信息的渠道,因此能在一定程度上获得优势地位。为了最大化自身利益,卖方将质量较低的二手车出售给买家。由于信息来源的不同,交易双方中必然有一方掌握的交易信息多于另一方,这会导致交易行为的低效,使得市场无法充分发挥资源配置能力。从企业经营的角度来看,企业作为资金需求方,对自身的现状与发展前景有着充分的认识,但出于对自身机密保护,企业会对部分信息有所隐瞒,不会将自己的详细计划披露在财务报告中,进而产生了信息不对称,导致外部投资方无法全面了解企业的经营情况,迫使外部投资方进行保守投资。

半导体企业生产的产品大多是硅片、晶圆和芯片等,这些产品具有高度的技术机密性,为了保护其核心技术,半导体企业基本不会披露与创新项目相关的信息,使得企业与投资者之间的信息不对称问题加剧,投资者很难得知企业的实际技术创新水平,以致无法完全信任半导体企业,也就不愿承担相应的投资风险。综上所述,基于信息不对称理论,本文利用实证研究法研究政府补贴对半导体企业创新绩效的影响,并进一步分析政府补贴如何通过缓解信息不对称问题以激励半导体企业创新。

2.2.2 信号传递理论

在市场交易中,交易主体的信息获取能力和相关信息量存在着明显的差异,也就是信息不对称,当信息被披露或传递给交易者时,这种信息不对称造成的不公平现象是客观存在的,并可能影响到交易行为,导致市场效率的降低。据有效市场假说,只有在强有效市场的情况下,投资者才能获取所有的公开和内幕信息,然而,实际的市场交易环境与强有效市场存在一定的差异,无法避免信息不对称问题。为了应对在现实市场中存在的信息不对称问题,Spence(1974)[39]最早提出了一种信号传递模型,该模型由传输者、接收者和信号三个组成部分构成,其中传输者承担着关键信号的传输任务,而接收者则负责对信号的准确性和完整性进行检查。信息优势方基于信号传递理论,可以通过向劣势方发出信号的方式来提高交易效率,优化市场资源配置。

而政府补贴在激励半导体企业创新时,便发挥了"信号传递"的作用:政府作为传输者,通过提供补贴,可以将"利好信号"传递给市场这个接收者,市场便可以引导外部投资者共同参与半导体企业的融资计划,优化创新资源配置,从而有效地减轻半导体企业可能面临的资金风险,促使半导体企业更加积极地进行研发创新活动。综上所述,本文基于信号传递理论,分析政府补贴如何影响企业的创新绩效,并进一步探究企业获得政府补贴的信号传递效应。

2.2.3 外部性理论

1890年,马歇尔提出了一种外部经济理论,认为当一个经济体进行正常的生产经营活动时,其外部性会对与其他经济体共享的环境产生影响,从而导致他人的经济效益发生变化,这种影响可能是积极的也可能是消极的,但其他经济体并不需要为此付出任何代价[40]。

庞古把外部性分为正外部性与负外部性两类[37]。个人或企业的生产行为所带来的正向外部性,不仅能够为自身带来收益,同时也能够为他人或社会带来额外的利益,而这些利益并不需要支付任何费用。负外部性是指个人或企业行为对他人或组织造成了无法避免的损失,导致他们不得不承担额外的成本和费用,但却无法获得相应的赔偿。解决外部性问题需要政府采取干预措施,以纠正市场失灵,因为市场自我调节功能并不能完全解决此类问题。政府在资源配置中具有重要作用,可以对经济活动实施有效控制,保证资源优化配置,促进国民经济持续、快速和健康发展。

由于半导体企业的研究成果和技术进步对高新技术、制造业以及人们的日常生活产生了深远的影响,该行业企业具有公共物品属性,其收益由全社会共同分享,具有明显的外部性特征。因此,政府出台了一系列研发创新补贴政策,以缓解半导体企业的外部性问题,帮助半导体企业分担部分成本,提高其创新动力,进而提升半导体企业的创新绩效。

综上所述,本文基于外部性理论,通过实证检验,分析政府补贴对半导体企业创新绩效的影响,并进一步探究政府补贴如何缓解半导体企业的创新活动外部性。

3 实证研究设计

3.1 研究假设

3.1.1 政府补贴与企业创新绩效

根据外部性理论,企业在进行研发创新活动时,可能会向其他群体提供无偿的研发创新成果,以促进社会的发展。对于半导体企业这种技术密集型企业而言,研发创新活动需要进行大量的资金和人力资本投入,然而,由于企业研发的高风险性和不确定性,研发成果无法独享,这进一步削弱了企业的研发创新积极性,降低了创新成果的产出。同时,外部投资者在面对这种高风险和不确定时,也会望而却步。而此时,政府作为"无形的手"便可以发挥市场调控作用,缓解外部性,并向市场传递出利好信号。一方面,政府通过直接向半导体企业进行补贴,可以弥补企业因外部性造成的损失,从而鼓励半导体企业持续创新,促进半导体企业创新绩效的增加(Zhang Chenyu,2017)[41]。另一方面,根据信号传递理论,政府的资助不仅提升了半导体企业研发创新项目的"投资信誉度",更是为其赋予了政府认可的标志,向外部投资者传递了一种有益的信号,从而为半导体企业争取了更多的创新资源,促使其不断提升创新绩效(姚林香、冷讷敏,2018)[42]。基于以上分析,政府补贴不仅可以弥补半导体企业因外部性造成的损失,而且可以向外部投资者传递一种有益的信号,从而为半导体企业争取更多的创新资源,为其提供有效的持续创新激励。因此,本文提出假设如下:

H_1:政府补贴与半导体企业创新绩效呈正相关关系

3.1.2 政府补贴与研发投入

据上文理论分析可知,由于外部性和信息不对称,半导体企业的创新意愿较低,研发投入也随之受到影响。而政府正针对上述问题通过政府补贴对市场资源进行合理配置。首先,政府补贴是推动半导体企业技术创新的重要资金来源,它不仅可以弥补其业在技术创新过程中所面临的资金不足,还可以减少其财务风险,激励半导体企业积极进行科技创新,从而有效地推动半导体企业增加研发投入(桂黄宝、李航,2019)[43];其次,政府补贴还可以向市场释放以下信息:一是该企业创新能力与发展前景已获得官方肯定。严格的项目审核和筛选程序是发放政府补贴的必要条件,通常情况下,只有那些具有较强技术创新实力以及良好发展前景的企业才能通过审核。二是接受补贴的企业将受政府动态监管。政府的持续监管以及创新项目执行不力则立即终止后续补贴所带来的双重压力,使得受补贴企业通常会以高标准、严要求开展创新活动。因此,基于信号传递理论,政府部门对半导体企业进行补贴向外界传递了其对企业技术和监管双重认证的信号,能够有效提升半导体企业在投资者心目中的信誉等级,为其带来更多的创新资本,在满足半导体企业创新活动融资需求的同时,有效提高其 R&D 投入水平(施建军、栗晓云,2018)[44]。基于以上分析,本文提出假设如下:

H_2:政府补贴与半导体企业研发投入呈正相关关系

3.1.3 政府补贴、研发投入与企业创新绩效

政府补贴能对创新绩效产生直接效应的前提在于企业自身有良好的研究基础、优秀的研发人员以及足够的政府补贴。但大多数情况下,因为政府补贴在企业研发资金中所占的比例较小,所以其对创新绩效的影响也并非全是直接效应,而是通过中介变量——研发投入,产生中介效应。一方面,半导体企业在进行研发创新时,会面对不可忽视的风险,因为技术研发具有外部性,如果发生了技术外溢,会严重打击其创新积极性,而更多地使用政府补贴作为研发投入的补充而非风险资金能有效地防范企业关键技术信息流出(李晓钟、徐怡,2019)[45],促使半导体企业加大研发投入,进而提升创新成果产出,即间接发挥了政府补贴对企业创新绩效的激励作用;另一方面,由于研发活动的内在不确定性,半导体企业很可能需要投入巨额资金但无法获得相应的回报。政府的补贴政策能够有效地降低其在研发过程中所面临的财务风险,提高其预期收益,增强其研发动力,加大研发投入力度,从而间接激励企业提升其创新能力,最终提升其创新绩效(戴浩、柳剑平,2018)[46]。基于以上分析,政府补贴可以削弱半导体企业研发投入的外部性和资金风险,通过提升研发投入间接提升企业创新绩效,所以本文提出以下假设:

H_3:半导体企业研发投入在政府补贴与企业创新绩效之间中介效应显著

3.1.4 政府补贴对不同规模企业创新绩效的影响

企业规模的不同可能导致政府补贴对企业创新绩效的影响存在差异。一方面,企业规模越小,其内部资金也越匮乏,也越难获得银行等金融机构的信任,因而小规模半导体企业融资压力较大,对资金需求的迫切程度高于大规模半导体企业。因此,政府补贴在小规模半导体企业中能发挥更强的政策效应[43]。另一方面,基于信号传递理论,企业规模的不同会改变外部投资者对政府补贴信号的解读,当企业规模较小时,外部投资者往往认为企业获得的创新补贴合理地反映了企业的技术能力,而大企业对研发创新的过度宣传反而使外部投资者对其丧失信心(Wu Aihua,2017)[47]。综上,相较于大规模半导体企业,政府补贴对小规模半导体企业创新绩效的直接政策效应与信号传递效应都更为强烈。基于以上分析,本文提出以下假设:

H_4:政府补贴对小规模半导体企业创新绩效的影响更显著

3.2 样本选取

本文对 2012—2022 年在沪深两市 A 股上市的半导体企业进行了大量数据收集和筛选,遵循以下原则:

1)对 ST、*ST 类企业的数据进行了筛选,以排除其中可能存在的异常。

2)剔除了存在财务信息缺失的企业。

3)剔除了财务数据中的异常数据。

本文汇总了 89 家企业的数据,并记录下了 402 个观察值。本文所需数据源自于国泰安数据库、万得数据库以及公开披露的样本企业年度财务报告,涵盖了企业在政府补贴、专利申请数量、研发支出、资产负债率、资产规模以及成立时间等方面。利用 SPSS 28.0 进行数据整理,并对模型进行计算和分析。

3.3 变量选取

3.3.1 被解释变量

本文选取的被解释变量是企业创新绩效(IP)。通过梳理国内外学者的研究,得知现有对企业创新绩效的衡量大多是基于研发投入、销售收入、专利数等单一指标。虽然这些单一指标能够较为直观地反映技术创新活动给企业带来的效益,但技术创新活动包括创新思路产生、投入研发以及产品问世,经历的时间较长,单一指标只能反映创新活动的某一方面,不足以全面考察企业创新活动带来的整体效果。因此,本文借鉴任跃文(2019)[48]、戴小勇(2003)[49]以及 Lahiri(2010)[50] 等学者的研究,运用因子分析法从创新投入、创新直接效益和创新间接效益三个维度构建综合评价指标,更加全面地反映企业创新绩效,指标选取具体见表 3-1。

表 3-1 创新绩效评价指标

类别	指标	代码	定义
创新投入	研发资金投入	X_1	单位:万元
	研发人员投入	X_2	单位:人
	研发强度	X_3	研发投入/营业收入
创新直接效益	营业利润增长率	X_4	营业利润增长额/上期营业利润总额
	总资产增长率	X_5	总资产增长额/上期资产总额
	现金流比率	X_6	经营活动产生的现金流量净额/总资产
创新间接效益	专利申请数	X_7	单位:件
	专利授权数	X_8	单位:件
	发明专利占比	X_9	发明专利在三类中的占比

本文从创新投入、创新直接效益以及创新间接效益三个维度选取多个指标,运用因子分析法构建创新绩效的综合评价指标,全面、客观地反映企业创新绩效。通过因子分析,本文可以从多个相互关联的初始变量中抽取出最具有代表性的因子变量,以下为因子分析过程。

(1)适宜性检验

本文首先利用 SPSS 28.0 软件检验因子分析是否适宜,包括 Bartlett 球形检验和 KMO 检验,检验结果见表 3-2。

表 3-2 Bartlett 球形检验和 KMO 检验结果

变量		数值
KMO 取样适切性量数		0.661
巴特利特球形度检验	近似卡方	1774.612
	自由度	36.000
	显著性	0.000

表 3-2 的 KMO 检验值为 0.661,远高于 0.5。经过 Bartlett 球形检验,发现初始变量的

相关性非常高,其中 Sig.=0.000<0.05,而且它们的自由度也达到了 36,本文有理由认为上述变量具有进行因子分析的适宜性。

(2)因子提取

在适宜性检验通过的情况下,本文采用主成分分析法对公共因子方差进行提取具体数据,见表 3-3。

表 3-3 公共因子方差

因子	初始	提取
研发资金投入 X_1	1.000	0.919
研发人员投入 X_2	1.000	0.505
研发强度 X_3	1.000	0.791
营业利润增长率 X_4	1.000	0.960
总资产增长率 X_5	1.000	0.503
现金流比率 X_6	1.000	0.693
专利申请数 X_7	1.000	0.484
专利授权率 X_8	1.000	0.473
发明专利占比 X_9	1.000	0.597

根据表 3-4 的数据,公共因子方差超过 0.9 的指标包括,研发资金投入 X_1、营业利润增长率 X_4;超过 0.6 的指标包括现金流比率 X_6、研发强度 X_3;而效果较差的指标则仅限于专利申请数 X_7 和专利授权率 X_8。上述结果表明因子提取的整体效果较好,只有少数变量信息丢失。

再针对上述因子进行因子提取和因子旋转,旋转后的总方差解释结果详见表 3-4。

表 3-4 总方差解释表

成分	初始特征值			旋转载荷平方和		
	总计	方差百分比	累积百分比	总计	方差百分比	累积百分比
1	2.239	24.881	24.881	2.232	24.804	24.804
2	1.277	14.194	39.076	1.242	13.803	38.607
3	1.156	12.844	51.920	1.185	13.167	51.774
4	1.001	11.118	63.038	1.014	11.264	63.038
5	0.901	10.014	73.051			
6	0.810	8.997	82.048			
7	0.701	7.784	89.832			
8	0.595	6.614	96.446			
9	0.320	3.554	100.000			

根据表 3-4 的数据按照初始特征值大于 1 的原则,共有 4 个因子进入分析,这 4 个因子的方差贡献分别为 24.804%、13.803%、13.167%、11.264%,累计贡献率为 63.038%,即它

们可以描述原始变量总方差的 63.038%,高于 60%,因此,认为这 4 个因子可以较好地反映原有变量的信息。

最后根据表 3-4 的数据绘制碎石图,如图 3-1 所示。

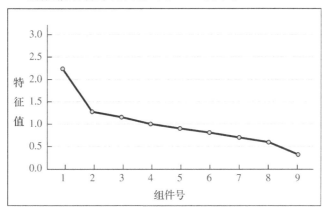

图 3-1 因子特征根的碎石图

从图 3-1 可以观测因子提取的效果。在图中,前 4 个因子的特征值明显高于 1,并且特征值的连线呈陡峭的形状,斜率也比较陡峭。而在第 5 个因子中,特征值的连线呈现出一种平缓的趋势,特征值的数量也在不断减少。经过深入分析,本文认为采用前 4 个因子可以更有效地反映原有变量的信息。

(3)因子解释

根据因子提取的结果,本文选择前 4 个因子作为衡量指标的公共因子,并计算其因子载荷,具体数据见表 3-5。

表 3-5 旋转后的因子载荷矩阵

因子	主成分			
	1	2	3	4
研发资金投入 X_1	0.876	0.029	0.011	0.013
研发人员投入 X_2	0.656	0.227	−0.148	−0.031
研发强度 X_3	0.442	0.128	0.689	−0.061
营业利润增长率 X_4	0.026	0.005	0.011	0.979
总资产增长率 X_5	−0.002	0.693	−0.111	0.103
现金流比率 X_6	0.310	0.049	−0.769	−0.053
专利申请数 X_7	0.679	−0.131	0.004	0.073
专利授权率 X_8	0.530	−0.398	0.161	−0.089
发明专利占比 X_9	0.023	0.718	0.241	−0.151

分析表 3-5 可得,公共因子 1 在研发资金投入 X_1、研发人员投入 X_2 和研发强度 X_3 这三个原始变量上的因子载荷较大,公共因子 3 在原始变量研发强度 X_3 上的因子载荷较大,上述 3 个原始变量反映了企业技术创新投入情况,因此称这公共因子 1 与公共因子 3 为创新

投入因子；公共因子 2 在总资产增长率 X_5 和发明专利占比 X_9 这两个原始变量上具有较大的因子载荷，公共因子 4 在原始变量营业利润增长率 X_4 上具有较大的因子载荷，上述三个原始变量反映了企业创新效益情况，因此称这些因子为创新效益因子。

（4）创新绩效评价得分

根据上文因子解释的结果，本文对公共因子进行得分系数计算，具体结果见表 3-6。

表 3-6 因子得分系数矩阵

因子	成分			
	1	2	3	4
研发资金投入 X_1	0.394	0.036	−0.016	0.024
研发人员投入 X_2	0.302	0.198	−0.153	−0.025
研发强度 X_3	0.181	0.086	0.566	−0.027
营业利润增长率 X_4	0.022	0.021	0.046	0.970
总资产增长率 X_5	0.014	0.565	−0.113	0.110
现金流比率 X_6	0.161	0.069	−0.665	−0.078
专利申请数 X_7	0.304	−0.094	−0.008	0.078
专利授权率 X_8	0.227	−0.320	0.132	−0.082
发明专利占比 X_9	0.013	0.569	0.174	−0.127

表 3-6 中的因子得分系数即公共因子方程中的计算权重。因此，将 9 个初始因子的标准化值代入方程中就可以算出 4 个公共因子的得分，并以其对应的方差贡献率计算出综合得分，具体表达式如下：

$$F_1 = 0.394X_1 + 0.302X_2 + 0.181X_3 + 0.022X_4 + 0.014X_5 + 0.161X_6 + 0.304X_7 + 0.227X_8 + 0.013X_9 \tag{3-1}$$

$$F_2 = 0.036X_1 + 0.198X_2 + 0.086X_3 + 0.021X_4 + 0.565X_5 + 0.069X_6 - 0.094X_7 - 0.320X_8 + 0.569X_9 \tag{3-2}$$

$$F_3 = -0.016X_1 - 0.153X_2 + 0.566X_3 + 0.046X_4 - 0.113X_5 - 0.665X_6 - 0.008X_7 + 0.132X_8 + 0.174X_9 \tag{3-3}$$

$$F_4 = 0.024X_1 - 0.025X_2 - 0.027X_3 + 0.97X_4 + 0.110X_5 - 0.078X_6 + 0.078X_7 - 0.082X_8 - 0.127X_9 \tag{3-4}$$

$$F = (24.804\%F_1 + 13.803\%F_2 + 13.167\%F_3 + 11.264\%F_4)/63.038\% \tag{3-5}$$

3.3.2 解释变量

本文的解释变量是政府补贴（GGT），即政府部门为企业在创新方面提供的经费。政府补贴可分为与资产相关的和与收益相关的两类。为了保证数据的统一性和可比性，本文参考了宋根苗[51]（2016）、吴育辉[52]（2015）、张宏辉[53]（2015）等学者已有的研究成果，采用当期损益中记录的政府补助金额来衡量政府补贴数据。新准则及以后各年度的政府补贴数据，选自企业损益表中"营业外收入"项与"其他收益"项中政府补助之和。考虑到政府补贴的规模较大,本文运用自然对数法对政府补贴变量进行了度量。

3.3.3 中介变量

本文所选取的中介变量为研发投入(RDS)。借鉴相关学者的做法,本文将企业年报披露的研发支出作为研发投入的度量标准,对企业年报中披露的研发支出金额以自然对数的方式进行评估。

3.3.4 控制变量

本文主要研究政府补贴对半导体企业创新绩效的影响。综合考察国内外的研究成果,不难发现,企业创新绩效是由多种因素相互作用、相互影响而形成的。因此,本文参考相关文献,选取以下变量作为控制变量:

(1)总资产净利润率(ROA)

总资产净利润率,是衡量企业盈利能力的重要指标。通常来说,总资产净利润率越高,企业的盈利能力越强,收入越丰厚,开展创新活动的意愿也就越积极。另外,具有良好的盈利能力的企业还能够向社会传递出积极的信息,使其发展能力受到政府的认可,从而吸引更多的政府补贴。因此,本文选取总资产净利润率(ROA)作为控制变量。

$$总资产净利润率(ROA) = \frac{当期净利润}{当期总资产} \times 100\% \quad (3-6)$$

(2)资产负债率(LEV)

资产负债率对于评估企业的债务负担具有至关重要的作用。通常情况下,资产负债率较低的公司会更容易获得更多的资源,并且更倾向于投资创造性的创新活动。因此,经过深入分析,并借鉴国内外学者的研究成果,本文采用资产负债率(LEV)作为控制变量。以下是衡量企业资产负债率的标准公式。

$$资产负债率(LEV) = \frac{当期负债总额}{当期资产总额} \times 100\% \quad (3-7)$$

(3)股权集中度(CON)

当一家公司的股权过于集中时,其决策往往会受到持有较多股份的一方的掌控,决策往往缺乏公正性和合理性,导致公司的管理层和员工无法获得公正的待遇,从而影响企业的创新绩效。因此,本文汲取了其他学者的经验,以第一大股东持股比例为衡量标准,将股权集中度(CON)作为控制变量。

$$股权集中度(CON) = \frac{第一大股东持股数}{总股数} \times 100\% \quad (3-8)$$

(4)企业成立年数(AGE)

企业的创新绩效可能会受到企业成立时间的影响。一方面为了应对市场的不确定性,那些成立时间较短的企业更倾向于积极参与研发创新活动,以此创造竞争优势并占据更大的市场。另一方面对于那些成立时间较长的企业而言,充分利用其所拥有的资源优势,从而提高创新绩效,也是一种可行的策略。因此,本文用样本收集年份减去企业成立年份的时间差来衡量企业成立年数(AGE),并将其作为控制变量之一。

$$\text{企业成立年数（AGE）} = \text{样本年份} - \text{企业成立年份} \tag{3-9}$$

(5) 企业成长性（GRO）

企业的成长性是评估其发展状况至关重要的度量标准。通常来说，企业的成长能力越强，其业务表现也会更优秀，商业机会也越多，获得外部投资的能力也越强。在这种情况下，企业的创新活动也会更加顺利。因此，本文将企业成长性（GRO）作为研究的一个主要控制变量，以下是其计算公式：

$$\text{企业成长性（GRO）} = \frac{\text{本期营业收入增长额}}{\text{上期营业收入}} \times 100\% \tag{3-10}$$

表 3-7 是对本文中涉及的相关变量的整理。

表 3-7 变量定义表

变量类型	变量名称	定义	符号
被解释变量	创新绩效	因子分析法构建的综合评价指标	IP
解释变量	政府补贴	"计入当期损益的政府补助"，取自然对数	GGT
中介变量	研发投入	取本年研发支出金额的自然对数	RDS
控制变量	总资产净利润率	当期净利润/当期资产总额×100%	ROA
	资产负债率	当期负债总额/当期资产总额×100%	LEV
	股权集中度	第一大股东持股数/总股数×100%	CON
	企业成立年数	样本年份－企业成立年份	AGE
	企业成长性	本期营业收入增长额/上期营业收入×100%	GRO

3.4 模型设定

3.4.1 模型构建

(1) 基准回归模型

为了检验政府补贴与企业创新绩效之间的关系，研究政府补贴对企业创新绩效的直接影响，本文构建了一个基准回归模型[见式(3-11)]：

$$\text{IP}_{i,t} = \beta_0 + \beta_1 \text{GGT}_{i,t} + \sum \beta_m C_{i,t} + \varepsilon_{i,t} \tag{3-11}$$

其中企业创新绩效（IP）是被解释变量（$\text{IP}_{i,t}$ 表示 i 企业在 t 年份的创新绩效），β_0 为常数项，政府补贴（GGT）是解释变量（$\text{GGT}_{i,t}$ 表示 i 企业在 t 年份所获得的政府补贴），β_1 表示解释变量政府补贴（GGT）的回归系数，$C_{i,t}$ 是各控制变量合集，β_m 是控制变量的回归系数，$\varepsilon_{i,t}$ 是残差项。

(2) 中介效应模型

基于前文理论分析，除上述直接效应外，政府补贴还通过研发投入间接影响企业创新绩效，为检验研发投入是否在两者之间发挥中介作用，本文借鉴温忠麟、叶宝娟[54]（2014）提出的逐步回归法，构建如下方程，分三步检验，在模型[见式(3-11)]的基础上设置模型[见式(3-12)]和模型[见式(3-13)]，采用逐步回归的思路检验研发投入在政府补贴与企业创新绩效之间的中介作用（中介模型示意图如图3-2所示）。

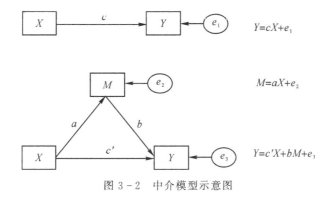

图3-2 中介模型示意图

$$\mathrm{RDS}_{i,t} = \beta_0 + \beta_1 \mathrm{GGT}_{i,t} + \sum \beta_m C_{i,t} + \varepsilon_{i,t} \quad (3-12)$$

$$\mathrm{IP}_{i,t} = \beta_0 + \beta_1 \mathrm{GGT}_{i,t} + \beta_2 \mathrm{RDS}_{i,t} + \sum \beta_m C_{i,t} + \varepsilon_{i,t} \quad (3-13)$$

其中企业创新绩效(IP)是被解释变量($\mathrm{IP}_{i,t}$表示i企业在t年份的创新绩效),β_0为常数项,政府补贴(GGT)是解释变量($\mathrm{GGT}_{i,t}$表示i企业在t年份所获得的政府补贴),β_1表示核心解释变量政府补贴(GGT)的回归系数,企业研发投入为(RDS)中介变量($\mathrm{RDS}_{i,t}$表示i企业在t年份的研发投入),$C_{i,t}$是各控制变量合集,β_m是控制变量的回归系数,$\varepsilon_{i,t}$是残差项。

本文在模型[见式(3-11)]中检验政府补贴对企业创新绩效的影响。模型[见式(3-12)]检验政府补贴对研发投入的影响。模型[见式(3-13)]检验研发投入的中介作用。其中,模型[见式(3-11)]中的系数β_1即解释变量政府补贴对被解释变量企业创新绩效的总效应;模型[见式(3-12)]中的系数β_1为解释变量政府补贴对中介变量研发投入的效应;模型[见式(3-13)]中的系数β_1是在控制中介变量研发投入的影响后,解释变量政府补贴对企业创新绩效的直接效应,而β_2则是在控制解释变量政府补贴的影响后,中介变量研发投入对企业创新绩效的效应。

3.4.2 检验步骤

根据中介效应逐步法检验流程,按照以下三个步骤检验研发投入的中介作用。

(1)对模型[见式(3-11)]进行回归,检验政府补贴对企业创新绩效的影响,检验模型[见式(3-11)]中的系数β_1是否显著,如果显著,则说明政府补贴对企业创新绩效具有显著影响,可以进行下一步检验,否则停止对研发投入的中介效应分析。

(2)检验模型[见式(3-12)]中的系数β_1和模型[见式(3-13)]中的系数β_2是否显著,即政府补贴是否能够显著提高研发投入,研发投入是否能够显著提升企业创新绩效,若两者均显著则继续进行下一步检验。若两者至少有一个不显著,则进行Sobel检验。

(3)检验模型[见式(3-13)]中的系数β_1是否显著,若显著,则说明研发投入在政府补贴对企业创新绩效的影响中发挥了中介作用。

4 实证分析

4.1 描述性统计分析

本文以2012—2022年89家半导体企业的数据为研究样本,采用描述性统计分析方法,对涉及的变量进行了整理。统计结果见表4-1。

表4-1 描述性统计分析

变量名称	样本量	均值	标准差	最小值	中位数	最大值
IP	402	0.000	0.528	−2.060	0.000	2.730
GGT	402	16.645	1.526	9.903	16.493	21.635
RDS	402	18.466	1.276	15.416	18.390	22.265
ROA	402	0.057	0.097	−0.609	0.049	0.427
LEV	402	0.281	0.209	0.011	0.215	1.165
CON	402	0.288	0.126	0.030	0.266	0.723
AGE	402	2.759	0.331	1.609	2.773	3.555
GRO	402	0.288	0.507	−0.574	0.199	5.394

由表4-1可知,本文的研究样本数量为402个,主要变量之间存在较大差异。企业创新绩效(IP)最大值为2.73,最小值为−2.06,标准差0.528,说明样本企业在科技创新能力方面存在较大差异,创新绩效表现出较大差异;政府补贴(GGT)的最小值为9.903,最大值为21.635,均值16.645,中位数为16.493,均值接近于中位数,说明政府补贴在研究样本中分布较为均匀,极端数值较少;研发投入(RDS)的最小值为15.416,最大值为22.265,均值为18.466,中位数为18.390,标准差为1.276,均值接近于中位数,且标准差在合理范围之内,表明研发投入在研究样本中分布较为均匀,说明半导体行业整体重视研发创新,整体研发投入较高。

前文提到,总资产净利润率(ROA)、资产负债率(LEV)、股权集中度(CON)、企业成立年数(AGE)和企业成长性(GRO)作为本次研究的控制变量。其中,总资产净利润率(ROA)的中位数和均值都接近于最小值,表明样本企业的总资产净利润率较低,但是最大值与最小值差距较大,说明半导体行业发展不平衡。资产负债率(LEV)最大为1.165,最小值为0.011,均值为0.281,中位数为0.215,中位数与均值差距较小,但最大值与最小值差距较大,说明样本企业中有个别企业经营状况较差,负债较大。企业成长性(GRO)的均值为0.288,说明样本企业的营业收入整体处于上升态势,成长能力较强。股权集中度(CON)最大为0.723,最小为0.030,最大值与最小值差距较大,说明半导体企业之间内部股权结构差异较大。

4.2 相关性分析

基于上文的描述性统计分析,本节使用SPSS 28.0的相关性分析,检验多个变量之间存在的关系以及是否具有相关性,结果见表4-2。

表4-2 相关性检验

		IP	GGT	RDS	SIZE	LEV	GRO	ROA	ROE
IP	皮尔逊相关性	1.000	0.536**	0.427**	0.105*	−0.008	−0.152**	−0.130*	0.244**
	Sig.(双尾)		0.000	0.000	0.039	0.873	0.003	0.011	0.000
GGT	皮尔逊相关性	0.536**	1.000	0.545**	0.074	0.264**	−0.055	0.010	0.151**
	Sig.(双尾)	0.000		0.000	0.147	0.000	0.276	0.839	0.003
RDS	皮尔逊相关性	0.427**	0.545**	1.000	0.047	0.188**	0.102*	0.109*	0.090
	Sig.(双尾)	0.000	0.000		0.352	0.000	0.045	0.032	0.076
ROA	皮尔逊相关性	0.105*	0.074	0.047	1.000	−0.369**	0.102*	−0.170**	0.365**
	Sig.(双尾)	0.039	0.147	0.352		0.000	0.044	0.001	0.000
LEV	皮尔逊相关性	−0.008	0.264**	0.188**	−0.369**	1.000	0.106*	0.239**	−0.111*
	Sig.(双尾)	0.873	0.000	0.000	0.000		0.037	0.000	0.028
CON	皮尔逊相关性	−0.152**	−0.055	0.102*	0.102*	0.106*	1.000	0.013	−0.093
	Sig.(双尾)	0.003	0.276	0.045	0.044	0.037		0.803	0.068
AGE	皮尔逊相关性	−0.130*	0.010	0.109*	−0.170**	0.239**	0.013	1.000	−0.042
	Sig.(双尾)	0.011	0.839	0.032	0.001	0.000	0.803		0.405
GRO	皮尔逊相关性	0.244**	0.151**	0.090	0.365**	−0.111*	−0.093	−0.042	1.000
	Sig.(双尾)	0.000	0.003	0.076	0.000	0.028	0.068	0.405	

[** 在0.01级别(双尾),相关性显著。* 在0.05级别(双尾),相关性显著。]

表4-2报告了本文中涉及变量的皮尔逊相关系数情况,其中政府补贴(GGT)与企业创新绩效(IP)的相关系数为0.536,且在1%的显著性水平上为正,说明政府对半导体企业进行补贴能够显著提高其创新绩效,得到政府补贴较多的企业能在科技竞争中取得优势,假设H_1得到初步验证。政府补贴(GGT)与研发投入(RDS)的相关系数为0.545,研发投入(RDS)与创新绩效(IP)的相关系数为0.427,且均在1%的显著性水平上为正,说明政府补贴(GGT)和研发投入(RDS)、研发投入(RDS)与企业创新绩效(IP)之间显著正相关,政府补贴对研发投入有显著提升作用,研发投入越多,越有利于提升企业创新绩效,假设H_2、H_3得到初步验证。控制变量方面,总资产净利润率(ROA)和企业成长性(GRO)与企业创新绩效(IP)的相关系数在1%的显著性水平上为正,说明以上总资产净利润率(ROA)和企业成长性(GRO)与企业创新绩效(IP)均存在显著正相关关系。股权集中度(CON)、企业成立年数(AGE)与企业创新绩效(IP)的相关系数相关系数在1%的显著性水平上为负,说明股权集中度(CON)、企业成立年数(AGE)均与企业创新绩效(IP)存在显著负相关关系。变量间

最大相关系数的绝对值不超过 0.8,故不存在严重共线性,可以进行回归分析。

4.3 回归分析

4.3.1 基准回归结果

本节使用 SPSS 28.0 的回归分析,检验政府补贴对半导体企业创新绩效的影响作用,结果见表 4-3,列(1)未加入任何控制变量,列(2)则在列(1)基础上加入控制变量。

表 4-3 基准回归结果

变量名称	(1)IP	(2)IP
GGT	0.536***	0.543***
	(12.488)	(12.290)
ROA		−0.042
		(−0.864)
LEV		−0.115**
		(−2.379)
CON		−0.090**
		(−2.102)
AGE		−0.107**
		(−2.517)
GRO		0.152***
		(3.362)
Adj.R^2	0.286	0.342
F	155.946	34.550

(***、**、* 分别代表 1%、5%、10% 的显著性水平;括号内为 t 值,下同。)

回归结果显示,政府补贴(GGT)对企业创新绩效(IP)的回归系数为 0.536,通过 1% 的统计显著性检验,说明政府补贴对企业创新绩效具有显著激励作用。然后,在表 4-3 列(1)基础上,加入控制变量,使用模型[见式(3-11)]进行回归,进一步对政府补贴和企业创新绩效的关系进行检验,结果见表 4-3 列(2),政府补贴(GGT)对企业创新绩效(IP)的回归系数为 0.543,且通过 1% 的统计显著性检验,且调整后的 R^2 由 28.6% 上升至 34.2%,H_1 得到验证,政府补贴对企业创新绩效存在显著的影响,该影响在半导体企业样本期内表现为正向激励作用,政府补贴发放的力度加大,利于半导体企业创新绩效的提升。

4.3.2 研发投入的中介效应检验

基于前文理论分析,政府补贴不仅能够直接提升半导体企业创新绩效,还能够通过提升研发投入进而驱动各种形式的创新活动,提升企业创新绩效。因此,本文构建中介机制检验模型,检验研发投入在两者间的中介作用。本文借鉴温忠麟、叶宝娟(2014)[54]关于中介效应的检验思路,以检验研发投入在政府补贴与企业创新绩效间的中介作用,结果见表 4-4。

表 4-4 研发投入的中介效应检验

变量名称	(1)IP	(2)RDS	(3)IP
GGT	0.543***	0.544***	0.413***
	(12.290)	(12.066)	(8.179)
RDS			0.240***
			(4.925)
ROA	−0.042	0.007	−0.044
	(−0.864)	(0.135)	(−0.924)
LEV	−0.115**	0.011	−0.118**
	(−2.379)	(0.229)	(−2.508)
CON	−0.090**	0.131***	−0.121***
	(−2.102)	(3.007)	(−2.890)
AGE	−0.107**	0.101**	−0.132***
	(−2.517)	(2.319)	(−3.155)
GRO	0.152***	0.023	0.146***
	(3.362)	(0.506)	(3.334)
Adj.R^2	0.342	0.315	0.380
F	34.550	30.649	34.890

按照中介效应检验步骤,本文首先检验政府补贴能否显著影响半导体企业创新绩效,对模型[见式(3-11)]进行回归,结果见表 4-4 列(1),政府补贴(GGT)对企业创新绩效(IP)的回归系数为 0.543,且通过 1% 的统计显著性检验,说明政府补贴(GGT)能够显著提升半导体企业创新绩效(IP)。在此基础上,继续检验政府补贴(GGT)与研发投入(RDS)的关系,本文对模型[见式(3-12)]进行回归,结果见表 4-4 列(2),政府补贴(GGT)对研发投入(RDS)的回归系数为 0.544,且通过 1% 的统计显著性检验,说明政府补贴(GGT)能够显著提升半导体企业研发投入(RDS),H_2 得到验证。为进一步检验研发投入(RDS)在政府补贴(GGT)和企业创新绩效(IP)之间的中介作用,对模型[见式(3-13)]进行回归,结果见表 4-4 列(3),政府补贴(GGT)对企业创新绩效(IP)的回归系数为 0.413、研发投入(RDS)对创新绩效(IP)的回归系数为 0.240,均通过 1% 的统计显著性检验,且在加入研发投入之后,政府补贴对企业创新绩效的回归系数有所下降(由 0.543 到 0.413),中介效应比例为 24.04%,说明研发投入(RDS)在政府补贴(GGT)对企业创新绩效(IP)的影响中发挥中介作用,即政府补贴(GGT)可以通过提高研发投入(RDS)进而提升企业创新绩效(IP),H_3 得到初步验证。这可能是因为政府的补贴不仅是企业研发投入的重要资金来源,可以直接缓解企业研发的资金压力,同时可以通过提升企业科技创新信誉度等方式加强企业获取创新资源的能力,有助于企业加大研发投入力度,降低创新风险,激发创新积极性,对企业创新绩效产生积极影响。

4.3.3 考虑规模异质性的回归分析

根据本文的实证研究,可以得出政府补贴对半导体企业创新绩效具有显著正向激励作用。唐清泉[55]等(2012)指出,政府补贴对企业创新绩效的影响存在规模异质性差异。为了探究政府补贴对不同规模的半导体企业的政策效应是否一致,本文对整个样本进行小规模企业与大规模企业的分组回归,回归结果见表4-5。

表4-5 半导体企业2012—2022年不同规模性质的回归分析

变量	大规模企业			小规模企业		
	(1)IP	(2)RDS	(3)IP	(1)IP	(2)RDS	(3)IP
GGT	0.488***	0.544***	0.330***	0.547***	0.404***	0.378***
	(6.401)	(10.844)	(5.705)	(9.642)	(4.202)	(4.542)
RDS			0.417***			0.292***
			(5.107)			(3.902)
ROA	−0.099	0.037	−0.110*	0.098***	0.068	0.069
	(−1.644)	(0.621)	(−1.9)	(1.023)	(0.633)	(0.816)
LEV	−0.174***	0.012	−0.177***	0.058	−0.105	0.102
	(−2.937)	(0.201)	(−3.123)	(0.650)	(−1.040)	(1.274)
CON	−0.050	0.149***	−0.093*	−0.308***	−0.172*	−0.236***
	(−0.991)	(2.979)	(−1.901)	(−3.464)	(−1.722)	(−2.939)
AGE	−0.150***	0.091*	−0.176***	−0.018	0.322***	−0.153
	(−2.968)	(1.816)	(−3.621)	(−0.197)	(3.068)	(−1.750)
GRO	0.158***	0.021	0.152***	0.068	0.021	0.059
	(2.948)	(0.403)	(2.951)	(0.731)	(0.196)	(0.719)
Adj.R^2	0.294	0.310	0.351	0.399	0.239	0.526
F	21.430	21.359	23.700	11.167	5.820	15.567

根据表4-5可以看出,大规模半导体企业政府补贴(GGT)对企业创新绩效(IP)的回归系数为0.488,小规模半导体企业政府补贴(GGT)对企业创新绩效(IP)的回归系数为0.547,且均通过了1%的统计显著性检验。上述分组回归结果表明政府补贴(GGT)显著提升了小规模和大规模半导体企业的创新绩效(IP),但是小规模半导体企业的回归系数较大,说明政府补贴(GGT)对小规模半导体企业的创新绩效(IP)影响更大,H_4得到验证。可能是相较于大规模半导体企业,政府补贴对小规模半导体企业创新绩效的直接政策效应与信号传递效应都更为强烈,小规模企业往往更能通过利用政府补贴以提升自身科技水平。

4.4 稳健性检验

4.4.1 替换检验方法

上述实证检验主要基于逐步回归法,为进一步验证研发投入的中介作用,本文使用对中介效应有更高检验力度的 Bootstrap 法对样本数据重复抽样（抽样次数分别为 1 000 次和 5 000 次），以获得新样本，并对新样本再次进行分析检验，检验结果见表 4-6。

表 4-6 Bootstrap 的中介效应检验

		效应值	标准误	95%置信区间	占总效应比值
Rep=1 000	总效应	0.187	0.015	[0.157,0.217]	
	直接效应	0.142	0.017	[0.108,0.176]	
	间接效应	0.045	0.015	[0.024,0.084]	24.03%
Rep=5 000	总效应	0.187	0.015	[0.157,0.217]	
	直接效应	0.142	0.017	[0.108,0.176]	
	间接效应	0.045	0.015	[0.025,0.078]	24.03%

其间接效应 95%的置信区间分别为[0.024,0.084]和[0.025,0.078]，均不包含 0，说明中介效应存在且显著，中介效应量为 24.03%，表明在政府补贴对企业创新绩效的影响中，有 24.03%的部分可以被研发投入解释。

4.4.2 替换核心变量

企业本年专利申请数（PAN）是衡量企业创新绩效的另一常用指标。为防止变量选择对本文检验结果产生影响，在稳健性检验中替换被解释变量，将企业创新绩效指标由因子分析法构建的综合评价指标（IP）替换为企业本年专利申请数（PAN）进行回归，具体回归结果见表 4-7。

表 4-7 替换被解释变量的回归结果

变量名称	(1)PAN	(2)RDS	(3)PAN
GGT	0.568***	0.713***	0.374***
	(13.564)	(20.553)	(6.300)
RDS			0.273***
			(4.517)
SIZE	0.068	0.086**	0.045
	(1.462)	(2.231)	(0.976)
LEV	0.205***	0.072*	0.185***
	(4.466)	(1.903)	(4.119)
GRO	0.027	−0.082**	0.049
	(0.665)	(−2.435)	(1.236)
ROA	−0.033	0.103***	−0.061
	(−0.816)	(3.074)	(−1.529)
ROE	−0.104**	0.072**	−0.123***
	(−2.424)	(2.036)	(−2.940)
Adj.R^2	0.409	0.594	0.438
F	45.638	95.525	44.052

政府补贴对企业创新绩效的回归系数为0.568,且通过1%的统计显著性检验。其他变量的回归结果均与表4-4结果基本保持一致,说明本文的研究结论适用于不同的变量度量方式,具有很好的稳健性。

4.5 实证结果

本文以2012—2022年89家A股半导体板块上市公司的企业数据为样本,提出本文的研究假设,并构建回归模型进行实证分析,对假设进行逐一验证。实证结果见表4-8。

表4-8 实证结果汇总

假设内容	实证结果
H_1:政府补贴与半导体企业创新绩效呈正相关关系	支持
H_2:政府补贴与半导体企业研发投入呈正相关关系	支持
H_3:半导体企业研发投入在政府补贴与企业创新绩效之间中介作用显著	支持
H_4:政府补贴对小规模半导体企业创新绩效的影响更显著	支持

根据表4-8的汇总结果,结合相关理论与研究,对本文的实证分析结果进行总结,具体内容如下:

(1)政府补贴与半导体企业创新绩效呈正相关关系

从表4-3中的基准回归分析结果来看政府补贴(GGT)对企业创新绩效(IP)的回归系数为0.536,p值为0.001,说明政府补贴对企业创新绩效具有显著提升作用。然后,加入控制变量后,政府补贴(GGT)对企业创新绩效(IP)的回归系数为0.543,且通过1%的统计显著性检验,H_1得到验证,政府补贴对半导体企业创新绩效存在显著的影响效应,该影响在样本期内表现为正向激励作用,政府补贴发放的力度加大,利于半导体企业创新绩效的提升。

(2)政府补贴与半导体企业研发投入呈正相关关系

从表4-4的回归结果来看,政府补贴(GGT)对研发投入(RDS)的回归系数为0.544,且通过1%的统计显著性检验,表明政府补贴(GGT)与研发投入(RDS)存在显著正相关关系,说明政府补贴能够显著提升半导体企业研发投入,H_2得到验证。通过提供补贴,政府能够帮助半导体企业解决在研发和创新方面的财务困难,减少其承担的风险,并鼓励其更加积极地参与到研发和创新的工作当中,从而对半导体企业研发投入产生正向影响。

(3)半导体企业研发投入在政府补贴与企业创新绩效之间中介效应显著

表4-4中的中介效应分析结果显示,政府补贴(GGT)对企业创新绩效(IP)的回归系数为0.543、研发投入(RDS)对企业创新绩效(IP)的回归系数为0.544,均通过1%的统计显著性检验,且在加入研发投入之后,政府补贴对创新绩效的回归系数有所下降(由0.543到0.413),说明研发投入在政府补贴(GGT)对企业创新绩效(IP)的影响中发挥中介作用,且Bootstrap法检验结果表明在政府补贴对企业创新绩效的影响中,有24.03%的部分可以被研发投入解释,H_3得到验证。这是因为政府补贴作为半导体企业研发投入的资金来源,可以帮助其加大研发投入,降低创新风险,提高创新积极性,对半导体企业创新绩效产生直接的积极影响,同时政府补贴还能发挥信号传递作用,缓解半导体企业融资压力与外部性问题,间接对其创新绩效产生积极影响。

(4)政府补贴对小规模半导体企业创新绩效的影响更显著

表4-5中的基于企业规模差异的回归结果显示,大规模半导体企业政府补贴(GGT)对企业创新绩效(IP)的回归系数为0.488,小规模半导体企业政府补贴(GGT)对企业创新绩效(IP)的回归系数为0.547,且均通过了1%的统计显著性检验,说明政府补贴对小规模半导体企业创新绩效的激励效果更强,H_4得到验证。可能是相较于大规模半导体企业,政府补贴对小规模半导体企业创新绩效的直接政策效应与信号传递效应都更为强烈,小规模企业往往更能通过利用政府补贴提升自身科技水平。

5 研究结论与对策建议

5.1 研究结论

本文以2012—2022年A股上市的半导体企业作为研究对象,运用文献综述法、理论分析法和实证分析法,分析政府补贴对半导体企业创新绩效的影响,并探讨研发投入的中介效应,基于上文的实证结果,本文得出以下研究结论:

(1)持续增加政府补贴可以不断提升半导体企业的创新绩效

根据上文实证结果可知,政府补贴与半导体企业创新绩效呈正相关关系。本文在对政府补贴进行理论分析的基础上,进一步从内部和外部两个方面探讨其影响机制。正如前文所述,一方面,就内部影响而言,政府补贴不仅能够为企业提供更多的资金支持,同时也能够有效地减轻企业的研发资金负担,抵消外部因素带来的损失,从而分担企业进行创新所需的成本和风险,为企业解决创新的后顾之忧;另一方面,政府的态度不仅能够向外部投资者传递信息,而且能够有效地协助半导体企业进行融资,从而最终激发半导体企业的创新意愿,提高其创新绩效。因此,政府补贴的不断增加可以为半导体企业的创新绩效增长注入源源不断的动力,从而推动其持续发展。

(2)政府补贴可以促进半导体企业增大研发投入

根据上文实证结果可知,政府补贴与半导体企业研发投入呈正相关关系。随着政府对半导体企业补贴力度的提高,半导体企业将加大对研发创新活动的资金注入。首先,政府补贴解决了半导体企业部分研发资金的缺口,降低企业进行创新活动的风险,激发半导体企业开展研发创新活动的积极性,对企业研发投入产生正向影响;其次,由于政府补贴通常在补贴额度以及补贴要求方面规定得非常严格,同产业内许多企业将共同参与竞争有限的补贴金额,激发了同行业内企业的竞争,从而迫使企业为获得市场优势不断增加其研发创新业务的投入。由此,政府补贴可以促进半导体企业增大研发投入。

(3)半导体企业的研发投入在政府补贴与企业创新绩效之间发挥中介作用

根据上文实证结果可知,半导体企业的研发投入在政府补贴与企业创新绩效之间中介效应显著,政府补贴能够通过半导体企业的研发投入,提高半导体企业创新绩效。这也说明政府补贴对半导体企业创新绩效的影响并非全是直接效应,而是通过中介变量——研发投入,产生一部分中介效应。半导体企业的创新活动可以直接受益于政府补贴提供的信号传递效应,这种效应可以为企业注入资源,从而直接影响其创新绩效;另一方面,政府的补贴政策可以减轻半导体企业在研发投入方面所面临的外部性和资金风险,通过提高企业的研发投入水平,间接促进半导体企业创新绩效。由此,半导体企业的研发投入在政府补贴与企业创新绩效之间发挥中介作用。

(4)政府补贴对小规模半导体企业的政策效应更强

根据上文实证结果可知,与大规模半导体企业相比,政府补贴对小规模半导体企业创新绩效的影响更显著。可以说明,首先,相较于那些拥有庞大资金来源和广泛融资渠道的大规模半导体企业,那些规模较小的半导体企业在面对高风险和高投入的研发创新活动时,政府补贴可以迅速缓解其面临的更为突出的资源匮乏问题;其次,外部投资者往往更加信任小规模半导体企业通过政府补贴传递出的利好信号,小规模半导体企业获得外部投资的可能性更大。由此政府补贴对小规模半导体企业的政策效应更强,政府补贴可以在更大程度上激励小规模的半导体企业通过创新活动增强技术核心竞争力。

5.2 对策建议

5.2.1 企业层面的建议

(1)增强自身获取政府补贴能力

由本文的研究结论可知,政府补贴对于半导体企业创新绩效的提升发挥着重要的促进作用,获取更多的政府补贴更有利于企业提升创新绩效。首先,半导体企业要树立相关目标与计划,完善企业合规性,朝着条件达标的方向努力;其次,企业应深入了解政府补贴政策,浏览政府官方网站,深入了解资金管理办法、项目申报指南等,掌握申报的要求和流程,熟悉政府资助项目的内容、申请条件、金额及数量,并准备必要的文件;最后,企业应该结合自身的实际情况和研发项目的制定、评估可能的政府补贴项目,通过对技术、R&D 团队、财务、年收入、企业规模等多方面的全面评估,根据政策申报要求,制定出符合要求的项目计划,以实现企业的获补能力的提升。

(2)加大对研发创新活动的投入

本文的研究结论显示,政府补贴可以促进半导体企业增大研发投入,并且半导体企业研发投入在政府补贴对创新绩效的影响中发挥中介作用。因此在政府加快研究开发半导体科技,冲破国际技术封锁的背景下,一方面,半导体企业应把握大好发展机会,借助政府大力补贴半导体产业的东风,积极发挥政府补贴对半导体企业研发投入的正向影响,加大对研发活动的投入力度,提升自主创新能力;另一方面,半导体企业需谨记研发创新活动的长远性,以长远的眼光规划企业的发展和创新计划,持续加大研发投入的力度。

(3)提高研发投入的合理性和高效性

据本文研究结论,半导体企业研发投入在政府补贴和企业创新绩效之间具有中介作用。政府补贴能够显著提高我国半导体企业的创新能力,但是由于研发资金投入利用能力的不足,我国半导体产业整体上处于"高投入低产出"状态。因此,合理、高效利用研发投入是发挥政府补贴效果的关键。首先,在申请补贴资金之前,半导体企业应当根据实际情况和研发项目进行科学、合理的预算、规划和分配,以避免资金的滥用;其次,获得补贴之后,由于补贴资金的利用是一个漫长、专业和复杂的过程,半导体企业可以通过建立内部监管制度和信息披露制度,提高补贴资金的透明度和公开性,从而推动研发部门更加合理地分配补贴资金,提高研发投入的合理性和高效性,提高补贴资金的使用效率。

5.2.2 政府层面的建议

基于以上研究结论,本文针对政府相关部门,提出了关于提升企业创新绩效的对策建议,具体如下。

(1)加大对半导体企业的扶持力度

基于研究结论可知,政府持续增加补贴可以不断提升半导体企业的创新绩效。半导体行业呈现资金密集型和技术密集型特征,因此,企业要想在市场上取胜,必须加强对技术创新的投入,不断提升研发水平。这也从侧面说明半导体企业的研发创新活动需要得到政府的全方位支持。首先,政府应在维持现有补贴的基础上,持续提供更大程度的资金支持;其次,政府应通过信号传递机制鼓励外部投资者如金融机构,参与半导体企业融资计划,以拓宽半导体企业融资渠道,缓解其融资约束问题,从而为半导体企业发展提供坚实的基础。通过实施有力的补贴政策,为半导体技术的创新和产业的发展提供更加优越的环境,推动半导体企业实现可持续、稳健的发展;最后值得注意的是,半导体企业在进行研发创新活动时,面临周期长和不确定性强的问题,其创新能力的形成是一个需要技术积累和持续发展的复杂过程。因此,在进行半导体企业创新激励时,必须考虑到研发创新投入的持续性,不能仅仅追求短期利益。在提升补贴力度的同时,政府应当关注补贴的迟滞效应,注重长期的支持,以持续发挥其对半导体企业创新绩效的激励作用。综上所述,政府不仅需要提供更多的政府补贴,而且要更大程度地发挥信号传递效应,吸引更多资源进入半导体企业,同时关注补贴的迟滞效应,持续发挥其对半导体企业创新绩效的激励作用。

(2)制定以研发投入为导向的补贴政策

基于研究结论可知,政府补贴可以促进半导体企业增大研发投入,且半导体企业研发投入在政府补贴和企业创新绩效之间发挥了中介作用,所以政府补贴应向具有技术创新实力和研发投入意愿强的半导体企业倾斜。为了达到以上目的,政府需要制定以研发投入为导向的补贴政策,例如针对研发投入过低的企业制定政府补贴退出政策,针对研发投入充分的企业制定分级补贴奖励政策,针对骗补企业制定补贴黑名单制度,不仅能够让补贴资金使用效率高、创新能力好的半导体企业享受到更大的补贴,还能够有力打击虚构研发项目的"骗补"违法行为,提高政府资源的配置效率。而制定政策的同时,政府还应该对接受补贴的半导体企业研发成果转化进行考评,建立半导体企业技术创新评价体系,有效评价享受政府补贴的半导体企业创新绩效。此举不仅有助于政府深入了解补贴资金的使用效益,同时也为未来补贴政策和产业发展战略的制定提供了宝贵的经验借鉴。综上所述,政府需要制定以研发投入为导向的补贴政策,与此同时注重调查半导体企业的政府补贴使用情况,并评估补贴资金的使用效率,监督受补贴半导体企业的创新活动,帮助半导体企业实现技术升级和健康发展。

(3)实施差异化的补贴措施

基于上文的异质性分析结论,政府补贴对小规模半导体企业的政策效应更强。政府应该根据半导体企业的规模异质性实施差异化的补贴政策,首先对于小规模半导体企业,政府应将补贴力度加大,缩小小规模半导体企业和大规模半导体企业之间资金差距,同时应鼓励金融机构降低融资门槛,促使社会资本进入小规模半导体企业,出台税收优惠政策,为小规模半导体企业的技术创新创造政策沃土;其次,对于大规模半导体企业,政府应根据大规模半导体企业的创新绩效动态调整其补贴金额,提高大规模半导体企业补贴资金的利用效率,鼓励大规模半导体企业开展创新活动,帮助大规模半导体企业在激烈的市场竞争中获得优势。综上所述,政府可以根据不同规模半导体企业的特点,制定差异化的补贴政策,帮助半导体企业实现技术升级和健康发展。

参考文献

[1] TRINH L, ADAM B J. The impact of R&D subsidy on innovation: Evidence from New Zealand firms [J]. Economics of Innovation and New Technology, 2017, 26(5): 429-452.

[2] LIN B Q, LUAN R. Do government subsidies promote efficiency in technological innovation of China's photovoltaic enterprises? [J]. Journal of Cleaner Production, 2020, 254: 108-120.

[3] MURATI-LEKA H, FETAI B. Government and innovation performance: Evidence from the ICT enterprising community [J]. Journal of Enterprising Communities: People and Places in the Global Economy, 2022, 289: 143-144.

[4] TZELEPIS D, SKURAS D. The effects of regional capital subsidies on firm performance: An empirical study [J]. Small Business and Enterprise Development, 2004, 11(1): 121-129.

[5] YU F F, Wang L T, Li X T. The effects of government subsidies on new energy vehicle enterprises: The moderating role of intelligent transformation[J]. Energy Policy, 2020, 141: 111463.

[6] SHIN K, CHOY M, LEE C, et al. Government R&D subsidy and additionality of biotechnology firms: The case of the South Korean biotechnology industry [J]. Sustainability, 2019, 11(6): 1583.

[7] RAO N. Do tax credits stimulate R&D spending? The effect of the R&D tax credit in its first decade [J]. Journal of Public Economics, 2016, 140: 1-12.

[8] KIMAN K, JONGMIN Y. Linear or Nonlinear? Investigation an Affect of Public Subsidies on SMEs R&D Investment[J]. Journal of the Knowledge Economy, 2022, 13(3): 2519-2546.

[9] PLESS J. Are "complementary policies" substitutes? Evidence from R&D subsidies in the UK [J]. MIT Center for Energy and Environmental Policy Research, 2021, 2(5): 160-179.

[10] RAVSELJ D, ARISTOVNIK A. The impact of public R&D subsidies and tax incentives on business R&D expenditures. [J]. International Journal of Economics and Business Administration, 2020, 8(1): 160-179.

[11] REHMAN N U, HYSA E, MAO X. Does public R&D complement or crowd-out private R&D in pre and post economic crisis of 2008? [J]. Journal of Applied Economics, 2020, 23(1): 349-371.

[12] CHUNDAKKADAN R, SASIDHARAN S. Financial constraints, government support, and firm innovation: Empirical evidence from developing economies [J]. Innovation and Development, 2020, 10(3): 279-301.

[13] MUNOZ-BULLON F, SANCHEZ-BUENO M J, DE MASSIS A. Combining internal and external R&D: The effects on innovation performance in family and nonfa-

mily firms [J]. Entrepreneurship Theory and Practice, 2020, 44(5): 996-1031.

[14] DISOSKA E M, TEVDOVSKI D, TOSHEVSKA-TRPCHEVSKA K, et al. Evidence of innovation performance in the period of economic recovery in Europe [J]. Innovation: The European Journal of Social Science Research, 2020, 33(3): 280-295.

[15] ALAM A, UDDIN M, YAZDIFAR H, et al. R&D investment, firm performance and moderating role of system and safeguard: Evidence from emerging markets [J]. Journal of Business Research, 2020, 106: 94-105.

[16] PARAST M M. The impact of R&D investment on mitigating supply chain disruptions: Empirical evidence from US firms [J]. International Journal of Production Economics, 2020, 227: 107671.

[17] TAJADDINI R, GHOLIPOUR H F. Economic policy uncertainty, R&D expenditures and innovation outputs [J]. Journal of Economic Studies, 2020, 48(2): 413-427.

[18] HERVAS-OLIVER J L, PARRILLI M D, RODRIGUEZ-POSE A, et al. The drivers of SME innovation in the regions of the EU [J]. Research Policy, 2021, 50(9): 104-116.

[19] 李爽. R&D强度, 政府支持度与新能源企业的技术创新效率[J]. 软科学, 2016, 30(3): 11-14.

[20] 杨晔, 王鹏, 李怡虹, 等. 财政补贴对企业研发投入和绩效的影响研究: 来自中国创业板上市公司的经验证据[J]. 财经论丛, 2015(1): 24-31.

[21] 宁宇新, 胡志军. 政府补贴, 研发策略和创新绩效研究: 来自新能源概念类上市公司的经验证据[J]. 会计之友, 2017(12): 74-80.

[22] 兰军, 严广乐, 王倩. 创新生态视角下小微企业异质性资源对创新绩效的影响研究[J]. 科学学与科学技术管理, 2019, 40(1): 137-149.

[23] 王轶, 陆晨云. 财政扶持政策能否提升返乡创业企业创新绩效?——兼论企业家精神的机制作用[J]. 产业经济研究, 2022(4): 59-71.

[24] 黄世政, 周家贤, 曾海亮. 政府补贴对企业创新能力和创新绩效的影响: 基于创新治理能力的视角[J]. 华东经济管理, 2022, 36(5): 57-65.

[25] 程华, 张志英. 政府补贴对纺织企业研发投入的影响[J]. 研究与发展管理, 2020, 32(1): 38-49.

[26] 樊利, 李忠鹏. 政府补贴促进制造业企业研发投入了吗?——基于资本结构的门槛效应研究[J]. 经济体制改革, 2020(2): 112-119.

[27] 夏玲. 政府补贴对企业R&D投入的影响: 基于战略性新兴产业的实证分析[J]. 会计之友, 2020(24): 132-137.

[28] 刘超, 邢嘉宝. 政府补贴, 货币政策与企业研发投入: 基于地域和产权性质的异质性研究[J]. 山东社会科学, 2020(12): 135-140.

[29] 睢华蕾,王胜利. 政府补贴对企业研发投入的效应再检验[J]. 技术经济与管理研究, 2021(8):68-72.

[30] 任宇新,张雪琳,吴敬静,等. 政府补贴,研发投入与全要素生产率:中国制造业企业的实证研究[J]. 科学决策, 2022(7):44-62.

[31] 陈岩,湛杨灏,王丽霞等. 研发投入,独立董事结构与创新绩效:基于中国上市家族企业的实证检验[J]. 科研管理, 2018,39(1):95-107.

[32] 梅冰菁,罗剑朝. 财政补贴,研发投入与企业创新绩效:制度差异下有调节的中介效应模型检验[J]. 经济经纬, 2020,37(1):167-176.

[33] 龚红,彭玉瑶. 技术董事的专家效应,研发投入与创新绩效[J]. 中国软科学, 2021(1):127-135.

[34] 韩纪琴,余雨奇. 政策补贴,研发投入与创新绩效:基于新能源汽车产业视角[J]. 工业技术经济, 2021,40(8):40-46.

[35] 杜雯秦,郭淑娟. 企业异质性,研发投入与创新绩效:基于GPS的实证研究[J]. 科技管理研究, 2021,41(23):124-132.

[36] 谢林海,李一帆,郑明贵. 财税激励政策对新能源产业创新绩效的影响:研发投入的中介效应[J]. 管理现代化, 2022,42(1):53-57.

[37] 庇古. 福利经济学[M]. 金镝,译. 北京:华夏出版社,2007.

[38] AKERLOF G A. The market for lemons: Quality uncertainty and the market mechanism[J]. The Quarterly Journal of Economics,1970,84(3):488-500.

[39] SPENCE M. Competitive and optimal responses to signals[J]. Journal of Economic Theory,1974,7(3):196-232.

[40] 马歇尔. 经济学原理:上卷[M]. 北京:商务印书馆,2011.

[41] BU D L, ZHANG C Y, WANG X Y. Purposes of government subsidy and firm performance [J]. China Journal of Accounting Studies, 2017(5):100-122.

[42] 姚林香,冷讷敏. 财税政策对战略性新兴产业创新效率的激励效应分析[J]. 华东经济管理, 2018,32(12):94-100.

[43] 桂黄宝,李航. 政府补贴,产权性质与战略性新兴产业创新绩效:来自上市挂牌公司微观数据的分析[J]. 科技进步与对策, 2019,36(14):69-75.

[44] 施建军,栗晓云. 政府补助与企业创新能力:一个新的实证发现[J]. 经济管理, 2021,43(3):113-128.

[45] 李晓钟,徐怡. 政府补贴对企业创新绩效作用效应与门槛效应研究:基于电子信息产业沪深两市上市公司数据[J]. 中国软科学, 2019,5:31-39.

[46] 戴浩,柳剑平. 政府补助对科技中小型企业成长的影响机理:技术创新投入的中介作用与市场环境的调节作用[J]. 科技进步与对策, 2018,35(23):137-145.

[47] WU A H. Effect of Government R&D Subsidies in China: Does ownership matter? [J]. Technological Forecasting and Social Change, 2017,117:339-345.

[48] 任跃文. 政府补贴有利于企业创新效率提升吗:基于门槛模型的实证检验[J]. 科技进步与对策, 2019,36(24):18-26.

[49] 戴小勇,成力为.研发投入强度对企业绩效影响的门槛效应研究[J].科学学研究,2013,31(11):1708-1716.

[50] LAHIRI N. Geographic distribution of R&D activity: How does it affect innovation quality? [J]. Academy of Management Journal,2010,53(5):1194-1209.

[51] 储德银,杨姗,宋根苗.财政补贴,税收优惠与战略性新兴产业创新投入[J].财贸研究,2016,27(5):83-89.

[52] 魏志华,吴育辉,李常青,等.财政补贴,谁是"赢家":基于新能源概念类上市公司的实证研究[J].财贸经济,2015,10:73-86.

[53] 张洪辉.上市公司的财政补贴:"雪中送炭"还是"锦上添花"?[J].经济评论,2015,3:134-146.

[54] 温忠麟,叶宝娟.中介效应分析:方法和模型发展[J].心理科学进展,2014,22(5):731-745.

[55] 刘虹,肖美凤,唐清泉.R&D补贴对企业R&D支出的激励与挤出效应:基于中国上市公司数据的实证分析[J].经济管理,2012,34(4):19-28.

参 考 文 献

[1] 陆瑜芳.面向数字图书馆的高校文献检索课程改革对策研究[J].情报科学,2020,38(1):98-102.

[2] 柳诗迪.政府补助对企业创新的影响研究[D].南京:南京农业大学,2019.

[3] 戴子煜.政府补助和税收优惠对高新技术企业创新的影响研究[D].太原:山西财经大学,2023.

[4] 李忠.研究生学术写作与训练的困境及其纾困:基于学位论文写作规范问题的分析[J].学位与研究生教育,2022(4):12-19.

[5] 闫梦寒.家电行业上市公司投资价值评估研究:以美的集团为例[D].西安:西安科技大学,2022.

[6] 崔强.白色家电行业上市公司的投资价值分析:以 GL 公司为例[D].青岛:中国石油大学(华东),2019.

[7] 马来平.研究生论文写作的六大关切[J].学位与研究生教育,2020(7):1-6.

[8] 刘禹孜.J 商业银行零售业务数字化转型优化策略研究[D].西安:西安科技大学,2023.

[9] 顾晨骋.企业合规改革背景下康美药业财务舞弊动因及防范研究[D].西安:西安科技大学,2022.

[10] 朱旭东,郭绒.论学术论文写作训练:价值、方式和内容——基于"学术论文写作和规范"课程的经验[J].学位与研究生教育,2022(6):6-15.